PPP模式与建筑业企业
转型升级研究

中国建筑业协会PPP模式发展研究中心
中国建筑业协会工程项目管理专业委员会　编著

中国建筑工业出版社

图书在版编目（CIP）数据

PPP模式与建筑业企业转型升级研究／中国建筑业协会PPP模式发展研究中心，中国建筑业协会工程项目管理专业委员会编著 . —北京：中国建筑工业出版社，2017.10

ISBN 978-7-112-21236-1

Ⅰ.①P… Ⅱ.①中… ②中… Ⅲ.①建筑企业-企业发展-研究-中国 Ⅳ.①F426.9

中国版本图书馆CIP数据核字（2017）第223336号

本书提出建筑业企业在经济新常态、新型城镇化建设、"一带一路"开放格局以及"互联网+"环境下，采用PPP模式实现企业转型升级的有效路径，为广大建筑企业在"十三五"期间推动工程项目管理模式创新，加快转变发展方式，持续健康、稳定发展提供积极的参考作用。

责任编辑：赵晓菲　朱晓瑜
版式设计：京点制版
责任校对：李美娜　李欣慰

PPP模式与建筑业企业转型升级研究

中国建筑业协会PPP模式发展研究中心
中国建筑业协会工程项目管理专业委员会　编著

*

中国建筑工业出版社出版、发行（北京海淀三里河路9号）
各地新华书店、建筑书店经销
北京京点图文设计有限公司制版
北京建筑工业印刷厂印刷

*

开本：787×1092毫米　1/16　印张：18　字数：362千字
2017年9月第一版　2017年9月第一次印刷
定价：58.00元
ISBN 978-7-112-21236-1
（30871）

版权所有　翻印必究
如有印装质量问题，可寄本社退换
（邮政编码 100037）

本书编委会

主　　编 吴　涛
副主编 陈立军　尤　完　刘伊生　贾宏俊
编写人员 吴　涛　陈立军　尤　完　刘伊生　贾宏俊
　　　　　　张　巍　任明忠　耿裕华　宫长义　莫吕群
　　　　　　万冬君　卢彬彬　郭中华　关　婧　王超慧
　　　　　　王传霖　王立平　赵正嘉　谭立兵　谢文利
　　　　　　张永强　梁洁波　张　键　刘　春　张　柚
　　　　　　刘　扬

前言 Preface

　　为了贯彻落实党的十八大确定的"允许社会资本通过特许经营等方式参与城市基础设施投资和运营"改革举措，2014年以来，国务院密集出台了一系列关于PPP模式的政策文件，昭示着中央政府对推行PPP模式的态度和决心。政府和社会资本合作（PPP）模式通过广泛动员社会力量参与公共产品和服务供给，能够提高公共服务供给质量和效率，有效改善民生，促进政府职能转变，放宽市场准入，激发经济活力和创造力，推动实现稳增长、调结构、惠民生和企业发展的多赢目标。

　　从经济学角度看，国家经济增长依靠消费、投资、进出口"三驾马车"，在不同时期，三者对增长的贡献是变化的。投资既是生产性消费和生活性消费的基础，又是解决产业转型升级和产能过剩问题的条件。在当前经济发展新常态背景下，有必要发挥投资拉动对稳增长、调结构的积极作用，实现投资与消费的协同效应。因此，积极推广PPP模式是建筑业企业新形势下创新发展方式和转型升级的重要实践形式。建筑业企业转型是指企业长期经营方向、运营模式及其相应的组织方式、资源配置方式的整体性转变，是企业重新塑造竞争优势、提升社会及市场价值，达到现代企业形态的过程。目前，建筑业企业已经成为PPP模式的参与主体，PPP模式在我国的大力推广，必将给建筑业和建筑企业带来重大变革。借助于推广PPP模式，在实现建筑业企业转型升级的途径上，突破单一的工程承包经营形态，不断开拓新型的经营业务领域，从低附加值区域不断向高利润区域转移，提升建筑业企业的服务功能，构建从项目前期策划、项目立项至项目设计、采购、施工、运营管理与维护全过程覆盖的产业链体系，增强企业为业主提供综合服务的功能和一体化整体解决方案能力，拓展企业的生存发展空间，形成稳定的长期收入来源，增强企业应对风险的能力和竞争实力。

　　在PPP模式下，建筑业企业超越了原有的仅仅提供"建造服务"的工程项目管理模式，并涉足以基础设施为代表的其他产业的实体经营管理。从"一次性的项目管理"走向"长期性组织的运营管理"，从注重面向单个项目管理到更加注重面向项目群管理、项目组合管理，企业层面、项目层面的运行机制发生重大变化。随着建筑业企业参与程度的加深，可以在产业经营形态上占据一个较为有利的制高点，拥有更多的资源配置与市场决策的话语权，当然也会获得更多的机会，推动建筑业企业实现投资、建造、运营的一体化发展。

2017年初，中国建筑业协会将《PPP模式与建筑业企业转型升级研究》列为年度的5项重点调研课题之一，并由中国建筑业协会PPP模式发展研究中心、中国建筑业协会工程项目管理专业委员会组织实施。本课题组先后在广东、江苏、湖南、安徽、北京等省份选择大型央企、省属国有企业、民营企业、混合所有制企业，就这些企业推行PPP模式的基本情况，以座谈会和书面问卷方式开展调查和研究，本书是参加这次调研活动的专家撰写的专题报告汇总。《PPP模式与建筑业企业转型升级研究》编写的目的在于研究在经济发展新常态背景下，建筑业企业如何借助于国家推广PPP模式应用的形势，贯彻落实创新、协调、绿色、开放、共享的发展理念，不断推进传统建筑业向现代建筑业的转型升级。为此，要着力探讨建筑业企业在PPP模式环境中面临的新机遇和新挑战，注重总结国内建筑企业在参与PPP模式实施过程中的经验和教训，提出建筑业企业在经济新常态、新型城镇化建设、"一带一路"开放格局以及"互联网+"环境下，实现转型升级的有效途径，为广大建筑企业在"十三五"期间加快转变发展方式，加大工程总承包发展力度，推动企业商业模式创新和工程项目管理创新，保持健康、稳定发展，提供积极的参考作用。

"十三五"期间是全面贯彻落实以习近平同志为核心的党中央提出"五位一体"总体布局和"四个全面"战略布局、实现中华民族复兴"两个一百年"奋斗目标的关键五年。积极推广和发展PPP模式对于充分发挥政府宏观调控和市场配置资源的决定性作用，加快建筑业战略转型和促进企业管理升级都具有重要的意义。目前，PPP模式正在从"试水期"逐步走向规范化阶段，许多建筑业企业还面临着诸多问题和困惑。我们期望建筑业企业切实把握主动之机，探求创新之道，综合判断、科学谋划、抢抓机遇，担当使命，为全面开创建筑业深化改革和持续发展的新局面做出更大的贡献。

在本课题的调研和研究报告编写过程中，中国建筑股份有限公司、中国中铁股份有限公司、中国铁建股份有限公司、中国交通建设股份有限公司、中铁投资集团有限公司、中建方程投资发展有限公司、中国建筑一局（集团）有限公司、中国交建总承包公司、中铁城建集团、中铁四局、中铁七局、北京城建集团、北京建工集团、安徽建工集团、安徽水安集团、安徽华力建设集团、中亿丰建设集团、南通四建集团、南通华新建工集团、北京交通大学、北京建筑大学、湖南省建筑业协会、安徽省建筑业协会、南京市住房城乡建设委员会等单位给予了大力支持，江中明、栗元贾、赵时运、王坤、章俊、黄友保、向远鹏、贾洪、邱盾、汪先俊、姚磊、陈雷、张小明、尹志国、赵彦莉等同志为完善专题报告提出了有益的修改建议。此外，研究报告的部分内容参考和引用了国内外专家的相关研究成果和观点，在此一并深表谢意！

目录 Contents

第一章 总论
第一节 研究背景与意义 ... 2
第二节 PPP 模式与投资体制改革 ... 13
第三节 PPP 模式与建筑业发展新动能 ... 16

第二章 国内外 PPP 模式发展概况
第一节 国外 PPP 模式发展概述 ... 24
第二节 国内 PPP 模式发展概述 ... 40
第三节 PPP 模式的基本原理 ... 50

第三章 PPP 模式的经济学解释
第一节 PPP 模式的基础理论 ... 64
第二节 PPP 模式内涵和效率来源的理解 ... 69
第三节 PPP 模式成功推行的必要条件 ... 71

第四章 建筑企业参与 PPP 项目的角色分配研究
第一节 概述 ... 76
第二节 文献回顾 ... 77
第三节 社会网络的分析模型 ... 80
第四节 实证研究 ... 82

第五章 建筑企业推行 PPP 模式的实践与探索
第一节 建筑企业推行 PPP 模式的调研情况 ... 94

第二节 建筑企业推行PPP模式的实践举措 95

第三节 建筑企业推行PPP模式过程中存在的主要问题 97

第六章 PPP模式与建筑企业商业模式创新

第一节 建筑企业商业模式创新的必要性 102

第二节 建筑企业商业模式的主要类型 104

第三节 PPP模式下中国建筑企业的发展方向 117

第四节 PPP模式下建筑企业商业模式创新路径 123

第七章 PPP模式与建筑企业核心能力

第一节 企业核心能力分析 130

第二节 建筑企业传统模式下核心能力分析 132

第三节 PPP模式下的建筑企业核心能力体系 136

第四节 建筑企业PPP核心能力维护 153

第八章 PPP模式与工程项目管理创新

第一节 新时期工程项目管理现状 158

第二节 新时期建设工程项目管理的发展趋势 161

第三节 工程项目管理模式的发展创新要求 165

第四节 工程项目管理创新的思路 174

第五节 工程项目管理模式创新与招投标制度 178

第九章 PPP模式与建筑企业人才结构优化

第一节 建筑企业对PPP模式发展的认知 184

第二节 建筑企业面对PPP发展的人才需求 190

  第三节　建筑企业适应PPP发展的人才优化措施 194

第十章　PPP模式与建筑企业风险管控策略
  第一节　建筑企业PPP模式风险内容及特点 206
  第二节　建筑企业PPP模式项目的风险识别 211
  第三节　建筑企业PPP模式项目的风险分析与评估 221
  第四节　建筑企业PPP模式项目的风险控制及应对 226

第十一章　建筑企业推行PPP模式的政策建议
  第一节　政府层面上的政策措施 240
  第二节　建筑业企业层面的政策措施 248
  第三节　行业协会层面的政策措施 256

附录　PPP模式主要政策文件

第一章

总论

第一节　研究背景与意义

一、"十三五"期间建筑业的发展机遇和挑战

（一）建筑业的发展机遇

改革开放30多年来，中国经济建设取得了举世瞩目的辉煌成就。在经济总量上，自从2010年以来中国GDP总量继续保持世界第二大经济体的地位。与此同时，我国建筑业为国民经济发展、改善城乡面貌、大量吸收农村劳动力做出了巨大的贡献，2016年建筑业总值达到193566.78亿元，增速为7.09%，建筑业增加值占GDP的6.66%。建筑业已经成为稳增长、调结构、惠民生的重点产业，更是促进经济增长的重要支撑和转变发展方式的重点领域。"十三五"是我国经济社会转型的关键发展时期，是深化改革开放，加快转变经济发展方式的攻坚时期，是全面建成小康社会、实现民族复兴中国梦的重要历史阶段。在全面深化改革、打造经济升级版、建设改革开放新高地的背景下，随着我国工业化、信息化、城镇化、绿色化、市场化、国际化深入发展，基本建设规模仍将在较为适度的速度上持续增长。

从建筑业面临的新型城镇化建设任务看，党的十八提出的"新型城镇化"建设是建筑业在新的历史发展时期的首要任务。自20世纪末以来，我国城镇化建设进入加速发展阶段，每年新增城镇人口约2000万人，城镇化率与发达国家75%～85%左右的水平相比仍有很大距离。在《促进城镇化健康发展规划（2011—2020年）》中构建以陆桥通道、沿长江通道为两条横轴，以沿海、京哈京广、包昆通道为三条纵轴，以轴线上城市群和节点城市为依托、其他城镇化地区为重要组成部分，大中小城市和小城镇协调发展的"两横三纵"城镇化战略格局。涉及全国20多个城市群、180多个地级以上城市和1万多个城镇的建设，预计未来10年将拉动40万亿元以上的投资。党的十八届三中全会提出"一带一路"开放新格局，将亚欧非三大洲连成一片，覆盖人口近30亿。中国政府发起建立"亚洲基础设施投资银行"和设立"丝路基金"，推进"一带一路"倡议的实施。据计算，仅铁路建设投资额将达到5000亿元左右，未来10年，由此所带动的亚太区域基础设施投资需求将达到8万亿美元。今后相当长时期，新型城镇化将成为我国现代化建设的历史任务和经济持续快速发展与扩大内需的最大潜力所在。"一带一路"倡议的实施将中国开放格局推向新高度，也为建筑业的持续健康发展提供了更为广阔的上升空间。在实

现中华民族伟大复兴的历史进程中，建筑业承担着极其重要的经济建设任务和历史使命。

从全球经济形势看，金融危机的影响仍未完全消除，世界经济处于复苏期。欧美建筑市场总体趋于稳定，中东地区基础设施建设处于全面恢复期，拉美和非洲大规模建设已步入上升期。同时国家对企业"走出去"投资建设的扶持力度也逐步加大，"中国制造"正在转型为"中国创造"，"中国施工"正在向"中国建设"方面转型，为中国建筑业走向海外市场带来良好机遇。总体上看，外部环境和内部环境有利于我国建筑业持续稳步发展。

（二）建筑业面临的挑战

从国内经济发展道路新抉择对建筑业的影响看，中国经济建设取得了举世瞩目的辉煌成就。但是，经济增长也付出了不可忽视的代价。结构失衡、产能过剩、效益低下、增长成本高、资源消耗量大、生态破坏和环境污染等，是最显著的矛盾。目前，我国经济增长正逐步进入以"减速换挡"为标志的"新常态"运行轨迹。在这一时期，经济发展态势的"中高速"、"优结构"、"新动力"、"多挑战"等特征更加明显。因此，我们要关注新常态环境对建筑业未来发展走势的影响。首先，当经济增速从过去10%左右的高速增长换挡、回落为7%～8%的中高速增长时，建筑业的规模增速也必然会下行，这一变化趋势已经显现在"十二五"前4年的增幅变动曲线上。其次，在产业结构方面，第三产业逐步成为产业主体；在需求结构方面，消费需求逐步成为需求主体；在城乡区域结构方面，城乡区域差距将逐步缩小；在收入分配结构方面，居民收入占比上升。国民经济结构的优化调整必然会反映在对建筑业结构的强制性调整。再次，中国经济将从要素驱动、投资驱动转向创新驱动。这种新动力驱动方式对于以劳动密集型为特征的建筑业而言，更加充满挑战性。最后，多年来积累的一些不确定性风险更加显性化，特别是楼市风险、地方债风险、金融风险等与建筑业关联度较大的潜在风险将渐渐浮出水面，从而对建筑企业的正常运行造成致命的影响。与此同时，建筑业也面临高、大、难、新工程增加，各类业主对设计、建造水平和服务品质的要求不断提高，节能减排外部约束加大，高素质复合型、技能型人才不足，技术工人短缺，国内外建筑市场竞争加剧等严峻挑战。

因此，在新的历史发展时期，对于建筑业企业而言，必须抓住机遇，应对挑战。积极参与PPP模式，打造建筑业企业创新发展的新动能。

二、推广 PPP 模式的意义

（一）PPP 模式的发展

1. PPP 模式的内涵和特征

（1）PPP 模式的内涵。PPP 模式，英文称之为"Public-Private Partnership"，即公共部门与私人企业在基础设施及公共服务领域以某个项目为基础而形成的合作模式。通常是政府与私人部门组成特殊目的机构，引入社会资本，全过程合作进行项目开发和运营，强调共同设计开发和承担风险。该模式于20世纪90年代从英国兴起，目前已在全球范围内被广泛接受和应用。

Public-Private Partnership，是政府与社会资本为提供公共产品或服务而建立的全过程合作关系，以授予特许经营权为基础，以利益共享和风险共担为特征；通过引入市场竞争和激励约束机制，发挥双方优势，提高公共产品或服务的质量和供给效率。

"Public"指的是政府、政府职能部门或政府授权的其他合格机构；而"Private"主要是指依法设立并有效存续的自主经营、自负盈亏、独立核算的具有法人资格的企业，包括民营企业、国有企业、外国企业和外资企业。但不包括本级政府所属融资平台公司及其他控股国有企业。

（2）PPP 模式的特征：①项目为主体；②有限追索债务；③合理分配利润、风险；④资产负债表外融资；⑤灵活的信用结构。

PPP 模式是一种新兴的公共基础设施项目融资模式，具有"伙伴关系、利益共享、风险共担"三大特点，政府授权、规制和监管私营部门，私营部门出资、建设和运营，提供公共产品和服务，公私双方长期合作、共担风险和收益，提高效率和服务水平。该模式以政府和企业双方互惠共赢为特征，带来了基础设施供给和项目融资的全新革命，可改变公共资本单一结构的投资困局，对国家而言是一项融资体制的重大改革。

PPP 模式较 BT 模式的优点在于其能够更好地配置资源、最大限度地满足各方利益，并将企业的风险降到最低。而这也是 BOO、TOT、BOT 等模式所欠缺的。PPP 模式也因而成为在海外被广泛应用的模式。据悉，英国签订的 PPP 合同累计超过 700 项，总投资超过 500 亿英镑，涉及交通、卫生、教育等领域。在美国，最大的 PPP 模式应用领域是供水和废水处理，约15% 的市政水务服务通过 PPP 项目进行，并且越来越多的交通运输项目开始采用 PPP 模式。通过在政府与民营企业之间建立风险共担机制，PPP 模式调动了民营资本的积极性。在项目建成运营后，政府成立专门监管机构，定期核定项目运营成本，对民营企业的短期亏损进行补贴，使得民营企业"有钱可赚、有利可图"，且盈利相对稳定。这在一定程度上解决了基础设施项目短期回报差的问题，使民营资本进入成为可能，为经济发展"双引擎"启动提供了助力。

2. 国际上PPP模式的简要发展历程

20世纪80年代，多个国家与国际组织开始在基础设施项目的融资与实施模式上，创造性运用PPP的各种模式。

20世纪90年代，英国率先提出PPP概念，积极开展公共服务民营化，主要采取私人投资计划方式。此后，PPP逐渐在美国、加拿大、法国、德国、澳大利亚、新西兰和日本等发达国家得到广泛应用。

3. PPP模式在中国的发展过程

第一阶段：1995～2003年。

从1995年开始，在国家计委的主导下，广西来宾B电厂、成都自来水六厂及长沙电厂等几个BOT试点项目相继开展。

2002年，北京市政府主导实施了北京市第十水厂BOT项目。

国务院及相关部委就外商投资特许权项目或与之有关的若干事宜发布规章或规范性文件：《关于试办外商投资特许权项目审批管理有关问题的通知》（计外资〔1995〕1208号）、《对外贸易经济合作部关于以BOT方式吸收外商投资有关问题的通知》（〔1994〕外经贸法函字第89号）、《国家计委关于加强国有基础设施资产权益转让管理的通知》（计外资〔1999〕1684号）、《城市市政公用事业利用外资暂行规定》（建综〔2000〕118号）。

以吸引外商投资为主要目的的项目操作理念，摸着石头过河的心态，很大程度上决定了与此相关的顶层设计难以推动及完成。

在本阶段后期，建设部及各地建设行政主管部门开始在市政公用事业领域试水特许经营模式，合肥市×××污水处理厂资产权益转让项目运作中，项目相关各方对中国式PPP的规范化、专业化及本土化进行了尝试，形成了相对成熟的项目结构及协议文本，为中国式PPP进入下一个发展阶段奠定了良好的基础。

第二阶段：2004～2013年。

2004年，建设部颁布并实施了《市政公用事业特许经营管理办法》（建设部令第126号，下称"126号令"），将特许经营的概念正式引入市政公用事业，并在城市供水、污水处理及燃气供应等领域发起大规模的项目实践。

这一阶段，计划发展部门不再是PPP模式的唯一主导方，包括建设、交通、环保、国资等行业主管部门，以及地方政府在内的人员纷纷披挂上阵。无论黑猫白猫，只要能够顺利捕获"社会资本"这只精灵鼠，似乎就是好猫。

供水及污水处理行业的成功经验，经过复制与改良，被用于更加综合、开放和复杂的项目系统，而不再限于一个独立的运作单元，项目参与主体和影响项目实施的因素日趋多元，如北京地铁四号线和国家体育场两个项目。

广泛、多元的项目实践，促进了PPP理论体系的深化和发展。实践与理论共识初步成型，政策法规框架、项目结构与合同范式在这个阶段得到基本确立。

第三阶段：2014年开始。

全面落实中共十八大确定的"允许社会资本通过特许经营等方式参与城市基础设施投资和运营"改革举措。

2014年3月，财政部提出要从组织、立法和项目试点等三个层面大力推广PPP模式。

特许经营立法工作的重新启动，PPP模式的顶层设计逐步完善，预示着PPP进入规范化发展阶段。

（二）PPP模式的必要条件

从国内外近年来的经验看，以下几个因素是成功运作PPP模式的必要条件：

（1）政府部门的有力支持。在PPP模式中公共民营合作双方的角色和责任会随项目的不同而有所差异，但政府的总体角色和责任——为大众提供最优质的公共设施和服务，却是始终不变的。PPP模式是提供公共设施或服务的一种比较有效的方式，但并不是对政府有效治理和决策的替代。在任何情况下，政府均应从保护和促进公共利益的立场出发，负责项目的总体策划、组织招标，理顺各参与机构之间的权限和关系，降低项目总体风险等。

（2）健全的法律法规制度。PPP项目的运作需要在法律层面上，对政府部门与企业部门在项目中需要承担的责任、义务和风险进行明确界定，保护双方利益。在PPP模式下，项目设计、融资、运营、管理和维护等各个阶段都可以采纳公共民营合作，通过完善的法律法规对参与双方进行有效约束，是最大限度发挥优势和弥补不足的有力保证。

（3）专业化机构和人才的支持。PPP模式的运作广泛采用项目特许经营权的方式进行结构融资，这需要比较复杂的法律、金融和财务等方面的知识。一方面要求政策制定参与方制定规范化、标准化的PPP交易流程，对项目的运作提供技术指导和相关政策支持；另一方面需要专业化的中介机构提供具体专业化的服务。

（三）推广PPP模式的现实意义

1. 推广PPP模式是落实十八届三中全会精神的重要举措

推广运用政府和社会资本合作（PPP）模式是落实党的十八届三中全会关于"允

许社会资本通过特许经营等方式参与城市基础设施投资和运营"精神的一项重要举措，是支持新型城镇化建设、推进国家治理体系和治理能力现代化、构建现代财政制度的体制机制变革。政府和社会资本合作（PPP）模式通过广泛动员社会力量参与公共产品和服务供给，能够提高公共服务供给质量和效率，有效改善民生，促进政府职能转变，放宽市场准入，激发经济活力和创造力，推动实现稳增长、调结构、惠民生和企业发展的多赢目标。

为了推广PPP模式，中央政府密集出台系列政策，昭示了政府部门的态度和决心。2014年4月和10月，国务院召开的两次常务会议都对PPP模式的推广应用给予充分肯定，2014年4月21日，国务院常务会议审议通过了《基础设施和公用事业特许经营管理办法》。这一系列的法律条文，在形式上规范了PPP模式的论证审批、操作流程、合同管理、项目实施等具体流程，为PPP模式的规模化推广奠定了基础。

2014年5月21日，国家发展改革委公布80个领域鼓励社会投资的项目。2014年5月25日，财政部成立PPP工作领导小组，之后又成立PPP中心。2014年9月24日，财政部发布《关于推广运用政府和社会资本合作模式有关问题的通知》。2014年10月2日，国务院发布《关于加强地方政府性债务管理的意见》。2014年10月28日，财政部发布《地方政府存量债务纳入预算管理清理甄别办法》，预算法的修订和中期财政规划，为PPP模式推广铺平了道路。2014年12月4日，财政部和发改委分别发布PPP项目操作指引和指导意见。

2015年1月19日，国家发展改革委牵头起草《基础设施和公用事业特许经营管理办法》；同一天，财政部发布《政府和社会资本合作项目政府采购管理办法》。

中国式PPP模式从2013年底酝酿到2014年进行全国性布局，2015年全面进入"试水期"。

2. PPP模式是发展混合所有制经济的最大平台

十八届三中全会全面部署了我国经济体制改革的目标、任务和途径，其中强调要积极发展混合所有制经济。鼓励国有资本、集体资本、非公有资本等交叉持股、相互融合的混合所有制经济，有利于国有资本放大功能、保值增值、提高竞争力，有利于各种所有制资本取长补短、相互促进、共同发展。允许更多国有经济和其他所有制经济发展成为混合所有制经济。国有资本投资项目允许非国有资本参股。允许混合所有制经济实行企业员工持股，形成资本所有者和劳动者利益共同体。

事实上，我们说"混合所有制"中的"所有制"，指的是生产资料所有制这个层面的含义，反映生产过程中人与人在生产资料占有方面的经济关系。"混合所有制"是"所有制"的一种，但其生产资料所有权并不单一归属于某一类特定个人或群体，其最基本的特征决非简单的"多种经济成分并存"，而是在于公与私、国有与非国有等的所有权在一个市场主体内的混合。

基于以上对混合所有制的基本认识，可以看出当前改革所强调的混合所有制，具体到企业产权框架层面，实际上就是现代企业制度中的股份制这种标准化形式。十八届三中全会强调混合所有制是我国基本经济制度的重要实现形式，其战略高度的意图是在现代股份制这一制度形式下，使公有、非公有的产权融合到各种类型的市场主体的内部产权结构中，以寻求相关利益主体的共赢和进一步拓展"解放生产力"的空间。

PPP模式的出现恰好契合上述需求，PPP所关联的投融资项目，都属于有利于调结构、惠民生、护生态、防风险、增绩效的选择性项目，是利用混合所有制创新功能把"过剩产能"转化为有效产能（诸如钢铁、建材、施工机械与设备的制造等行业和领域）的项目，从而形成一大批"正向投资"对冲经济下行压力，以有效供给来增加长远发展后劲。因此，可以说，PPP模式的推广应用是目前积极发展混合所有制经济的最大和最有实际意义的平台。

3. PPP模式创新融资体制，打开建设资金新源头

从融资体制角度，PPP模式通过创新融资体制，开辟民间资金融资渠道，为现代化建设事业打开建设资金新源头。

据中国人民银行2015年7月14日发布的《2015年上半年金融统计数据报告》显示，6月末，广义货币（M2）余额133.34万亿元，同比增长11.8%。其中，大约有60万亿元属于民间资金。而据国家统计局的报告，2015年1~6月，全国民间固定资产投资15.4万亿元。由此可见，民间资金的融资潜力还很大。

在一般形式的PPP项目公司股权结构中，天然具有混合所有制特征，与此同时，政府股权参与可以更好地发挥投资乘数效应来拉动、引致民间资本大量跟进，使得融资源头活水滚滚而来。从这个层面看，PPP模式首先形成了投融资机制的创新，可以将大量非政府的民间资金、社会资本引入公共工程与服务领域，同时它还以风险共担、利益共享、绩效升级方面的鲜明性质形成了管理模式的创新，并天然对接混合所有制改革，具有治理模式创新层面的重要意义。

三、国内PPP模式发展的基本态势

（一）PPP市场环境浅析

依据财政部"全国PPP综合信息平台项目库"数据，截至2017年4月30日，国内入库PPP项目共有12700个，总投资为153266.05亿元。

1. 社会资本方属性分析

PPP市场庞大，建筑企业纷纷投身其中，竞争日趋白热化。依据财政部"全国PPP

综合信息平台项目库第六期季报"数据，截至2016年12月末，455个落地示范项目的签约社会资本信息已入库，包括261个单家社会资本项目和194个联合体项目，签约社会资本共716家，结构比例见图1-1，其中独资与控股的民营企业共262家，占29%。

依据上图数据，国有企业与民营企业中标示范项目数量貌似不相上下，但从项目总投资来看，二者相差巨大。依据数据统计，梳理中国政府采购网和各省（直辖市）政府采购网上公布的PPP项目成交信息，2016年国内共落地PPP项目总投资额达2.35万亿元，其中："国有企业作为独立中标人或牵头中标人中标的项目总金额超过1.7万亿元，占比约74%。民营企业作为独立中标人和作为牵头中标人中标的PPP项目总金额为6223亿元，占比约26%，其中非上市民营企业中标约3800亿元，上市民营企业中标约2300亿元"。具体见图1-2。

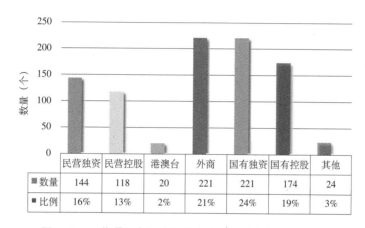

图1-1 示范项目中标社会资本方对比表（中标项目数）

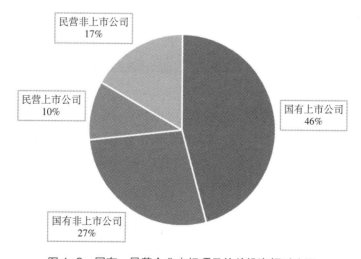

图1-2 国有、民营企业中标项目的总投资额对比图

应说明的是，此处未统计民营企业作为联合体非牵头单位参与的 PPP 项目。中标项目金额的初始数据根据中标公告、采购公告中的项目金额作为来源，并与发改委、财政部 PPP 项目库中的金额数据交叉核对进行修正，以规模金额较小值为准。部分项目无法在库中查询到的，以中标公告和招标公告中公布的项目投资额为准。

依据以上数据分析，民营企业在 2016 年度中标、并牵头实施的 PPP 项目规模较小（尤其是非上市民营建筑企业，落地项目投资额大多为 10 亿元以下），投资总额仅为国有企业的三分之一。在 PPP 市场竞争中，与地方国企、央企相比，民营企业因规模、融资成本、信用水平等方面存在"先天"劣势，导致竞争力不足，遭受很大的冲击。

2. 社会资本方行业背景分析

根据 2017 年 5 月最新的 PPP 项目落地数据，将社会资本按照行业背景进行了分类，梳理其中标项目数及项目总投资额等数据，如图 1-3、图 1-4 所示。

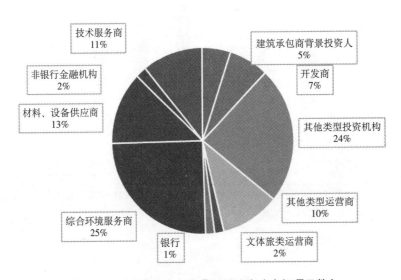

图 1-3 社会资本方行业背景对比表（中标项目数）

PPP 项目所涉及 19 个领域，依据图 1-4 数据显示，中标社会资本方属性多样。建筑企业（即图 1-1、图 1-2 中建筑承包商背景投资人）因其主营业务优势、运营服务能力缺失，通常投身于市政工程、政府基础设施、城镇综合开发等领域 PPP 项目，较少涉足旅游、教育、文化等领域。

（二）现阶段 PPP 模式特征总结

面对 PPP 热潮，如何针对性地培养、完善、提升核心能力，更好地参与市场化竞争，

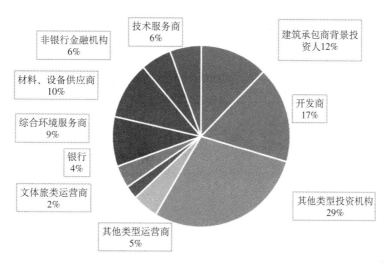

图 1-4 社会资本方行业背景对比表（中标项目总金额）

成为现如今建筑企业最关注的研究课题之一。

首先对现阶段政府大力推广的PPP模式特征作以汇总。

1. PPP项目实践——投资行为

PPP模式起源于英国，其核心要素包括什么？符合中国国情的PPP模式该如何设计？为全面贯彻中共十八届三中全会精神，国家部委纷纷出台文件，针对本轮中国PPP模式给出"标准"答案。

2014年9月，财政部发布《财政部关于推广运用政府和社会资本合作模式有关问题的通知》（财金[2014]76号）给出概念解析，PPP模式是指"政府和社会资本合作模式是在基础设施及公共服务领域建立的一种长期合作关系。通常模式是由社会资本承担设计、建设、运营、维护基础设施的大部分工作，并通过'使用者付费'及必要的'政府付费'获得合理投资回报；政府部门负责基础设施及公共服务价格和质量监管，以保证公共利益最大化。"

2014年12月，《国家发展改革委关于开展政府和社会资本合作的指导意见》（发改投资[2014]2724号）指出："政府和社会资本合作（PPP）模式是指政府为增强公共产品和服务供给能力、提高供给效率，通过特许经营、购买服务、股权合作等方式，与社会资本建立的利益共享、风险分担及长期合作关系。"

结合国家部委文件精神，究其根源，以社会资本方角度与政府方合作、参与PPP项目实践是一种投资行为。

对于传统建筑企业来说，这是并不常规、可能略显陌生的业务领域。如何从"施工"向"投资与融资"、"管理"转变，成为建筑企业目前最值得研究、探讨与实践的问题。

2. PPP项目运作基础——长期合作、风险共担

国家部委也出台政策对PPP项目中政府与社会资本方合作的期限予以明确。

财政部在《关于进一步做好政府和社会资本合作项目示范工作的通知》(财金[2015]57号)文中提到:"组织上报第二批备选示范项目时……政府和社会资本合作期限原则上不低于10年。"

国家发展改革委在其牵头下发的《基础设施和公用事业特许经营管理办法》"第十五条、特许经营期限"中提到:"特许经营期限应当根据行业特点、经营规模、经营方式等因素确定,一般不超过30年。"

因此,现阶段普遍要求所发起的PPP项目合作期限为10～30年,部分经营性项目因投资回报机制等因素影响可适当延长合作期限。

对于建筑企业来说,长期合作代表拥有较为稳定的收益来源,但也意味着极大程度地提高了各种风险发生的概率。开展PPP项目实践第一步,就是建立项目全过程风险识别、评估、控制方面的核心能力,通过前期项目筛选、各项项目合同的签订、项目公司章程约定等手段合理规避、控制项目风险,建立风险分担机制,提高企业抗风险能力,保障与政府方拥有持续良好的长期合作关系。

3. PPP项目规模——亿元量级

在实际操作中,政府方常将同类型小规模项目打包成一个较大规模的PPP项目,节省项目前期发起、立项报批手续时间,通过一次政府采购筛选综合实力强劲的社会资本方,提高项目运作效率;也常将不同属性项目整合,如将周边市政道路纳入园区开发PPP项目,发起准经营性、经营性项目,在一定程度上有助于减少政府债务压力。因此,现阶段所遇到的PPP项目大多规模较大,投资额动辄上亿元。

对于建筑企业来说,PPP项目规模越大,采购"门槛"越高,再加上合作期长、部分地方政府契约精神存疑、项目融资杠杆作用,增大了自身资金周转压力,使得参与项目显得风险影响程度倍增,"危机重重"。

4. PPP项目参与方——众多,协调难度大

在PPP项目运作中,除社会资本方、政府方两大主体外,金融机构、保险公司、设计公司、工程总承包商、运营商、材料商、设备供应商及政府财政、发改委、住建等主管部门都将参与其中,参与方众多。

建筑企业作为社会资本方,将承担对项目全周期运作进行全程管理的主要职责,积极协调参与方关系,推动项目实现预期目标。

5. PPP项目类型——所涉领域广

经财政部"全国PPP综合信息平台项目库"汇总,PPP项目涉及能源、交通运输、水利建设、生态建设和环境保护、农业、林业、科技、保障性安居工程、医疗卫生、养老、教育、文化、体育、市政工程、政府基础设施、城镇综合开发、旅游、社会保障等19个行业。

2015年4月7日，财政部发布《政府和社会资本合作项目财政承受能力论证指引》（财金[2015]21号），文件要求："每一年度全部PPP项目需要从预算中安排的支出责任，占一般公共预算支出比例应当不超过10%"，设置地方政府PPP项目支出红线。

随着非经营性PPP项目不断发布、落地，地方政府PPP项目支出预算趋于饱和，建筑企业即将面临更为残酷的竞争。为更好地参与PPP项目竞争、谋求可持续发展，建筑企业需要延伸、拓展业务范围，整合资源，更着重发展PPP实践相关核心能力。

第二节　PPP模式与投资体制改革

一、PPP模式对投资体制的影响

（一）引入民间资本，减轻政府投资压力

在未来几十年，推进新型城镇化需要大量的建设资金。从现实情况看，基础设施和公共事业投资多是依赖财政安排及政府性债务，投资缺口逐步扩大、资金效率不高、投资回报率低等投融资体制弊端业已显现。

在新型城镇化建设加速和地方政府背负债务规模持续加剧的双重背景下，相比于传统项目的融资模式，PPP模式有其自身所具备的种种优势，通过PPP模式引入民间资本，形成多元化、可持续的资金投入机制，可以转移地方政府债的债务杠杆，缓解地方政府偿债压力，这一模式有望成为我国经济转型途径的重要选择。

（二）企业全程参与管理，提高投资运营效率

从推广PPP模式所取得的成效来看，PPP模式可以有效地提升资源配置效率。将政府和社会资本的关系确立为合作伙伴，具有利益共享、风险共担的优点，政府部门不仅能够有效地利用民间资本进行项目建设和运作，还能带动民间资本和国有资本之间的竞争，保证公共项目高效运转。

PPP模式意味着在公共物品和服务的提供中将取消原有的垄断壁垒，引进市场竞争机制，有效的竞争将提高公共产品和服务的生产供给效率。与此同时，私营投

资者出于利益驱动和回收投资的需要，势必充分发挥其在管理方面的优势，提高基础设施的建设和服务水平，进一步降低建设和运营成本。

（三）政府、社会、企业多方共赢

PPP 模式是一种能使政府、企业、社会多方共赢的公共产品提供方式。利用 PPP 模式的公私合作机制，对地方政府的一些公共基础设施建设项目，通过引进社会资本，由企业和政府共同参与项目的设计、建设、运营和管理，共享项目收益，对项目的风险也共同分担。在现阶段加快推广运用 PPP 模式，是转变政府职能、整合社会资源、提升公共服务水平的体制变革，也是建立现代财政制度、优化资源配置、促进社会公平的客观要求。

加快转变政府职能。PPP 能够将政府的战略规划、市场监管、公共服务与社会资本的管理效率、技术创新有机地结合起来，有助于厘清政府与市场边界，增强政府的法制意识和市场意识，全面提升公共管理和服务水平。

（四）更好发挥市场在资源配置中的决定性作用

政府公共部门通过 PPP 模式引入社会资本为社会提供公共产品和服务，形成了混合所有制经济，实现了现代市场体系产权方面的新突破。这种基于共同合作中按股份制形成的清晰多元化主体，可以最大限度激发市场在资源配置中的决定性作用，在有效缓解政府投资不足的同时，通过引进私营投资者基于市场要素形成的生产管理技术，形成优于计划和市场单独作用的新型管理体制和运行构架。

（五）融资运行机制的系统创新

PPP 模式的创新机制涉及建立健全基础设施领域市场化的价值发现机制、运行监督机制、合理有效的政府补贴机制、科学可行的资源配置机制和公平的利益共享机制，通过融资机制创新，提高公共产品及公共服务的质量和效率，扫清民间资本投资公共服务基础设施领域的障碍。

二、PPP 模式促进强化企业投资主体地位

2016 年 3 月 22 日，习近平总书记主持召开中央全面深化改革领导小组第二十二次会议，其中会议通过了《关于深化投融资体制改革的意见》（下称《意见》）。会议强调，深化投融资体制改革，要确立企业投资主体地位，平等对待各类投资主体，放宽放活社会投资。要完善政府投资体制，发挥好政府投资的引导作用和放大效应，

完善政府和社会资本合作（PPP）模式。要拓宽投资项目资金来源，充分挖掘社会资金潜力。

目前，企业投资主体地位还不能得到很好的保证，社会资本活力也不能有效发挥，因此《意见》中首先强调了要确立企业投资主体地位，平等对待各类投资主体，放宽放活社会投资。其实，早在党的十八届三中全会上就提出要深化投资体制改革，确定企业投资主体地位。在落实企业投资主体地位方面，一是要进一步放宽市场准入，二是改革企业投资项目核准制，政府最大限度缩小企业投资项目核准范围，取消现行核准权限内市场主体能够自主决定、自担风险、自行调节的核准事项等。

在PPP模式下，政府的投融资体制也面临巨大变革。地方政府此前通过融资平台公司来从事基建投资，这带来了城市快速发展，但同时也积累了地方政府债务风险。2015年新预算法实施后，剥离了融资平台公司的政府融资职能，并规范了地方政府债务举借还机制，这也促使地方政府改变投融资体制。《意见》中强调，要完善政府投资体制，发挥好政府投资的引导作用和放大效应，完善PPP模式。

发挥政府投资引导和放大效应主要体现在政府投资基金和PPP模式。近两年，政府大力推广PPP模式，根据财政部PPP中心的数据，截至2017年6月末，中国PPP入库项目共计13554个，投资额16.3万亿元。此中，已签约落地2021个，投资额3.3万亿元，落地率34.2%。PPP模式打破社会资本进入公共服务领域的各种不合理限制，鼓励国有控股企业、民营企业、混合所有制企业等各类型企业积极参与提供公共服务，给予中小企业更多参与机会，大幅拓展社会资本特别是民营资本的发展空间，激发市场主体活力和发展潜力，有利于盘活社会存量资本，带动经济发展。而且，PPP模式有利于减轻当期财政支出压力，平滑年度间财政支出波动，防范和化解政府性债务风险。

政府投资基金模式由于能撬动社会资金，也被各地政府普遍采用，中央和地方密集设立政府投资基金。在中央层面，已经设立了中国PPP融资支持基金、国家中小企业发展基金、国家集成电路产业投资基金、铁路发展基金等。以中国PPP融资基金为例，该基金由财政部联合国内十大金融机构共同出资1800亿元设立，采用公司化运作，投资方式采用股权投资。

在财政管理体制上，还将发挥好各类财政性投资基金的作用。对保留的具有一定外部性的竞争性领域专项，控制资金规模，突出保障重点，逐步改变行政性分配方式，主要采取基金管理等市场化运作模式，逐步与金融资本相结合，发挥财政资金撬动社会资本的作用。

第三节　PPP模式与建筑业发展新动能

一、PPP模式对建筑企业发展的影响

建筑业企业是PPP模式的参与主体，PPP模式在我国的大力推广，必将给建筑业和建筑企业带来重大改变。要理解这种改变，可以从PPP模式下政府和企业角色的转变入手。在传统模式下，政府基础设施建设的业主一般是政府所属城投公司或国有控股公司，它们从一定意义上来说并不是独立的市场主体，政府在基础设施建设中的角色是裁判员和运动员。而在PPP模式下，政府变成了监管者，项目业主是企业。这一改变，带来的最直接变化是项目的决策、运营等事项都要遵循市场规律。而企业则从之前的"打工者"变成了投资者、建设者和运营者，不仅责任更大了，而且对自我综合素质的要求更高了。

PPP模式对建筑企业的影响是多方面的：PPP模式下，通过引入社会资本参与项目建设和运营，作为承包方的建筑公司其自身垫资和融资的压力将得到缓解，资产负债表和现金流量表有望改善；作为项目参与方的建筑公司，全过程参与项目建设和运营，政府补贴和公共项目运营提供的稳定现金流，将使企业收益获得更多保障，企业盈利能力的稳定性和可持续性也有望加强。

因此，在PPP模式的大力推广下，建筑业企业的机遇主要有：

一是PPP模式解决了许多项目的融资困局，使一些传统模式下无力投资的项目变为可能，这为建筑业企业带来了更多的业务量。

二是采用PPP模式建造、运营的项目，其质量、效益将远好于传统项目。这意味着建筑行业低于3%的平均利润率将会有很大的改变，"优质优价"的市场原则将使建筑业企业获得更大的利润。

三是建筑业企业将分享项目投资、运营收益，不仅能增加利润来源，还会使企业的盈利更趋持续、稳定。

四是为企业完善上下游产业链提供机遇。建筑业是传统行业，业务主要围绕项目建设，其商业模式是典型的单一型工程承包模式。近年来，已有部分有实力的企业开始涉足综合投资开发模式，但为数尚少。采用PPP模式参与基础设施建设，建筑业企业有了实现投资、建设、运营一体化并打通上下游产业链的机会。施工企业将由原来单一的施工承包商向投资商、施工承包商、运维服务商等角色转变，经营

结构将由原来单一的施工业务收入，向上有投资收益、中间有施工利润、下有运行维护服务收入的多重收益结构转变。

五是为知名品牌打造提供了平台。PPP项目的知名度远高于一般工程，企业在一个PPP项目上的成功运作，将为企业带来远超经济效益的品牌效益和社会效益，给企业的长远发展带来好处。

二、PPP模式与建筑业企业的创新发展

（一）促进工程项目管理运行机制变革

在现有的项目管理规范中，通常对工程项目管理模式和运行机制的应用局限于项目管理要素的既有框架内。即使在2012年由国际标准化组织颁布的《项目管理指南》ISO21500中，也隐含着在既定资源条件下如何更好地实现项目目标的前提假定。因此，对于大多数建筑业企业而言，长期的工程施工实践活动已经形成了习惯性的项目管理思维方式，被动式地接受和遵循约束条件，在项目管理操作层面上优化资源配置，把项目做成功，使利益相关方满意。与此同时，企业在项目管理层面上的水平获得提升。

如果换一个思路，建筑业企业主动地承担放宽既定项目资源条件限制的责任，改变建筑企业在项目建设过程的角色定位，提高建筑业企业在参与工程建设过程中的层次和地位，这样，建筑业企业的市场竞争行为表现为"积极地创造项目"，而不是"被动地接受项目"，同时，在项目实施的管理模式和运行机制方面就会产生较大的突破，企业配置社会资源的影响力更大、范畴更广泛，企业发展也会有更大的空间。PPP模式就是这种变革所产生的一种新的典型载体。

在PPP模式下，建筑企业超越了原有的仅仅提供"建造产品、建造服务"的项目管理模式，涉足以基础设施为代表的其他产业的实体经营管理模式。从"一次性的项目管理"走向"长期性组织的运营管理"，从注重面向单个项目管理到更加注重面向项目群管理、项目组合管理，企业层面、项目层面的运行机制发生重大变化。随着建筑业企业参与程度的加深，可以在产业经营形态上占据一个较为有利的制高点，可以拥有更多的资源配置和市场决策的话语权，当然也会获得更多的发展机会。

（二）促进建筑企业战略转型

建筑业企业战略转型是指企业长期经营方向、运营模式及其相应的组织方式、资源配置方式的整体性转变，是企业重新塑造竞争优势、提升社会及市场价值，达到新的企业形态的过程。在互联网技术全面渗透和新技术革命迅速发展的背景下，

传统建筑业企业转型发展是全行业面临的迫在眉睫的大事。

长期以来，纯粹的建筑施工企业一直处于整个产业价值链的低端弱势环节，完成的产值大，花费的成本高，收获的利润少。面对当前市场经济形势的挑战与行业自身建设不足，建筑施工企业要以科学发展观和"四个全面"总体战略部署为指导，以质量和效益为着力点，把稳增长、转方式、调结构放到更加重要位置，突出创新驱动，加快由单纯注重产值扩张、做大企业的外延型向注重效益、品牌、质量的内涵型转变；由粗放式劳动密集型向科技、人才、资金、管理集约型转变，由传统建筑业向具有现代特征的工业化、信息化和高科技含量特征的现代建筑业转型。

借助于推广PPP模式，在实现建筑业企业战略转型的途径上，突破单一的工程承包经营形态，从低附加值区域不断向高利润区域转移。以施工环节为基点，进行业务结构调整，分别向产业的前向、后向链条上延伸，拓展建筑业企业的服务功能，不断开拓新型的经营业务领域，构建从项目前期策划、项目立项直至项目设计、采购、施工、运营管理与维护全过程覆盖的产业链体系，增强企业为业主提供综合服务的功能和一体化整体解决方案的能力，拓展企业的生存发展空间，扩大建筑业企业尽可能多的盈利环节，形成稳定的长期收入来源，增强企业应对风险的能力，增强企业的竞争实力。

（三）促进建筑企业商业模式创新

国内建筑业是典型的劳动密集型竞争性产业，其生产组织方式也是传统的施工承包模式为主体形态。国家建设行政主管部门在行业管理层面上设置了建筑业企业资质标准和相应的管理规定，施工承包模式细分为劳务分包、专业承包、施工总承包三种方式。长期以来，建筑业企业的主营业务范围以上述三种方式被限定在特定的工程建设的施工领域，体制障碍导致企业商业模式在一定程度上制约了企业的规模增长和经营结构调整，当然，企业的创新发展也会受到影响。

随着我国建设管理体制改革的不断深化，建筑业企业的经营范畴逐步放宽。面对企业新的战略定位和发展目标，企业商业模式创新也成为企业内部变革必须要面对的重要课题。一般而言，建筑业企业商业模式创新经历从简单到复杂、从初级到高级的演化过程。具体表现为从劳务分包商模式逐步转型升级转向专业承包商、施工总承包商、工程总承包商、工程建设服务承包商、产业发展商、城市运营商模式的发展规律和运行轨迹。

1. 劳务分包商模式

劳务分包商是许多建筑业企业创业的原始起跑点。依靠劳动者的操作技能，通过劳务分包作业活动，完成劳务分包作业目标，同时，劳务分包商获得积累和发展。对操作工人的管理难度较大。

2. 专业承包商模式

需要掌握专业施工技术，拥有相应的施工设备，以及一定数量的技术工人和读识图纸的能力，承担专项工程的专业施工任务，业务单一，管理和技术的专业化程度高，建筑市场的细分化使得专业承包商有较大的生存发展空间。

3. 施工承包商模式

这是目前众多建筑施工企业采用的主要运行模式，企业需要拥有多种施工技术和管理人才，基本特征是"按图施工"，强调优化组织施工资源。施工进度、质量、成本、安全生产控制是主要的管理目标，近年来更加强调绿色施工和环境保护。相对来说，施工的利润空间较小，主要通过降低成本和增加工程结算收入获取收益。

4. 工程总承包商模式

当施工承包商拥有了设计、采购等更多的功能后，可以上升为工程总承包商模式。常见的运行模式有：（1）设计、施工总承包（DB）：承包商按照合同约定，承担工程项目设计施工，并对承包工程的质量、安全、工期、造价全面负责。（2）设计、采购总承包（EP）：承包商对工程的设计和采购进行承包，工期则由其他承包商负责。（3）设计、采购、施工总承包（EPC）：承包商负责工程项目的设计、采购、施工、安装全过程的总承包，并负责试运行服务。

5. 工程建设服务商模式

这种模式也可以称之为项目管理服务商模式。该模式的特点是工程建设服务商不从事具体的工程施工，而是代表业主对工程项目的实施进行管理。这种模式中的工程建设服务商作为业主的代表或业主的延伸，要求其必须具备帮助业主进行项目前期策划、项目定义、可行性研究、办理项目报批、项目融资，以及对设计、采购、施工、试运行等整个过程承担有效的管理和控制，保证项目的成功实施。常见的有建设管理模式（CM）、项目管理服务模式（PM）、项目管理承包模式（PMC）等。

6. 产业发展商模式

当具备较大的资金实力后，工程总承包商或者工程建设服务商可以转型为产业发展商（包括房地产开发商、资源矿产项目开发商、工业项目开发商、旅游项目开发商、基础设施项目建设运营商等）。在这个层次上，通常伴随着产业资本与金融资本的相互融合，因而，对产业发展商而言，资本运营能力成为其核心能力，而工程管理能力或工程总承包能力仍然是重要的能力组合。产业发展商一般采用直接上市方式、信托方式、公司债券方式、私募基金方式或风险投资基金方式等获得产业发展所需要的大量资金。

7. 城市运营商模式

随着经济实力、品牌形象、影响力的升级，产业发展商进而转向城市发展商或运营商模式。城市发展商或运营商通过为城市提供集成规划、城市投融资、城市开发、城市建设方面的系统服务，从科学发展角度，统筹协调产业驱动、交通引领、招商融资、生态保护、空间拓展、人口聚集、城市形象等，实现城市的可持续发展及综合竞争能力的提升。城市发展商或运营商模式可以从老城区改造、城市交通建设、产业园区建设、新城区建设等不同的角度大手笔切入，站稳立足点，然后再纵深扩展覆盖面，最终在更多的领域占据城市经济发展运行的垄断地位。

从上述建筑业企业商业模式转型和升级的演变规律可以看出，推广PPP模式，能够促进建筑企业的商业模式创新，改善企业经营结构，创造新型的市场营销模式、生产组织模式、资源配置模式、企业盈利模式，助推建筑业企业快速走上产业发展商、城市运营商模式发展的高级阶段。

（四）促进建筑企业实施"走出去"战略

在国际工程承包市场上，随着对建筑产品市场需求和结构的变化，工程发包正在朝着大型化、复杂化、个性化的方向发展，承包商的角色和作用都在重新定位，承包商不仅要成为工程项目建造和管理服务的提供者，而且要成为项目投资者和资本运营者。

推广PPP模式，能够适应国际工程承包领域市场竞争的新趋向。对于国内的建筑业企业，可以克服劳动力成本优势丧失等走向国际市场的薄弱环节，不断提高在高端市场的占有率。以建筑业企业为主体，联合战略合作伙伴和相关利益方，抱团组合成为联合舰队，驶向空间更为广阔的国际市场。与此同时，带动国内建筑标准、技术、机电设备、建筑材料和服务的出口，进一步提高对外工程承包的附加价值，增强全方位开拓国际工程承包市场的能力，在更高层次上加速推进实施"走出去"战略。

（五）促进建筑企业人才队伍结构优化

PPP模式的应用，对建筑业企业的人才队伍结构提出了新的要求。在施工承包商模式下，为了完成从市场信息跟踪到招投标、技术方案与实施、施工过程组织与控制、商务洽谈、成本管理、试运行等任务，建筑业企业的人才队伍组成主要包括专业技术人才、项目管理人才、合同与财务人才、操作工人等。而在PPP模式下，如果建筑业企业是特定目的公司的牵头主体，意味着建筑业企业在项目全寿命期的各个阶段，涉及领域更多、业务范围更大，面临着新产业业务的运营管理，因而，企业发展所需要的人才队伍结构也会随着业务结构的调整发生变化，很显然，建筑业企业对于金融人才、法律人才、新产业运营管理人才的需求量将会有较大上升。

从目前我国建筑企业的人才基本层面上看，复合型、开拓型、外向型的经营管理人才、项目管理人才、技术创新人才的数量和能力的不足已越来越成为制约企业快速发展的主要因素。因此，要针对建筑业在"十三五"时期应对挑战和推广PPP模式的需要，紧密围绕建筑产业现代化事业的发展目标，切实做好企业家队伍、职业经理人队伍、项目经理队伍、专业技术人才队伍、新型产业工人队伍的建设，努力完善员工队伍知识结构，激发诚信意识、责任意识、竞争意识，培育开拓能力和创新精神。

（六）促进建筑企业提高创新驱动发展能力

借助于推广PPP模式，落实和完善建筑业企业研发机制，更多参与重大科技项目实施，推进企业主导的产学研协同创新。大力调整企业技术结构和科技人才结构，坚持自主创新，开发新工艺、新技术、新装备，发展新产品、新产业，把节能减排、发展低碳经济、循环经济作为未来建筑产业发展的重要课题。逐步消除我国建筑业在科技创新能力、技术装备水平、工程质量安全生产水平、建筑工业化程度、绿色建造、节能减排环保、操作工人业务素质等方面的差距，彻底革除管理粗放、资源消耗大、现场脏乱差、安全生产事故等长期困扰建筑业发展的顽症，促使建筑业的发展真正转移到依靠集约化管理、技术进步和创新驱动发展的良性轨道上，推动我国建筑业发展方式转变和现代化的前进步伐。

三、推广PPP模式的风险防范

在参与PPP项目时，建筑业企业面临的风险大多来自于政府。在PPP项目中，政府往往扮演着多重角色，包括需求分析、投资分析决策、特许权授予、担保、产品或服务购买、土地提供和税收优惠等。在PPP项目实施过程中，往往由于当地政治经济环境和项目本身需求，参与者各方利益要求和对项目的认知不同，政府不能恰当地履行自身职责，使项目在推进中出现问题。

一是法律制度和公共管理不健全。自2013年开始，国家财政部力推PPP模式并陆续出台了一系列政策措施，但被称为"PPP条例"的立法工作已开展两年，目前尚未正式出台。此外，中央和地方政府缺少一站式立项、评估和审批等机构，若没有有效的公共管理机构作为支持，对授予和保护企业权利有利的法律体系也将失去作用。英国、澳大利亚等国家多是在财政部内设立公共项目管理部门或PPP管理部门。

二是政企观念不同。政府和企业从各自利益角度分析项目的可行性，以检验项目是否符合各自的目标。政府部门更多地倾向于考虑社会效益，而私营部门则更多地关心项目的经济效益。

三是投资决策失误。不同的观念带来的不仅是政企双方不同的行为准则矛盾，也使项目一开始便面临着项目的立项、投资决策、可行性研究失误等带来的问题。据媒体报道，很多地方存在 PPP 项目盲目上马的现象，仅仅把 PPP 当作融资工具，而不是真的提高项目的运行效率和公共治理能力，这或将为后期政府与社会资本投资人的纠纷埋下隐患。而有些企业也存在"跑马圈地"的心态，这些企业为了防止竞争对手抢占先机，即使没什么收益的项目也会积极介入，与政府草签协议，但这些协议其实未必能落实。

四是政企地位不平等。政企地位不平等是普遍存在的问题，政府部门的强势地位容易导致项目运作过程中决策的随意变更，其短期行为可能会导致政策的不连续，如地方政府换届后履行合同的意愿不足等，会在项目实施的不同阶段给企业带来困扰。此外，政府对项目期望的不确定、可能存在的官僚主义和贪污腐败以及区域、地方或部门间的内部竞争等，都会使企业处于被动地位。

目前，PPP 已全面进入试水期，对于来自政府方面的风险，企业更关注自身在项目中的股权和回报率。

一是股权分配是不少建筑企业参与 PPP 项目时考虑的关键因素。对于 PPP 项目，不少地方政府部门明确表示，企业可以入股，但绝对不能控股，政府一定要保证 51% 的控股权。这让很多企业尤其是民营企业望而却步。因为自身资金实力有限，民企普遍比较担心投资或入股后没有话语权。

第二章
国内外PPP模式发展概况

PPP模式最早由英国政府提出，1990年之后逐渐在美国和欧洲以一种新的融资方式发展起来。迄今为止，PPP模式已在世界范围内得到广泛应用，应用范围也从道路、桥梁、隧道、港口、轨道交通、供水、供电、燃气、电信、垃圾处理等传统公用事业领域，拓展到大型信息技术系统的提供、监狱的建造和运营、学校和医院的建设和运营等领域。

第一节 国外PPP模式发展概述

PPP模式起源于英国，在美国、加拿大等国家已较为成熟。澳大利亚近年来在大型基础设施项目方面运用PPP模式处于领先地位；日本作为亚洲运用PPP模式较早的发达国家，对我国也具有重要借鉴意义。因此，这里介绍上述国家PPP模式的发展概况。

一、英国

英国是PPP模式的发源地，也是目前世界上PPP项目规模最大、涉及领域最广的国家，已成功推动私营经济参与公共产品及服务的建设和运营。英国的PPP模式运作机制较成熟、管理和评价体系也较完善。

（一）英国PPP模式发展历程

英国PPP模式的发展大致经历了以下几个阶段：

1. 第一阶段：试验期（1992～1996年）

20世纪80年代，时任首相的撒切尔夫人在水、电、天然气等领域大力推行私有化，以期缓解政府的财政压力。但是社会资本的逐利性与公共服务的公益性矛盾不可调和，急需寻求兼顾公私利益的运行模式。1992年，PFI（Private Finance Initiative）模式应运而生，该模式由英国财政大臣拉蒙特提出，以鼓励私营投资更关注服务和资金效率。在该模式下，公共部门与私营部门供应商签订长期的服务合同，核心服务仍由公共部门提供，但可获得私营部门的管理技术优势和财力支持，具体运作全部由私营部门完成。但PFI模式建立之后，并没有投入大规模的尝试。据调查，整个英国采用PFI模式的项目资金总额仅为70亿英镑，而英法海峡隧道项目金额就占据了一半。这一方面是由于英国政府内部保守党和自由党竞争不相上下，一向主张完全私有的保守党影响力更强些；另一方面是当时规定任何民间参与的公共建设项目，必须要证明该项目在民间参与模式下的成本和效益要优于传统政府自办的模式，导致多数政府部门及民间投资者投资的积极性都不高，对PFI模式仍持观望态度。

2. 第二阶段：发展期（1997~2008年）

英国工党执政后，首相托尼·布莱尔认为PFI模式相比于其他方式更能实现物有所值优势，开始大力推广PFI模式。首先增强了法律保障，政府要求各部门提出PFI项目清单，专门对国民医疗系统制定相关法律，使其适用于PFI模式，并修订地方法规，鼓励地方政府参与。其次设立相关机构，1997年9月设立协助主管部门及进行PFI研究的PFI推动小组；1998年成立独立的永久性公私合资公司PUK(Partnership UK，由中央政府部门与巴克莱银行等合资组成，私营部门占51%股份，政府部门占49%股份)，为政府推进PFI模式提供智力支持；在地方层面，英格兰和威尔士地方政府与民间合资成立了4Ps公司（Public Private Partnership Programme），辅助地方政府部门推动PFI项目并解决实际问题。自此，英国政府建立了较为完善的法律、政策、实施和监督框架，PFI模式被广泛运用，几乎覆盖了全部公共基础设施领域，积累了丰富的成功经验。

3. 第三阶段：成熟期（2009~2011年）

全球金融危机爆发后，英国也未能幸免，银行借贷率骤降80%，私人投资遭受重创，融资成本急剧上升。加之执政党变更，国家投资政策紧缩，大量的PFI在建项目遭遇资金难题，举步维艰，部分项目甚至因为中标方的临时退出而被迫终止。2009年3月，为了帮助PFI项目融资，稳定市场信心，英国财政部紧急设立了基础设施融资中心（The Treasury Infrastructure Finance Unit, TIFU），为市场融资提供补充。当PFI项目从市场融资遇到困难时，由TIFU提供临时、可退出的援助，可全额贷款，也可与商业银行、欧洲投资银行等一起贷款，缓解了PFI项目的资金困境，保障其顺利推进。渡过这次难关后，英国PFI市场更加成熟与理性，虽然项目成交量相对减少，但大量项目进入了相对稳定的运营阶段，项目类型也更为齐全，从过去公益型基础设施向经济型基础设施转变。

4. 第四阶段：转型期（2012年至今）

由于PFI项目的全部运作是由私营部门完成，政府的参与度不足，债务的凸显加大了政府偿还压力，后期弊端不断显现，政府希望创新合作方式，减轻财政负担，英国财政大臣乔治·奥斯本在2012年底首次提出PF2（Private Finance 2），希望借此首先调整股权融资模式，提高政府资本金比例，以小股东的身份参与，并将项目融资限额从之前的90%降到80%，抑制其过度投机行为；其次，改进招标流程，通过集中招标、规范招标流程、强化政府能力，提高项目招标效率；最后，提高信息透明度，满足公众对项目的信息需求。通过上述优化调整，政府与私营部门的交流更加充分，合作更为紧密，基本上形成了风险共担、收益共享的长期稳定的公私合作关系。

（二）英国PPP模式发展现状

英国PFI模式的核心特征是由公共部门负责提出项目产出需求，以项目全寿命期成本核算为基础，向私营部门支付与项目产出相挂钩的统一费用作为服务对价，同时承担提供公共服务的最终责任，私营部门负责提供项目设计、建设、管理、融资、运营等一站式服务，承担项目融资、交付等与资产或服务相关的风险。PF2模式的核心特征与PFI一致，主要改进是政府在项目中少量持股，并向项目公司派驻董事。IUK认为，广义的PPP模式可覆盖所有类型的公共部门与私营部门的合作关系，除PFI、PF2之外，特许经营、合资经营、战略伙伴关系等都属于广义的PPP模式。

PFI、PF2是英国典型的PPP运作方式，也是有官方规范统计的狭义PPP模式。截至2013年底，英国共有PFI、PF2项目725项，资本总值542亿英镑，其中665个项目进入运营阶段。PFI、PF2项目约占公共部门总投资的11%。从实践效果看，PFI显著提高了公共服务效率，2008年英国PFI项目按时按预算交付率超过85%，而同期传统采购项目的按时按预算交付率不足45%。

目前，英国大多数基础设施投资由私营部门提供资金支持，据统计，其中约60%通过私有化方式提供，约22%通过PPP模式提供，约18%通过传统的政府供给方式提供。

英国基础设施领域的私有化与PFI、PF2的基本共同点在于：它们都是私营部门提供公共服务的一种方式，而两者之间的明显差异主要有四个方面。一是监管不同，私有化项目的价格和服务接受监管者监管，而PFI、PF2项目的价格与服务通常由合同规定。二是资产权益归属不同，私有化项目是永久性资产转移，而PFI、PF2项目的资产管理权通常会在项目结束时移交给政府。三是提供公共服务的责任不同，私有化项目提供公共服务的责任由投资运营者承担，而PFI、PF2项目提供公共服务的责任则是公共部门，私营部门只是受委托方。四是付费机制不同，英国通常在市场化程度较高、可采用使用者付费机制的公共服务领域推行私有化，对采用政府付费或可行性缺口补助方式付费的公共服务领域则更多地采用PFI、PF2模式。

（三）英国PPP模式的发展保障

1. 完善的法律制度

英国虽未专门针对PPP模式立法，但有《公共合同法》、《公用事业单位合同法》、《政府采购法》等通用法律来规范PPP行为，具体还有《关于公私协作的新指引：公共部门参股PF2项目的条款磋商》、《PFI/PPP采购和合同管理指引》、《PFI/PPP金融指引》等规范性文件。此外,英国采用英美法系,法无禁止即可为,因此,PPP项目的各项事务在合同中明确即可。总体来说,英国现有法律已清晰地界定了PPP的整体概念,规范了PPP模式的操作流程,明确了争议解决流程及方法。

2. 健全的管理体系

经过四次重要变革,英国现已成立专门机构组织和协调PPP项目相关事宜。管理体系包括三大层面六类机构。一是中央层面,主要包括IUK、行业主管部门和国家审计署。其中,IUK处于核心地位,既负责PPP政策的顶层设计和项目审批,也提供技术支持、业务咨询等服务。同时,在卫生部、教育部等行业主管部门设立私人融资管理部门,负责对特定领域PPP事务提供支持。国家审计署主要负责PPP项目的事前事中事后审计,保障项目运作依法合规。二是地方层面,享有一定政策自主权的地方当局,可在一定范围内自行制定PPP政策。三是中央和地方交叉层面,主要包括地方伙伴关系公司、政府采购管理当局,主要负责协助地方政府开展项目准备、采购、执行等工作。

3. 创新的融资支持

为了保障PPP项目的资金来源,英国政府出台多项融资支持政策:一是成立养老金投资平台(PIP),由10家主要养老基金作为创始投资者,参与PPP项目,起到示范引导作用;二是举办保险公司基础设施投资论坛,促进保险公司关于基础设施建设的交流沟通,增加保险基金投资机会;三是成立政府股权投资基金,通过引入政府持股,在增加项目资本金的同时,为项目融资增信;四是实施政府担保计划,对符合条件的重大基础设施项目,由政府提供不超过400亿英磅规模的还款担保;五是鼓励利用绿色投资银行、欧洲投资银行等政策性银行为基础设施建设提供优惠贷款。

4. 明晰的项目管理

英国已制定明晰的PPP项目管理办法,将项目分解为八个环节,包括需求分析、项目选择、项目准备、采购资格预审、响应文件收集、财务结算、合同管理和项目终止,并明确规定了每个环节的具体操作流程。例如审批流程就包括三轮,首先是财政部对战略纲要商业计划(SOBC,类似于项目可行性研究报告)进行审核,其次是纲要商业计划(OBC,类似于项目实施方案),采购完成后要审批最终商业计划(FBC)。另外,财政部还要审批PF2项目合同,行业管理部门也会根据项目分类参与相关审批工作。环环紧扣,层层监管,确保PPP项目依法合规运作。

二、美国

虽然PPP模式这样一个表述最近才出现在美国公共基础设施建设领域,但实际上，多年以来很多相关项目的建设资金都来自于美国市政债券，又通过这样或那样的方式涉及私营部门。在超过75年的时间里，美国各级政府通过免税手段发行市政债券，用债券融资投资私营部门建设或运营公共服务类项目，项目涉及水利建设、垃圾处理、教育、医疗、低收入保障房建设等领域。美国作为一个联邦制国家，各个州和地方政府都具有比较大的自治权。因此，各个州及地方政府会根据自己的要求实行不同形式和不同程度的PPP。

（一）美国PPP模式发展历程

19世纪美国已有由私营部门提供公共设施（如收费公路和桥梁）的做法，但PPP并非常用模式。到20世纪初，除公路以外的公共交通设施几乎全部依赖于政府提供。当时美国财政部通过一般基金资助公路建设，直到1956年美国颁布了《联邦资助公路法案》和《联邦公路税收法案》，为洲际公路建设提供了筹资机制，州际公路发展的资金来自于由燃油税、轮胎税、车辆购置税等构成的联邦公路信托基金（Highway Trust Fund，HTF）。

从20世纪末开始，联邦公路信托基金收入持续低于国会批准的每年支出水平。而与此同时，美国对基础设施的需求不断增长，基础设施不断老化，需要大量资金进行维护修复与更新。在此背景下，美国各级政府开始探索PPP模式。

自20世纪八九十年代以来，借鉴英国、澳大利亚及加拿大发展PPP的成功经验，美国开始更多地利用私营部门资源，加快公共产品和服务的供给速度，以节约资金、提高创新能力、提升服务质量，PPP模式自此得以在美国快速发展。1998年弗吉尼亚州采用私营公司设计并建成耗资4200万美元的监狱，这为PPP模式在美国的发展树立了成功典范。据估计，运用PPP模式为这一项目节约了15%~20%的建造和运营成本。6年后，弗吉尼亚州通过《公私教育法案》（Public-Private Education Act），允许运用PPP模式建设幼儿园至高中阶段的学校。不久之后，该州通过法律将PPP模式扩大到供水、停车场、大学宿舍和医院等领域。美国其他州参照弗吉尼亚州的做法，将PPP模式的立法范围涵盖住房、水、交通等领域，并允许不同层级的政府如郡、市级政府和教育局采用PPP模式。

2007年爆发金融危机后，由于经济衰退和高企不下的油价导致较低的燃油消费，2008~2010年间大约350亿美元的联邦公路基金缺口只能通过一般基金来弥补，可这并非长久之计。为了刺激美国经济恢复和发展，各级政府将注意力集中到基础设施投资上。2009年实施的《美国复兴和再投资法案》（American Recovery and Reinvestment Act，ARRA）规定，ARRA的资金很大部分专用于公路和桥梁投资，并以此为杠杆带动私营资本进入。近年来，推动PPP发展的一个最重要的因素是奥巴马政府在2014年7月提出的《建设美国投资提案》(Build America Investment Initiative)，这是在政府层面采取的旨在促进联邦和地方政府与私营部门合作以增加基础设施投资并扩大PPP市场的重要举措。

（二）美国PPP模式发展现状

目前，PPP模式在美国已被运用于各种基础设施和服务方面，其中在交通运输行业中的应用最为广泛，包括公路、桥梁、铁路、公共交通、航空、轮渡和港口项目。与此同时，PPP模式也在学校、医院和其他健康保健设施、可再生能源、饮用水和污水处理、政府建筑、监狱、警察局、消防站和国防等项目中发挥越来越重要的作用。

美国PPP模式的应用在不同行业存在明显差异。1986～2012年，就达到完成融资阶段的PPP项目而言，主要集中在交通运输（295项，占42.5%）、饮用水和废水处理（232项，占33%）和建筑（161项，占23%）三大领域。PPP模式在美国基础设施投资中的比重仍然较低，据美国财政部统计，2007～2013年的PPP交通项目投资额为227亿美元，仅占同期美国高速路总投资额的2%。

美国PPP模式的发展也存在区域差异。实施PPP模式比较活跃的有加利福尼亚州、佛罗里达州、德克萨斯州、马萨诸塞州、纽约州和弗吉尼亚州等。截至2015年6月，美国有21个公路DBFOM项目达到融资完成阶段，项目总投资为246亿美元，其中有2/3的项目分布在德克萨斯（4项）、弗吉尼亚（4项）、加利福尼亚（3项）和佛罗里达（3项）四个州，且投资占项目总投资的大约79%。

美国PPP模式的发展尚未体现出与其世界超级大国地位相称的速度和规模。美国公共政策研究机构Brookings Institute的研究表明，1985～2011年，美国基础设施采用PPP模式的投资仅占全球的9%。另根据美国基础设施研究机构（Infra Americas）的计算，2005～2014年，美国有58个总价值为610亿美元的DBFOM项目达到正式宣布阶段，已完成40个项目（占80%），价值为390亿美元，而同一时期GDP约为美国1/10的加拿大也开发了相当数量的PPP项目。

（三）美国PPP模式的发展保障

1. 管理机构

美国作为联邦制国家，各个州和地方政府具有较大的自治权，这也体现在PPP模式的发展上。各州及地方政府会根据自己的特点和需求采取不同的PPP模式，独立推进。没有一个全国性统一推动PPP模式的政府机构，但有一些非政府组织和机构正在积极推动PPP模式的发展。如：美国PPP理事会、市长商业理事会（The Mayors Business Council）、联邦公路管理局（Federal Highway Administration）等。

2. 政策法规

美国实行联邦制，联邦法律为各州实施 PPP 模式提供基本指导，而具体细节以及是否准许采用 PPP 模式都留给各州自行决定。近 20 年来，美国颁布的与 PPP 模式相关的联邦立法和政策主要包括：

(1) 1998 年：《进入 21 世纪交通公平法案》(Transportation Equity Act for the Twenty-First Century，TEA-21)；《交通设施金融与创新法案》(Transportation Infrastructure Finance and Innovation Act，TIFIA)。

(2) 2005 年：《安全、可靠、灵活、高效的运输公平法案：留给使用者的财产》(Safe，Accountable，Flexible，Efficient Transportation Equity Act：A Legacy for Users，SAFETEALU)。

(3) 2014 年：《收费公路 PPP 模式特许经营合同核心指南》(Model Public-Private Partnerships Core Toll Concessions Contract Guide)；《水设施金融创新法案》(Water Infrastructure Finance Innovation Act，WIFIA)。

(4) 2015 年：《高资质公共基础设施债券》(Qualified Public Infrastructure bonds，QPIBs)；《修复美国路面交通法案》(Fixing America's Surface Transportation，FAST)。

从州层面来看，通常需要通过立法以赋予公共部门与私营部门合作的法律权力。截至 2016 年 4 月，已有 37 个州和哥伦比亚区实现了 PPP 模式的立法，即接近 75% 的州通过法律准许在某个项目或某类项目上采用 PPP 模式。其中有 23 个州和哥伦比亚区准许一定程度上的横向和纵向 PPP 项目，有 3 个州准许一定程度的纵向 PPP 项目，有 11 个州准许一定程度的横向 PPP 项目。横向 PPP 项目主要是指在交通运输项目中运用 PPP 模式，纵向 PPP 项目则指在社会性基础设施，如学校和政府建筑项目中运用 PPP 模式。此外，根据实践修订 PPP 模式的法规也很常见，比如佛罗里达州 1991 年立法以来针对该州运输部的 PPP 模式的法规已修订过 7 次。

3. 融资机制

PPP 模式在美国发展过程中，联邦政府提供的以下三个融资工具发挥了重要作用：私人活动债券（Private Activity Bonds，PABs），《交通设施金融和创新法案》(Transportation Infrastructure Finance and Innovation Act，TIFIA) 信贷计划，以及《水设施金融和创新法案》(Water Infrastructure Finance and Innovation Act，WIFIA) 信贷计划。

私人活动债券是免税的债务工具，由州或地方政府发行，其收入用于支持私营部门参与较多的项目。TIFIA 向公路和公共交通项目提供长期、灵活的融资渠道。其重点在于通过提供补充资金以吸引重要的私人和非联邦机构的共同投资。与 TIFIA 功能类似，WIFIA 是由美国环境保护署管理的低利息贷款。主要支持与饮用水和污水处理有关的项目,包括管道更新、水处理厂的建设和维护、地下水、节约能源等项目。

三、加拿大

近年来,PPP 模式在加拿大稳步发展,无论从市场活跃度还是发展模式看,都堪称世界一流。尤其是自本轮全球金融危机以来,该国的 PPP 市场持续活跃,与世界其他地方的低迷形成了鲜明对比。加拿大 PPP 委员会发表的白皮书就毫不讳言地指出,加拿大是全球 PPP 最佳实践的主要来源。

(一)加拿大 PPP 模式发展历程

PPP 模式最初在加拿大的发展主要是以不列颠哥伦比亚、亚伯达、安大略和魁北克为代表的省一级政府在推动,经过多年的摸索和经验积累,形成了独具特色的加拿大模式。由于教育、交通、医疗主要是省一级政府在分管,因此,PPP 模式最初也主要是这些领域在采用。

在意识到 PPP 模式的优势之后,联邦政府也加大了对 PPP 模式的支持力度。与英国为缓解财政约束而引入私人资金不同,加拿大政府似乎一开始就看到了 PPP 模式对促进经济增长和创造就业的巨大作用,因此,政府从一开始就出资参与项目。

2007 年,政府设立"PPP 基金"和加拿大 PPP 局,由后者负责协调基金的使用。通过五轮项目征集,该局将全部 12.5 亿加元的基金投资于 20 个项目,并撬动 60 多亿加元的私人资金,使 PPP 在全国 6 个省区、13 个市得到推广。这也部分解释了为何金融危机以来该国的 PPP 市场仍然相当活跃。

2013 年,联邦政府设立新的"建设加拿大基金",计划在未来 10 年调动 140 亿加元用于支持各级政府的基础设施建设,以促进经济增长、创造就业和提高生产率。此举进一步提振了地方政府参与 PPP 项目的热情,保证了不断有新的参与者加入 PPP 市场中,也加大了对私营部门的吸引力。

(二)加拿大 PPP 模式发展现状

为了推广 PPP 模式,加拿大政府于 1993 年成立了加拿大 PPP 国家委员会(CCPPP)。为了记录加拿大 PPP 项目的增长,CCPPP 开发了包含从 1991 年起至今所有 PPP 项目的数据库。该数据库于 2010 年建立,截至 2015 年包含跨越 10 个省、总价值为 1180 亿加元的 245 个 PPP 项目,涉及交通、医疗、司法、教育、文化、住房、环境和国防等行业。其中,2003~2012 年,加拿大共有 121 个 PPP 项目完成了融资方案。各项目在不同的行业分布情况见表2-1，这121个PPP项目在建设过程中的资本投入共计384亿美元，而医疗保健行业就直接吸引了资本投入178亿美元。

加拿大PPP行业分布　　　　　　　　　表2-1

行业	项目数量	占比	行业	项目数量	占比
教育	7	5.79%	住房	2	1.65%
环境	5	4.13%	国防	1	0.83%
司法	14	11.57%	政府服务	2	1.65%
交通	24	19.83%	文化	7	5.79%
医疗保健	59	48.76%			
合计				121	100%

PPP模式在加拿大经济体中占据重要地位，也备受联邦政府和地方政府支持。2008年，加拿大以皇家公司的形式建立了联邦级PPP单位——PPP Canada，该机构致力于通过增强纳税人的责任、提升项目的价值和效益来改善PPP项目供给。为支持PPP模式发展，联邦政府设立了12亿加拿大PPP基金，提供了25%的项目资金成本。此外，亚伯达、英属哥伦比亚、新不伦瑞克、安大略和魁北克省都有专门的采购机构或办公室负责PPP项目采购。加拿大PPP项目于2010年达到峰值，之后基本保持稳定。2014年3月，CCPPP发布了一份报告，对2003～2012年这10年间加拿大PPP项目的经济绩效进行了评估，结论是PPP模式的实施极大地促进了加拿大经济发展、就业创造与居民福利。此外，这十年间，PPP项目还帮助公共部门节约了99亿美元，并为联邦和地方政府创造了75亿美元税收。在2015年发布的白皮书中，CCPPP将PPP在加拿大的成功归结为四个关键因素：一是稳定的项目储备；二是高效的招标流程；三是多元的融资来源；四是有利的政治环境。

（三）加拿大PPP模式的发展保障

1. 相关法律、政策

加拿大政府自20世纪90年代开始对PPP进行立法管理，至今联邦、省、地方三级政府都有各自的法律及管理政策，已形成三级政府间相互独立、特色鲜明的分工。2003年5月，加拿大工业部出版的《对应公共部门成本——加拿大最佳实践指引》和《PPP公共部门物有所值评估指引》是目前PPP项目的主要依据之一。

加拿大联邦政府对PPP的规范条文主要在《加拿大战略性基础设施基金法》等

法律内，而各地方政府也有各自对PPP的规范政策，例如不列颠哥伦比亚对交通运输、健康公共服务中的PPP运用主要在《交通投资法》、《交通运输投资修正案》、《健康部门合作协议法案》等几部法案中进行规范。

总体来说，联邦政府主要承担一些全国性公共服务的供给，包括国防、交通运输基础设施、邮政服务等。省政府理论上应该是大部分省内公共服务的提供者，然而省级政府独立提供的公共服务较少，多数是与联邦政府和城市政府合作共同提供公共产品，于是省级政府更多地承担政策制定者和大部分资金提供者的角色，而地方政府则是具体政策实施者。

2.PPP中心

加拿大的PPP中心分为联邦和省级两级。

(1) 联邦PPP中心。联邦PPP中心即加拿大PPP中心，是加拿大财政部下属的国有企业。

1) 主要职责。协助政府推广和宣传PPP模式，参与具体PPP项目开发和实施。此外，根据加拿大联邦政府要求，所有中央实施项目的PPP适用性评估必须征求加拿大PPP中心意见。

2) 组织架构。联邦PPP中心设有一个由7位社会资本代表组成的董事会，下设4个部门：战略与组织开发部——负责PPP市场开发；项目开发部——负责PPP项目识别、筛查和商业案例分析；投资部——负责PPP项目调查和前期实施；融资、风险与管理部——负责PPP项目后期实施。

3) 主要业务。一是PPP知识研究与推广，包括承担PPP市场调研与开发，推广样板工程和加强相关能力建设。二是推动联邦层面PPP项目实施，包括筛选中央承担的PPP项目并提出相关建议。三是推动省、市等各级政府PPP项目实施，包括管理、运营加拿大PPP基金，对各级政府申请加拿大PPP基金和加拿大新建设基金的项目进行PPP模式适用性评估等。

(2) 地方PPP中心。目前，阿尔伯达、安大略、魁北克、卑诗、纽宾士域、萨斯喀彻温等6省都建立了省级PPP中心。省级PPP中心在联邦PPP中心的指导下，负责实施本省PPP项目。

3.PPP基金

加拿大PPP基金是推广应用PPP模式的专项基金，由加拿大PPP中心负责管理、运营，对推动加拿大PPP市场发展发挥了重要作用。

(1) 基金规模。截至2013年，加拿大政府共向PPP基金提供了12亿加元。自2014年起，加拿大政府将分5年时间再向该基金注资12.5亿加元。

(2) 基金运营。加拿大PPP中心利用该基金，与省、市等各级政府部门合作推广应用PPP模式。加拿大PPP基金重点关注新领域、新行业、新方式，支持领域包括交通、供水、污水处理、固体废物处理等，强调最大限度引导社会资本的参与，其中"设计—建造—融资—运营—维护"（DBFOM）模式是优先考虑方式。

（3）资金使用。加拿大PPP基金的支持方式包括无偿补助、有偿补助、贷款和贷款担保等。最高可支持某一PPP项目50%的开发费用和25%的成本费用。

（4）实施成效。加拿大PPP基金首期的12亿加元，已承诺支持21个项目，包括供水、污水处理、交通、固体废物处理和房屋重建等项目类型，覆盖15个城市。通过加拿大PPP基金，支持了16个领域使用PPP模式，撬动社会资本超过60亿加元。

鉴于过去PPP模式在加拿大公共基础设施交付方面的优异表现和对经济发展的一系列积极影响，加拿大联邦政府要求，从2011年开始，联邦各部门所有使用期限超过20年、投资超过1亿加元的基础设施项目和各省投资超过5000万加元的基础设施项目，必须进行PPP模式适用性评估。加拿大联邦政府还鼓励对其他类型项目和服务进行PPP模式适用性评估。

四、澳大利亚

澳大利亚政府不仅利用PPP模式进行基础设施建设，如公路、铁路、港口等，还利用这种模式建设学校、医院、监狱等公益机构。

（一）澳大利亚PPP模式发展历程

20世纪80年代，澳大利亚为了解决加快基础设施建设而带来的资金不足问题，开始在基础设施建设领域运用PPP模式。其最普遍的PPP模式是，投资者成立一个专门的项目公司（Special Project Vehicle，SPV），由SPV与政府就项目融资、建设和运营签订项目协议，协议期限一般为20~30年。SPV再与另外一些公司签订执行项目各项任务的协议；为了保证这些公司能够按时按质地履约，确保项目进展顺利，政府也和这些公司签订协议，一旦这些公司出现不能履行合约的状况，政府可以随时跟进。政府通过赋予SPV长期的特许经营权和收益权来换取基础设施的快速建设和高效运营；一旦合同到期，项目资产无偿转交给政府。需要注意的是，澳大利亚政府运行PPP模式并非一帆风顺，20世纪80年代在刚开始运行PPP模式时，政府主要是为了减少财政支出，但较少向企业转嫁项目的建设和运营风险，当时运行PPP模式取得显著效益。从20世纪90代开始，澳大利亚政府为了促进经济增长和提高效率，开始更多地引入私人资本，并将项目建设和运营的风险更多地交由企业承担，以至于私人公司由于风险负担过重，导致不少项目资金难以为继，以失败告终。

2000年以来，在澳大利亚财政较20世纪80、90年代大有改善的基础上，政府总结了以前的教训，为了本国重大工程项目的顺利实施，对现行法律进行合理地修正，以便充分利用政府和私人公司各自的优势，较为理性地把政府的社会责任、远景规划、协调能力和私人公司的资金、技术、管理效率结合起来，通过公私双方共同合作，取得运用PPP模式的"双赢"结果。

2008年，澳洲联邦政府通过 *Infrastructure Australia Act* 2008法案，并创立全国层面的PPP管理机构，即澳大利亚基础设施局（Infrastructure Australia，IA），推广PPP模式是该机构的职能之一。其后，各州和领地的道路和交通领域也相继出台了一系列指南和技术性指导方案，并在全国各政府部门推广。各政府部门每年要按期向澳大利亚联邦政府委员会（Council of Australian Governments）就全国基础设施的建设情况做汇报总结。这一举措确保了全国开展的基础设施建设与国家、地方发展战略紧密地结合起来。澳大利亚国家机构从政策、法规和技术等不同层面管理PPP项目，同时赋予各州政府一定的司法灵活性。2014年，Infrastructure Australia Act 2008法案通过了修订案，赋予澳大利亚基础设施局创建独立董事会并任命CEO的权力。

（二）澳大利亚PPP模式发展现状

截至2016年6月，澳洲总计开展PPP项目130多项（含不同阶段项目），其中维多利亚州、昆士兰州和西南威尔士PPP项目总金额分别列居前三位，甚至有个别高校（Murdoch University、Edith Cowan University）也尝试以PPP模式进行开发和建设。目前，澳大利亚的PPP项目涉及医疗、法庭、监狱、教育、水务、体育场馆、保障住房、单身公寓、科研中心、铁路、公路、停车场等不同的细分市场领域。绝大多数的PPP项目金额在5000万美金以上，合同期限15～40年不等。澳洲本土四大银行（ANZ，Commonwealth，NAB，Westpac）在国内PPP项目融资市场上也占据了50%以上的市场份额。澳洲政府也与日本、加拿大、菲律宾、印尼等东南亚国家开展着广泛的PPP项目与技术合作。

（三）澳大利亚PPP模式的发展保障

1. 既统一又相对独立的PPP项目管理结构

2008年金融危机以后，澳大利亚联邦政府通过法案在（COAG）组织架构下正式成立IA（Infrastructure Australia），来对各个州和领地的基础设施PPP项目进行整体管理。因此，澳大利亚的PPP项目管理分两个层级，即各州和领地组成的联合政间的管理与协调，以及各个州自身对PPP项目的管理。以PPP项目开展最早且较成熟的维多利亚州为例，其早在2000年时就制定并推出了针对本州PPP项目的政策和指南

（*Partnerships Victoria Policy and Guidelines*）。随着 2008 年澳洲联邦基础设施管理部门 IA 的设立，上述文件被一个全国性政策指南（*National PPP Policy and Guidelines*）所替代。鉴于六个州具有独立的立法权，州政府在 PPP 项目管理上通过 COAG（Council of Australian Governments）来取得整体上的一致和协同，但涉及地方 PPP 项目具体问题时，州政府又保持着一定的司法灵活性，从而保持了统一和独立之间的协调。

2. 联邦政府发展战略下的项目整体优先选择

澳大利亚联邦政府将国家未来重点基础设施建设划分为七个主题，分别为：全国货运网络、城市交通、城市和区域水务、能源、国家宽带网络、国际港口与土著社群。IA 与联邦各州、领地政府共同成立国家 PPP 论坛以及相应的工作组，共同探讨未来的 PPP 国家立法和发展趋势，并接受州政府、领地与社会机构的项目申报。在收到项目申报后，IA 将依据不同的方面将项目划分为不同的优先级别予以相应的推荐（分 Early Stage，Real Potential，Threshold，Ready to Proceed 四个等级），并定期更新和公示。主要依据有项目与国家和州政府重大发展战略规划之间的协同程度、项目对国家重大基础设施瓶颈的缓解程度、项目本身的成本与经济效益系列指标（BCR）等。获得最高级别政府推荐的项目可以在税务机构注册登记为"基础设施建设制定企业单位"，获得无须 COT 和 SBT 测试的税收减免等优惠措施（例如以十年期国债的利率对企业损益进行未来税收减免或结转）。

国家统一的项目审批、申报接口、统一的评审标准和公开透明的信息化建设，使得整个澳大利亚 PPP 市场在国家重大发展战略和州政府重要战略指引下得到了有效的推广和发展；政府提供财政和税收等扶持性措施，使得 PPP 项目对社会资本的吸引力增加，并实现了市场资源的有效配置。

3. 完善的项目实际操作指南与信息管理体系

在项目执行层面，各个主要州政府在财政部下都设立了相应的 PPP 管理工作部门，建立了完善的管理流程及相应的实践操作指导手册来管理和指导 PPP 项目的实施。

IA 联合州政府就先后出台了一系列的文件和指南来指导项目的管理和实施。其中包括《国家 PPP 政策概述》（*National PPP Policy Framework*）、《国家 PPP 指导总则》（*National PPP Guidelines Overview*）等政策性总体指导说明及《招标分析指南》（*Procurement Options Analysis*）、《项目实操指南》（*Practitioners Guide*）、《社会性基础设施商业规范》（*Commercial Principles for Social Infrastructure*）、《公共项目指标对比分析指南》（*Public Sector Comparator Guidance*）、《PPP 项目贴现利率选择方法论》（*Discount Rate Methodology*）、《司法规定》（*Jurisdictional Requirements*）、《经济性基础设施商业规范》（*Commercial Principles for Economic Infrastructure*）、《风险分配指南》（*Risk Allocation Guidance*）、《合同管理指南》（*Contract Management Guidance*）等一

系列文件。这些指南和文件从项目框架设计、法律法规、项目运作流程、具体问题的方法论选择和管理指标体系等方面对PPP项目管理进行了全面归纳总结，为各政府管理机构提供了大力支持和帮助，从而保障了项目管理的科学性和有效性。

4.严格的审计和绩效评价机制

完善的法律法规体系和严格的审计制度是做好公私合营项目的前提。在PPP项目中，政府与私营部门以标准合同形式确定各自的权利义务，并明确了政策、环境发生变化时可再商谈的条款，保证合同的公正、合理。同时，澳大利亚合同法也从法律上保证了合同的履行，一方违法，另一方可以起诉。若企业违法，将会失去声誉和今后参与其他项目的机会，若政府对项目判断失误，选民也会在选举中用投票来表达意见。此外，澳大利亚政府对PPP项目有严格的审计程序，以维多利亚州为例，审计署的主要工作包括绩效审计和财务审计。对每一个PPP项目，政府与私营部门签订的合同中都提出了主要绩效指标，并不断加以完善和改进，审计署要重点对项目是否符合公共利益、是否经济有效、是否实现了绩效目标、是否符合法律法规等方面进行评价，评价结果向州议会报告。此外，政府对PPP项目还设计了专门的会计核算方法，各项目运营情况每年都以资产负债表和项目收入表来反映，并在州政府资产负债表中体现。

五、日本

日本引入PPP模式已有20多年的历史，最近几年，"公私合作"在日本再一次受到关注，这与日本中央、地方政府的财政困难及地方分权化有较大关系。另外，日本一直以来是以政府为主体提供着各种公共服务，但是随着市民需求的多样化，行政不可能提供均等的服务，财政制约也越来越严重，因此，单靠政府难以有效地提供多方细致的服务，于是不得不寻求利用私营部门的资金和智慧。政府利用活跃在该领域的私营部门，给予一定报酬，通过管制、引导和监督，实现事业目标。经过20多年的实践探索，日本形成了一批具有代表性的PPP机构，包括官方机构、一般社会团体以及专业学术、咨询、教育机构等，这些机构在PPP的研究、推广、项目指导等方面发挥着越来越重要的作用。

（一）日本PPP模式发展历程

中曾根内阁时期日本政府推动的"民活"政策开启了日本公私合营PPP模式探索的序幕。"民活"政策是指第二临时行政调查会的行政改革。根据后来的前川报告（适应国际化的经济结构调整研究报告），"民活"政策的主要内容包括：对内扩大内需，对外消除贸易赤字，在扩大内需政策下活用民间的活力，将私营企业及团体引入地方的自治管理之中。简而言之，这些社会力量的活用在日本被称为"民活"。

20世纪80年代后半期，在"民活"热潮中，日本地方政府由于在城市、地区开发事业上受到资金、技术上的制约，转向寻求与私营部门的合作。另一方面，私营部门也为了分散风险及推动项目顺利进行，更加重视和地方政府之间的协调关系。1982年日本第三次临时调查会答辩后的10年间被称为"日本城市、地区开发事业中构建PPP的讨论及制度整备时期。"1985年，当时的日本国土厅（现在为国土交通省）出台了"首都改造计划"，特别是在东京圈，集中了大量私营部门的大型开发项目。1986年，日本制定了《民活法》（《运用民营企业活力加速兴建特定公共设施临时措施法》），次年制定了《休闲法》，引入第三部门（中央政府或地方政府和民间企业共同出资设立的法人）进行休闲开发。这个时期多用第三部门建设休闲设施，第三部门是公私合作模式，但是站在实际经营的角度，由于责任所在不明确，在经济不景气的时候未能充分发挥作用。另外，日本在该时期实现了日本国有铁道公社(JR)、日本电信电话公社（NTT）、日本专卖公社三公社（JT）的民营化，NTT、JT、JR诞生。由于当时PFI模式还未出现，活跃地区经济过程中所需的大量基础设施投资和大规模的复合开发由于得不到私营部门的资金、技术支持而很难实施。后来根据社会资本整备法设立了NTT无利息融资制度，由此带来巨大的财源。

泡沫经济以后，日本政府开始围绕PPP展开调查研究，了解国际经验，并于1992年成立了公私合作整备研究会（国土厅大都市圈整备局整备科），致力于建立"新型公私合作体系"。日本城市建设高峰期过后，以公共事业及公共服务为对象的PPP讨论又兴盛起来。1999年，日本借鉴英国的PFI模式颁布实施《利用民间资金促进公共设施等整备相关法》（以下简称"PFI法"），核心是通过活用民间资金促进公共设施建设。同年，在内阁专门成立了PFI推进委员会。2000年3月，制定了活用社会资本促进公共设施完善项目实施基本方针，但不做技术上的相关规定。其后，日本政府又相继发布了公共服务改革的政策框架与推进PPP实施的六个"指南"，包括：PFI项目实施流程指南、PFI风险分担指南、VFM指南、合同指南、项目监控指南、公共设施等运营权及公共设施等运营项目指南。

2011年6月对"PFI法"进行了三个方面的修订：一是实施领域有所扩大，将租赁住宅、船舶、航空、人造卫星等领域也作为可以实施PPP的领域；二是引入了民间事业者发起项目制度，历来日本PFI项目的发起方都是政府，"PFI法"修改后，改由民间事业者发起项目，民间事业者提出具体项目及实施方案，由政府论证是否采纳，最后将结果告知企业；三是引入公共设施运营权制度。2013年6月是日本第六次也是最近一次修订"PFI法"，制定了在公共设施运营权方式中向项目运营者派遣中央或地方公务员的制度，派遣期限最长三年。

(二) 日本 PPP 模式发展现状

从数量和规模来看，日本基础设施 PPP 项目总体数量不是很多，相应失败的案例也非常少。1999～2015 年，PPP 项目数量从 3 项增加到 527 项，2015 年比 2014 年项目数量增长 7.77%。项目金额从 1999 年的 1 亿日元增长到 2015 年的 48965 亿日元，2015 年比 2014 年项目金额增长 9.63%。可以看出，PPP 模式在日本的发展经历了循序渐进、稳步发展的过程。

从实施领域来看，教育和文化领域项目数量排在首位，主要涉及文教设施、文化设施等；数量第二多的领域是健康和环境领域，主要与医疗设施、垃圾处理设施等相关；排在第三的领域是城市建设，相关项目主要涉及公路、公园、下水道设施、港湾设施等。另外，从目前实施的 527 个项目中，中央累计实施 69 个项目，地方累计实施 413 个项目，其他机构实施 45 个项目，足见地方在推广 PPP 中发挥了重要作用。

从具体操作形式来看，日本 PPP 模式主要包括 BOT 和 BTO 模式，但在实践中，BTO 项目数量居多，约占到一半以上。BTO 与 BOT 的不同于之处在于，BTO 是设施所有权在工程完工后即移交给公共主体。从日本的案例中可以发现，BTO 这种方式在实践中也出现了一定问题，即企业虽然可以在不保有设施所有权的同时提供公共服务，但这种情况容易造成设施管理责任和服务提供责任分担不明确，存在一定隐患。

(三) 日本 PPP 模式的发展保障

1. 完善的法律制度

健全的法律制度环境是 PPP 模式赖以生存的基础，也是增强投资者信心、降低 PPP 项目风险的有效措施。日本政府通过立法手段推动公共服务向社会开放，1999 年实施的 "PFI 法"，通过政府文件形式明确了 "民间能做的事交给民间去做" 的改革指导原则；相继发布公共服务改革的政策框架与推进 PPP 实施的六个 "指南" 等。这些举措为 PPP 模式在日本的推进与展开创造了良好的法律、行政和政策实施的保障和环境。此后，日本先后六次修订了 "PFI 法"，将原来法案中规定的 PFI 活动只针对道路、医院、国家及地方自治体的办公楼等实施，扩大到人造卫星领域，即将社会力量引入宇宙开发领域，并制定了在公共设施运营权方式中向项目运营者派遣中央或地方公务员的制度。另外，日本对于事前的风险评价以及公共部门与私营部门的权责划分，也极大地推动了 PPP 模式的成功运用。

2. 健全的政府 PPP 机构

日本中央政府在推动公共服务的提供向民间开放过程中发挥了重要作用。内阁根据"PFI 法",专门在内阁设置了 PFI 的领导和推广机构——PFI 推进委员会,形成在中央政府的统一领导下,由地方政府、PFI 推进机构及行业组织共同构成的 PFI 项目运作管理模式。该委员会的委员长、专家委员均由内阁总理大臣直接挑选任命,职责主要包括:调查日本 PFI 事业的实施状况,分析、审查私营部门的意见;向社会发布有关 PPP 实施状况、法律、税收等情况;向有关机构提出促进 PFI 事业改革与发展的政策建议;协助政府扩大对 PFI 事业的宣传和影响,促进社会民众对 PFI 事业的理解。PFI 事业推进委员会对日本 PFI 发展意义重大,很多政策、法规、建议都是由它提出的,它引导着日本 PPP 事业的发展方向。此外,经济财政咨询会议和内阁设置的区域经济再生总部还提出,在行政服务中实现公私合作这一重要课题,这进一步拓宽了对社会开放的公共服务领域,促进了 PPP 模式的发展。

3. 繁荣发展的民间咨询机构

在日本,社会上有很多专业从事大型工程项目管理及 PPP 项目咨询的管理顾问公司,如三菱综合研究所、都市经济研究所、佐藤综合计划等,都可以提供专业咨询服务。在 PPP 项目确定前的调查阶段,发起机构会委托管理顾问公司对 PPP 项目条件和前景进行分析和评估;项目确定后,发起机构会聘请有关专家举办 PPP 学习班;在 PPP 项目实施阶段,也需要聘请管理顾问指导 PPP 项目的实施,同时发起机构需要聘请外界专家对 PFI 项目进行监督和评价。通常来说,PPP 项目在不同阶段的咨询服务由不同的顾问公司或外部专家负责。

4. 专业的 PPP 人才培养

PPP 模式涉及担保、税收、外汇、合同、特许权等多方领域,内容复杂,文件繁多。PPP 模式的实施是理论与实践相结合的过程,PPP 模式操作复杂,需要懂法律、经济、财务、项目管理等各方面专业技术人才。日本的东洋大学于 2006 年在经济学研究系开设公私合作专业。东洋大学研究生院经济学研究系公私合作专业有三个课程:城市管理课程——学习地方政府的财政健全化、公共设施管理等方面的公共管理政策;PPP 商务课程——综合学习 PFI、指定管理者制度、城市建设等民间、市民为主体的 PPP 事业;世界 PPP 课程——学习亚洲、非洲等新兴国家的项目企划。

第二节 国内 PPP 模式发展概述

我国当前推进 PPP 模式具有强烈现实需求和深层改革意义。在我国经济进入新常态背景下,财政运行也进入以收支缺口持续扩大为特征的新常态,而长期以来地方政府投融资管控失当,预算约束松弛,以政府为主体的投融资体制的运行难以为继。PPP 模式不仅能缓解当前财政对基础设施和公共服务的支出压力,控制政府债务增量和化解债务存量,创新公共产品供给方式和财政管理方式,而且能解决民营资本多年来遭遇的玻璃门尴尬,激发市场活力。因此,2014 年《预算法(修订)》和《国务院关于加强政府性债务管理的意见》出台后,PPP 作为地方政府公共项目融资机制被正式确立。之后,国务院和相关部委出台了数十份文件,强力推进 PPP 模式在基础设施和公共服务领域的应用。

一、国内 PPP 模式发展历程

与我国渐进式的改革开放方式一样,对于 PPP 模式,政府走的也是"试点—推广试点—立法规范"的路线,PPP 的发展历程可细分为以下几个阶段。

(一)试点阶段(1984~1994 年)

以深圳沙角 B 电厂项目为起点,我国开始逐步探索 PPP 模式在电力和交通等基础设施领域的应用。由于当时虽已确立了对外开放的基本格局,但国内对是否允许非公有制经济发展仍存较大争议,因此,这一阶段的社会资本以外国资本为主。1986 年,国务院颁布了《关于鼓励外商投资的规定》,在优惠政策的鼓舞下,外国资本掀起了投资中国的热潮。在开放较早的广东沿海地区,一些外商华侨部分出于支持家乡建设的考虑,开始以合资企业的形式探索进入中国的基础设施建设领域。他们的资金主要投向了一些电力和交通项目,除了深圳沙角 B 电厂项目外,还有广州北环高速公路项目、广深高速公路项目、顺德德胜电厂项目等。这些项目以 BOT 模式为主,通常采取"一事一议"的方式,由投资人发起,经与地方政府谈判协商后执行。在这一阶段,PPP 模式尚未引起中央政府的关注与重视,主要靠民间"自下而上"地"摸着石头过河"。

(二)推广试点阶段(1995~1997 年)

1995 年,国家选择广西来宾 B 电厂、长沙电厂、成都第六水厂作为 BOT 试点项目,进一步进行推广试点。为保证试点工作有序规范进行,国家发展和改革委员会(原国家计划委员会)、电力部和交通部联合颁布的《关于试办外商投资特许权项目审批管理有关问题的通知》,对外经济贸易合作部颁发《关于以 BOT 方式吸引外商投资有关问题的通知》。在这一阶段中央政府主要是确保 PPP 模式有序渐进地开展,防止各地一哄而起,造成无谓的资源浪费,同时也从维护国家利益的角度出发,防止政府将BOT项目风险全部承担下来。但是这一阶段进行的项目主要采用了固定投资回报的方式,仅水务行业就有20多个固定投资回报项目,这些项目主要分布在黑龙江、辽宁、河北、天津、广东、江西、浙江等地。

(三)固定投资回报的整顿阶段(1998~2002年)

众多PPP项目集中上马,而且普遍都承诺给予外商固定投资回报,这引起了中央政府高度关注。从1998年起,国务院就开始对BOT项目中固定投资回报进行清理规范。1998年9月国务院《关于加强外汇外债管理开展外汇外债检查的通知》(国发[1998]31号),要求各地政府对BOT项目中固定投资回报的承诺进行清查、制止。

2001年4月国务院《关于进一步加强和改进外汇收支管理的通知》(国发[2001]10号),再次重申禁止BOT项目中固定投资回报和项目融资担保,并要求进行清理,防止国家外汇流失。

2002年9月10日,为彻底解决BOT固定投资回报问题,国务院办公厅颁布了《关于妥善处理现有保证外方投资回报项目有关问题通知》(简称《通知》),该《通知》明确指出:"保证外方投资固定回报不符合中外投资者利益共享、风险共担的原则,违反了中外合资、中外合作经营有关法律和法规的规定。在当前国内资金相对充裕、融资成本较低、吸引外资总体形势良好的有利条件下,各级政府应采取有力措施,妥善处理现有固定回报项目。"具体做法上:第一,对于以项目自身收益支付外方固定回报的项目,中外方应当在充分协商的基础上修改合同或协议,以提前收回投资等合法的收益分配形式取代固定回报方式。第二,对于项目亏损或收益不足,以项目外资金支付外方部分或大部分投资回报,或者未向外方支付原承诺的投资回报的项目,可以根据项目情况,分别采取"改"、"购"、"转"、"撤"等方式进行处理。

(四)PPP全面推广阶段(2003~2007年)

在党的十六届三中全会和中国经济持续高速增长的大背景下,中国政府开始推广PPP模式在基础设施建设领域的应用,PPP模式在中国迎来了一段较快的发展时期。2003年,党的十六届三中全会通过了《关于完善社会主义市场经济体制若干问题的决定》,明确提出"放宽市场准入,允许非公有资本进入法律法规未禁入的基础设施、公用事业及其他行业和领域"。这为民营资本全面进入基础设施和公用事业领域打下了坚实的理论基础。与此同时,2003~2007年间,中国经济连续五年保持了10%以上的增长。经济的高速增长,凸显了我国在能源、交通等基础设施方面面临的瓶颈。为填补经济发展所需的巨额基础设施投资缺口,各地政府纷纷开始调动当地民间资本的积极性。而PPP模式作为民间资本进入基础设施领域的重要途径,由于有了上一阶段的经验积累,开始被政府大力推广。

全面推广表现在以下几个方面:所有公用事业都向私人投资者开放,不仅对外资开放,而且也对国内私人资本开放;不仅新建项目开放,而且政府对投融资体制改革,鼓励私人资本参与国有公用事业改制。中央和地方政府都颁布了专门规章和政策,引导、鼓励和规范PPP模式的全面展开。

在这一阶段出现了大量的PPP项目,如2003年6月,连接宁波与嘉兴,全长36km,总投资118亿元的杭州湾跨海大桥正式动工,其中50.25%的投资额是由17家民营企业组建的5家投资公司承担,这一工程把浙江省利用民间资本建设重大公共基础设施工程推向一个新的高峰。继该大桥之后,浙江省政府2003年文件《关于进一步扩大民间投资的意见》中明确指出,浙江省"五个百亿"工程的其他四个,即沿海铁路、高速公路、核能发电厂和火力发电厂,总投资达3000多亿元,也将陆续开工并继续吸引民间投资。

伴随着国内私营资本的逐步介入,外资也迈开了进入内地公用事业领域的步伐。2003年,香港李嘉诚旗下的和记黄埔以2.5亿港元收购在香港上市的百江燃气12.8%的股份,借此进入内地燃气市场。香港中华煤气有限公司与无锡市燃气总公司签下总投资6000万美元的天然气一期工程阶段协议,香港公司占股份49%,同时,负责天然气在无锡的经营。威迪望与天津市有关部门成立合资企业——天津通用水务公司(威迪望控股55%),是中国政府第一次特许外国公司经营现有水厂。此外,北京地铁四号线和深圳地铁四号线等均采用PPP模式。

(五)调整阶段(2008~2012年)

2008年全球金融危机以后,关于"中国模式"和"北京共识"的思潮以及"四万亿经济刺激计划",改变了我国PPP模式发展的生态环境,PPP模式在中国经历了第二次向下调整的过程。中国经济自改革开放以来保持了30多年的持续快速增长,一部分人将其归功于"中国模式"的优越性,认为强政府和高投资是成功的关键,并希望进一步扩大政府对经济的影响力。与此同时,为应对金融危机,我国政府推出了"四万亿经济刺激计划",其中,计划有2.8万亿元需要地方政府配套实施。为此,各级地方政府成立了许多国有背景的城市投资建设公司、城建开发公司等作为融资平台,承接宽松货币政策下天量的银行信贷资金,大规模地开展基础设施建设。这些地方政府融资平台,一时间挤占了民营经济的生存空间,民间资本在投资领域的"玻璃门"和"弹簧门"现象非常严重。

理论和实践两方面的"国进民退",使得以民营企业为社会资本主体的PPP模式受到了重创。许多存续的PPP项目被迫提前终止，或者转由国有企业承接。在新开工的项目中，国有企业也取代了民营企业，成为了PPP中代表社会资本的那一方。与此同时，金融危机也暴露出民营企业自身在参与PPP过程中存在的问题，如在相关制度不健全的情况下，出现的合谋串标、贪污腐败、豆腐渣工程等现象。在这一阶段，PPP虽然出现了大幅度的向下调整，但暴露出的一些弊端和缺陷，成为了下一阶段重新起航的宝贵财富。

（六）规制阶段（2013年至今）

"四万亿经济刺激计划"虽然在一定程度上提振了市场信心，帮助中国渡过了金融危机的难关，但也留下了许多后遗症，如地方政府债务膨胀、产能过剩加重、货币存量过高等。随着中国步入中等收入国家行列，经济增长已出现放缓势头。在"三期叠加"的新形势下，中国政府一方面要控制地方政府债务、消化前期刺激政策的不良影响；另一方面又要转变经济发展方式，应对增长速度下降带来的就业、民生等问题。光靠政府自身的力量已远远不够。鉴于此，十八届三中全会提出，"使市场在资源配置中起决定性作用和更好发挥政府作用"，市场和政府的合作成为破题的关键。

PPP模式作为市场与政府合作的天然载体，受到了政府的高度重视。在这一阶段，国务院、发展改革委以及财政部出台了许多规范PPP发展的重要文件。其中，最为重要的是2015年5月19日国务院办公厅转发财政部、发展改革委、人民银行《关于在公共服务领域推广政府和社会资本合作模式的指导意见》（国办发[2014]42号）。该指导意见明确要在能源、交通运输、水利、环境保护、农业、林业、科技、保障性安居工程、医疗、卫生、养老、教育、文化等公共服务领域广泛采用PPP模式，将PPP提升到了前所未有的战略高度。

2016年12月26日，为推动PPP项目资产证券化融资，国家发展改革委、中国证监会联合印发《关于推进传统基础设施领域政府和社会资本合作（PPP）项目资产证券化相关工作的通知》，明确了资产证券化PPP项目的范围和标准。指出将积极推动严格履行审批、核准、备案手续和实施方案审查审批程序，签订规范有效的PPP项目合同，工程建设质量符合相关标准，已建成并正常运营2年以上，投资回报机制合理，现金流持续、稳定，原始权益人信用稳健，具有持续经营能力的传统基础设施领域PPP项目进行证券化融资。这是我国首次正式启动PPP项目资产证券化，对盘活PPP项目存量资产，提高PPP项目资产流动性，更好地吸引社会资本参与PPP项目建设，推动我国PPP模式持续健康发展具有重要意义。

2017年5月14日，由中国主办的"一带一路"国际合作高峰论坛在北京正式召开。在"一带一路"推进过程中，基础设施互联互通被认为是"一带一路"建设的优先领域和重点方向，也是提高贸易便利化水平、建设高标准自由贸易网络的重要依托。与此同时，"一带一路"沿线国家对于基建的需求旺盛与建设资金不足的矛盾也极为突出，通过近年来在中国迅速发展的PPP模式来解决资金缺口，被广泛认为是解决这一矛盾最为理想的模式。在此背景下，通过输出PPP模式，来促进沿线国家基础设施水平的提升，成为引人关注的话题之一。

二、国内PPP模式发展现状

为促进PPP市场科学、规范和可持续发展，保障公众知情权，2015年12月18日，财政部发布了《关于规范政府和社会资本合作（PPP）综合信息平台运行的通知》，正式推出了政府和社会资本合作（PPP）综合信息平台。该平台包含了各级财政部门会同相关部门评估、筛选的PPP项目的所有基本信息，对降低PPP行政监管成本和市场交易成本，促进形成有效的PPP市场监督和约束机制大有裨益。为提高政府和社会资本合作（PPP）项目管理水平，拓宽政府服务经济社会渠道，财政部自2016年1月启动全国PPP综合信息平台项目库，利用"互联网+"和大数据手段，收集和发布全国PPP项目信息。截至2017年3月末，项目库信息概要如下：

（一）全国入库项目

按照财政部相关要求审核纳入项目库的项目即全国入库项目12287项，累计投资额14.6万亿元，覆盖31个省（自治区、直辖市）及新疆兵团和19个行业领域。其中，已签约落地项目1729项，投资额2.9万亿元，覆盖除天津、西藏以外的29个省（自治区、直辖市）及新疆兵团和19个领域，落地率34.5%（落地率指执行和移交两个阶段项目数之和与准备、采购、执行、移交4个阶段项目数总和的比值，不考虑识别阶段项目）。

1.地区方面

入库项目数前三位是贵州、山东、新疆，项目数合计占入库项目总数的32.4%；入库项目数当月净增前三位是新疆、内蒙古、江苏，合计占当月净增量的49.7%。落地项目数前三位是山东、新疆、河南，合计占落地项目总数的32.7%；落地项目数当月净增前三位是河南、四川、湖南，合计占当月净增量的28.5%。

2.行业领域方面

入库项目数前三位是市政工程、交通运输、旅游，合计占入库项目总数的53.7%；落地项目数前三位是市政工程、交通运输、生态建设和环境保护，合计占落地项目总数的63.9%。

3. 回报机制方面

政府付费和政府市场混合付费项目数 7454 项，投资额 9.7 万亿元，分别占入库项目的 60.7% 和 66.9%；其中，落地项目 1287 个、投资额 2.3 万亿元。

4. 绿色低碳方面

当月绿色低碳项目合计 7220 项，投资额 5.9 万亿元，分别占入库项目的 58.8% 和 40.7%。其中，落地项目 1012 项、投资额 11922 亿元。

总的来讲，全国入库 PPP 项目呈现以下特点：

(1) PPP 项目需求持续增大。自 2016 年 1 月末～2017 年 3 月末，月均增长项目 378 个、投资额 4597 亿元。

(2) 地区集中度高。按入库项目数排序，贵州、山东（含青岛）、新疆位居前三名，分别为 1805 个、1132 个、1050 个，合计占入库项目总数的 32.4%；按入库项目投资额排序，贵州、山东（含青岛）、云南居前三名，分别为 16195 亿元、12468 亿元、11037 亿元，合计占入库项目总投资的 27.3%。

(3) 行业集中度高。市政工程、交通运输、旅游三个行业项目数居前三名，分别为 4333 个、1511 个和 748 个，合计占入库项目总数的 53.7%；交通运输、市政工程、城镇综合开发三个行业项目总投资居前 3 名，分别为 43573 亿元、40347 亿元和 14421 亿元，合计占入库项目总投资的 67.1%。

(4) 项目落地速度加快。3 月末执行阶段项目 1729 项，比 2016 年同期增加 1360 项落地，增长 368.6%。

(5) 政府付费和可行性缺口补助类项目投资额占比近 70%。按照三种回报机制统计，截至 2017 年 3 月末，使用者付费项目 4833 项，投资 4.8 万亿元，分别占入库项目总数和总投资额的 39.3% 和 33.1%；政府付费项目 4053 项，投资 3.7 万亿元，分别占入库项目总数和总投资额的 33.0% 和 25.8%；可行性缺口补助（即政府市场混合付费）项目 3401 项，投资 6.0 万亿元，分别占入库项目总数和总投资额的 27.7% 和 41.1%。

(6) 绿色低碳项目受重视。公共交通、供排水、生态建设和环境保护、水利建设、可再生能源、教育、科技、文化、养老、医疗、林业、旅游等多个领域 PPP 项目都具有推动经济结构绿色低碳化的作用。按该口径，截至 2017 年 3 月末，全国入库项目中绿色低碳项目 7220 项，投资额 5.9 万亿元，分别占全国入库项目的 58.8% 和 40.7%。

(二) 国家示范项目

按照《财政部等关于联合公布第三批政府和社会资本合作示范项目加快推动示

范项目建设的通知》(财金[2016]91号)要求,逾期未完成采购的43个第二批示范项目调出示范项目名单。受此影响,截至2017年3月末,库内国家示范项目共计700个,累计投资额1.7万亿元,覆盖除西藏以外的30个省(自治区、直辖市)及新疆兵团和18个领域。其中,已签约落地项目464个,投资额1.19万亿元,覆盖除天津、西藏以外的29个省(自治区、直辖市)及新疆兵团和16个领域,落地率66.6%,比上月增加10.8个百分点;当月新增落地项目56个,投资额1739亿元。其中,第一批22个、第二批162个示范项目已100%落地;第三批示范项目落地280个,落地率为54.6%,第二、三批示范项目当月新增落地项目分别为30个和26个。

1. 行业方面

市政工程、交通运输、生态建设和环境保护落地项目数居前三位,合计占落地示范项目的64.7%。

2. 地区方面

河南、山东、云南落地项目数居前三位,合计占落地示范项目的26.1%。

3. 民企参与方面

455个示范项目的签约社会资本共716家,其中民企占36.6%;民企参与示范项目215个,占47.3%,覆盖15个领域。

总的来讲,国家示范PPP项目呈现以下特点:

(1)项目落地速度加快。截至2017年3月末,已签订PPP项目合同进入执行阶段的示范项目464项、投资额11900亿元、落地率66.6%;比2016年同期新增391个项目、新增9633亿元、提高31.5个百分点。

(2)市政工程类落地PPP项目继续领跑。464个落地示范项目中,前三名为市政工程、交通运输、生态建设和环境保护类。其中,市政工程类216个,比2016年同期新增192个;交通运输类45个,占9.7%,比2016年同期新增40个;生态建设和环境保护类39个,占8.4%,比2016年同期新增15个;其他各类164个,占35.3%。

(3)河南、山东、云南落地PPP项目数位居前三。按各省落地示范项目数统计,河南52个国家示范项目签约进入执行阶段,居全国第一。其后是山东40个、云南29个、河北28个、安徽28个、福建23个、浙江21个、内蒙古21个,其他地方均在20个以下。上述8个省合计占落地示范项目总数的52.2%。

(4)民营企业占比略有波动,参与行业领域增多。从社会资本合作方类型角度分析,民营企业(含民营独资和民营控股)262家,占比36.6%,比2016年末统计结果低2.3个百分点。从民营企业参与领域角度分析,民营、含民营及外资的联合体两类项目数合计215项,占落地项目数的47.3%;民营企业参与的行业领域达15个。

三、国内 PPP 模式发展的挑战

经过多年的探索，PPP 模式的推广运用在我国已初见成效，成为我国基础设施和城镇化建设的助推器。尽管如此，目前我国 PPP 模式发展过程中仍然面临诸多挑战。

（一）购买服务制度环境与体制有待健全

当前，我国有关 PPP 模式的制度环境与体制尚不健全，既未形成完善的 PPP 制度框架与法规体系，现有的管理体制也不能完全适应 PPP 项目自身的特点。

1.PPP 制度框架与法规体系有待完善

亚洲开发银行认为，我国 PPP 的制度框架与法规体系的完备程度只达到 20% 左右。一是有关 PPP 的法规多为部门和地方制定，缺乏国家层面的立法，法规层次较低，法律效力不高，有些法规还存在着操作性不强、难以实施等问题。二是 PPP 涉及财政、投资项目管理、招投标、融资、价格管理和公共服务等多方面的工作，目前普遍缺少针对 PPP 的专门规定，更没有形成完整的政策体系。三是相关部门规章、地方政府规章和地方性法规之间不协调、不配套甚至相互冲突。

2. 现有的管理体制有待改善

目前，我国现有的管理体制尚不能完全适应 PPP 项目自身的特点。一是我国政府内部没有设置专门负责 PPP 项目统计、政策制定和协调的常设机构，PPP 决策处于一事一议的状态，缺乏综合谋划和长远考虑。二是 PPP 项目的立项审批仍沿用一般政府投资项目流程，没有针对其特点设计专门的审批流程与项目评估标准。三是对地方政府实施 PPP 项目缺乏规范与指导，导致 PPP 发展在地区间不均衡，各地政策差异大。

（二）社会信用基础有待加强

社会信用基础薄弱是导致 PPP 项目失败的重要因素，这一方面，是由于地方政府在 PPP 项目实施过程中诚信欠缺引起的；另一方面，是由于企业不按合同正常履约造成的。

1.地方政府在 PPP 项目实施过程中诚信欠缺问题突出

实践中发现，地方以政府换届、规划变更或财政困难等为理由，违反合同、不履行合同规定的法定责任的现象较普遍。也有些政府违约是由于经验不足导致合同中商务条件不合理，政府事后发现无法承受而被迫违约。尽管依据合同和相关法律法规，对待地方政府的不诚信行为经营者可以提起诉讼，但其大多考虑到今后的合作以及企业未来的发展而放弃走法律程序。

2. 企业诚信缺失

部分企业在PPP项目招标中以超低的价格参与项目的公开竞标,中标后,往往再以各种理由提价;如果条件得不到满足,就以拖延施工或干脆退出相威胁。由于此类项目涉及公共服务,地方政府无法承担项目中断的后果,因此,往往在博弈中处于被动地位,这也导致部分地方政府主要依靠国有企业实施PPP项目。

(三) 现行金融体系有待改革

目前,对于PPP项目而言,项目融资问题非常关键,而由于缺乏融资支持以及中长期资金来源受限等问题,现行金融体系有待改革以适应项目融资的需求。

1. 项目融资支持缺乏

与公司贷款不同,项目融资是以项目资产和预期收益或权益作抵押发放贷款,因而债权人只对项目发起人具有有限追索权或无追索权。我国提供项目融资贷款的金融机构较少,也缺乏与项目融资相适应的保险、担保等配套支持政策,使PPP项目融资难度增大,融资成本增加。

2. 中长期资金来源受限

基础设施建设周期长、投资回收慢,迫切需要引进更多的中长期资本以满足PPP项目的资金需求。而最合适的养老与保险资金受相关监管与项目管理制度的约束,参与积极性不高。受相关监管部门对投资领域严格的限制,基本养老金不允许投资基础设施领域;由于现行项目担保制度不健全、运作机制不透明、股东权益得不到保障等多方面原因,社保基金、企业年金和保险资金参与基础设施建设存在种种顾虑。

3. 投资的退出渠道不畅通

我国当前PPP项目投资退出审批严格,而且周期长,缺乏完整、规范的制度,相关退出平台(如资产证券化、股权交易市场)受多种因素影响发展滞后,不能适应社会投资者退出的要求,一定程度上制约了PPP项目参与者的资源合理配置和可持续发展。

(四) 投资回报机制与收入模式有待探索和完善

我国当前PPP项目面临投资回报不确定性高、政府付费项目缺乏稳定的资金来源和规范的支付机制、捆绑经营项目的收益缺乏有效监管、个别地区项目也存在回报过高损害公共利益的问题等。因此,投资回报机制与收入模式有待探索和完善,以改善当前存在的问题。

1. 投资回报不确定性高

我国大部分PPP项目属于政府价格监管行业。目前,价格监管体系尚不完善,价格调整的规则性差，价格变化缺乏可预见性，导致长期收益不确定性高，投资者不敢贸然进入。一些已进入的，也纷纷退出，如因电价问题，我国曾经历过两次外资大规模退出发电行业的浪潮。此外，对公益性行业，政府承诺的补贴资金不到位，收费公路的绿色通道、节假日免费等也影响投资回报。

2. 政府付费项目缺乏稳定的资金来源和规范的支付机制

一些PPP项目收益来源于政府付费，资金来源有两种：一是用户缴纳的污水处理、垃圾处理等专项收费，二是一般预算资金。目前，许多地区尚未开征污水处理费、垃圾处理费，而已开征地区的收费标准和收缴率普遍较低。同时，代为收缴的费用有时不能及时拨付给特许经营企业，影响项目正常运营；而来源于地方财政预算的付费资金，受现行财政预算体制影响，一些地区存在来源不稳定以及不能及时足额支付的问题。

3. 捆绑经营项目的收益缺乏有效监管

对于收费不能补偿项目方合理收入要求的项目，除直接补贴外，还有一种形式是授予其他项目的经营权，允许通过这些捆绑项目的收益补偿特许项目的亏损，如物业开发、广告等但是，捆绑项目一般为竞争性业务，企业同时经营管制性业务与竞争性业务，会降低财务透明度，加大监管难度。

4. 个别地区项目存在回报过高损害公共利益的问题

一些地方政府为吸引投资违规作出高回报承诺，部分地区PPP项目被国有企业或地方政府融资平台垄断，存在着地方保护和竞争不足的情况。以上种种又导致项目回报超出合理水平，损害了公共利益。

（五）适应新形势的PPP模式有待开发

与英国等国PPP项目以由政府付费的私人融资计划（PFI模式）为主不同，长期以来，我国PPP项目以由用户付费的BOT模式为主，但随着我国经济性基础设施向不发达地区伸延和社会性基础设施的需求不断上升，越来越多的项目自身收益不能弥补其投入或根本就没有用户付费，客观上限制了BOT方式的应用。因此，现行PPP模式难以适应新形势的需要，新的PPP模式有待开发。

第三节 PPP模式的基本原理

PPP模式是为了让政府资源和社会资源得到最佳配置，通常模式是由社会投资者承担设计、建设、运营、维护基础设施的大部分工作，并通过"使用者付费"及必要的"政府付费"获得合理投资回报;政府部门负责基础设施及公共服务价格和质量监管,以保证公共利益最大化。

一、PPP 模式的涵义与特征

PPP 模式最早产生于 18 世纪英国的保洁服务,但其现代意义的发展,则归功于以引进私营部门积极参与公共服务为核心内容的新公共管理运动。20 世纪 70 年代,英美在财政、信任和管理危机压力下,积极引入 PPP 模式,并迅速被其他国家效仿,目前已成为全球性趋势,涉及学校、医院、公共交通、监狱、住房、废物废水处理等众多公共领域。

PPP 模式是一个动态、不断演变进化的概念范畴,而且 PPP 模式与传统的政府负责的公共产品和服务供给方式不同,不只是单纯的引入私人资本,而是综合性公共事业市场化方案。PPP 模式更是一种实践产物,其内涵随实践发展而不断深化,不同组织机构基于不同国别、行业和项目,对 PPP 模式的定义不尽相同(表2-2)。

不同机构对 PPP 模式的定义　　　　　　表 2-2

序号	组织机构	定义
1	联合国发展计划署	PPP 模式是指政府、营利性企业和非营利性企业基于某个项目而形成的相互合作关系。在这种关系中,政府并不是把项目的责任全部转移给私营部门,而是由参与合作的各方共同承担责任和融资风险,合作各方通过合作达到比单独行动预期更有利的结果
2	联合国培训研究院	PPP 模式涵盖了不同社会系统倡导者之间的所有制度化合作方式,目的是解决当地或地区内的某些复杂问题。PPP 包含两层含义,其一是满足公共产品需求而建立的公共和私人倡导者之间的各种合作关系;其二是为满足公共产品需求,公共部门和私营部门建立伙伴关系而进行的大型公共项目的实施
3	世界银行	PPP 模式是指政府部门与私营部门之间就公共品或公共服务的提供而签订的长期合同。在此合同下,私营部门承担一定的风险和管理职能,其报酬与绩效挂钩读表
4	亚洲开发银行	PPP 模式是指为开展基础设施建设和提供其他服务在公共部门和私营部门实体之间建立的一系列合作伙伴关系
5	欧盟委员会	PPP 模式是指公共部门与私营部门之间的一种合作关系,目的是提供传统上由公共部门提供的公共项目或服务
6	英国财政部	PPP 模式是公共和私营部门为了共同利益的一种长期合作方式,主要包括三个方面内容:完全和部分的私有化,PFI,以及私营企业共同提供公共服务

续表

序号	组织机构	定义
7	美国PPP国家委员会	PPP模式是介于外包和私有化之间并结合两者特点的一种公共产品提供方式，它充分利用私有资源进行设计、建设、投资、经营和维护公共基础设施，并提供相关服务以满足公共需求
8	加拿大PPP国家委员会	PPP模式是公共部门与私营部门之间的一种合作关系，它建设在双方各自经验的基础之上，通过适当的资源分配、风险分担和利益共享机制，最好地满足事先清晰界定的公共需求
9	澳大利亚基础设施发展委员会	PPP模式是公共部门和私营部门一起工作，双方有义务为服务的提供尽最大努力。私营部门主要负责设计、建设、经营、维修、融资和风险管理，而公共部门则主要负责战略计划的定制和规划，并提供核心业务的消费保护
10	中国财政部	PPP模式是指在基础设施及公共服务领域建立的一种长期合作关系。通常模式是由社会资本承担设计、建设、运营、维护基础设施的大部分工作，并通过使用者付费及必要的政府付费获得合理的投资回报；政府部门负责基础设施及公共服务价格和质量监管，以保证公共利益最大化

尽管没有统一看法，也未形成一致表述，但可发现PPP的基本内涵是指政府与私人资本签订长期协议，授权私人资本代替政府建设、运营或管理公共设施并向公众提供公共服务。在公私合作提供公共服务过程中，私人资本发挥资金、技术、管理等专业优势，按照政府规定的标准建造、运营或管理公共设施，提供公共服务，并通过向政府部门或使用者收费以获取收益，政府部门则负责公共服务的标准制定、履约管理和检查监督，最终实现以更低成本、更高质量、更好回应提供公共服务的目标。

此外，这些不同的PPP模式定义也有着一些共同点：首先是公共部门与私营机构的关系，上述各项定义大都指出，合作伙伴关系是PPP模式的基础；其次，合作的目标是为社会公众提供基础设施或公共服务；最后，合作的模式主要是共享和共担，公共部门和私营机构整合资源、共享收益，同时也共担风险。因此，PPP模式具有伙伴关系、利益共享、风险分担三大特征。

（1）伙伴关系。政府部门和私营机构在PPP合作中，虽然所追求的价值不同，社会资本追求的是自身利益的最大化，政府公共部门追求的是公共福利和利益，但是双方有着一致的目标，因而相互合作，优势互补，使用比任何单独一方实施项目时更丰富的资源，提供性能价格比更佳的公共产品和服务。所以，政府与社会资本之所以形成合作伙伴关系，其核心问题是双方具有一致的目标。

（2）利益共享。公共部门和私营机构需要整合各自的优势资源、共享利益，私营机构提供资本、技术、管理能力，公共部门提供稳定的项目运营环境和适度的保护，私营机构和公共部门共享项目所带来的经济利益。需明确的是，PPP模式中公共部门与私营部门并不是简单分享利润，还需要控制私营部门可能的高额利润，即不允许私营部门在项目执行过程中形成超额利润。其主要原因是，任何PPP项目都是带有公益性的项目，不以利润最大化为目的。共享利益除了指共享PPP的社会成果，还包括使作为参与者的私营部门、民营企业或机构取得相对平和、长期稳定的投资回报。利益共享显然是伙伴关系的基础之一，如果没有利益共享，也不会有可持续的PPP类型的伙伴关系。

(3) 风险分担。利益如何合理地共享，实际上又取决于风险分担。由于PPP项目的公益性，任何PPP项目都不能以追求利润最大化为主要目的，私营机构在PPP项目中只能获得合理报酬，并不能获得长期不合理的超额利润。在这种情况下，私营机构参与PPP项目就不能承担过高的风险，而是由双方根据各自的优势分担相应风险。

二、PPP模式分类

PPP模式有广义和狭义之分。狭义的PPP模式被认为是具有融资模式的总称，包含BOT、TOT、BOO等多种具体的运作模式。广义PPP模式是指政府与社会资本为提供公共产品或服务而建立的各种合作关系。

(一) 国际上PPP模式分类

根据社会资本参与程度由小到大，国际上将广义PPP模式分为外包类（Outsourcing）、特许经营类（Franchise）和私有化类（Divestiture）三种。

1. 外包类

外包类PPP项目一般是指政府将公共基础设施的设计、建造、运营和维护等一项或多项职责委托给社会资本，或者将部分公共服务的管理、维护等职责委托给社会资本，政府出资并承担项目经营和项目收益的风险，社会资本通过政府付费实现收益，承担的风险相对较少，但是却无法通过民间融资实现公共基础设施的建设管理。

通常，外包类PPP项目包含项目式外包和整体式外包两种主要类型（表2-3）。其中项目式外包又分为服务外包和管理外包两种形式；整体式外包分为"设计—建造（DB）"、"设计—建造—主要维护（DBMM）"、"运营与维护（O&M）"、"设计—建造—经营（DBO）"等多种形式。

外包类 PPP 项目的分类　　　　　　　　　　　　　　　　　表 2-3

类型	二级分类	主要特征	合同期限
项目式外包（Component Outsourcing）	服务外包（Service Contract）	政府委托社会资本代为客户提供某项公共服务，由政府向其支付费用	1～3 年
	管理外包（Management Contract）	政府委托社会资本代为管理公共基础设施或者提供服务	3～5 年
整体式外包（Turkey）	设计—建造（DB）	根据社会资本与政府设计的固定价格设计、建设公共基础设施，并由社会资本承担因延误工期的法律责任以及超支费用	不确定
	设计—建造—主要维护（DBMM）	社会资本除承担 DB 模式中的公共基础设施设计、建造职责外，还应当承担对公共基础设施建造完成后的主要维修职责	不确定
	运营和维护（O&M）	将公共基础设施的运营维护职责委托给社会资本，但社会资本不再负责向用户提供服务，由政府向社会资本支付费用	5～8 年
	设计—建造—运营（DBO）	社会资本除承担 DB 和 DBMM 中的职责外，还承担公共基础设施的经营管理	8～15 年

2. 特许经营类

特许经营权类 PPP 项目需要社会资本参与部分或者全部投资，政府与社会资本就特许经营权签署合同，双方共担项目风险、共享项目收益。社会资本通过与政府签订合同，获得在一定期限内参与公共基础设施的设计建造、运营管理以及为用户提供服务等权利，但项目资产最终归政府所有，在特许经营权期满之后，社会资本将公共基础设施交还给政府，因此一般存在使用权和所有权的移交过程。

特许经营类 PPP 项目主要有 BOT 及 TOT 两种实现形式，另外，与 DB 模式相结合，特许经营类 PPP 还包括 DBFO、DBTO 等类型（表 2-4）。根据不同实现途径，在 TOT 模式中，还可以分为 PUOT 和 LUOT 两种类型；在 BOT 模式中，又可分为 BLOT 和 BOOT 两种类型，两者区别在于建设完成后是通过租赁还是特许拥有的方式获取项目经营权。

特许经营类 PPP 项目分类　　　　　　　　　　　　　　　　表 2-4

类型	二级分类	主要特征	合同期限
建设—运营—移交（BOT）	建设—拥有—运营—移交（BOOT）	社会资本在规定期限内融资建设基础设施项目后，对基础设施项目享有所有权，并对其经营管理，可向用户收取费用或者出售产品以偿还贷款，回收投资并获取利润。在特许期届满后将该基础设施移交给政府	25～30 年

续表

类型	二级分类	主要特征	合同期限
建设—运营—移交（BOT）	建设—租赁—运营—移交（BROT/BLOT）	与BOOT相比，社会资本不具有基础设施项目的所有权，但可在特许期内承租该基础设施所在地上的有形资产	25～30年
转让—运营—移交（TOT）	购买—更新—运营—移交（PUOT）	社会资本购买基础设施所有权，经过一定程度的更新、扩建后经营该设施，合同期满后将基础设施及所有权移交给政府	8～15年
	租赁—更新—运营—移交（LUOT）	与PUOT相比，社会资本对基础设施所有权进行租赁	8～15年
其他	设计—建设—融资—运营（DBFO）	DBFO是英国PFI架构中最主要的模式，社会资本投资建设公共设施，通常也具有该设施所有权。公共部门根据合同约定，向社会资本支付一定费用并使用该设施	20～25年
	设计—建设—移交—运营（DBTO）	社会资本为基础设施项目融资并进行建设，项目完成后将设施移交给政府，政府再授权该社会资本经营管理基础设施	20～25年

3. 私有化类

私有化类PPP项目是指社会资本负责项目的全部投资建造、运营管理等，政府只负责监管社会资本的价格定位和服务质量，避免社会资本由于权力过大影响公共福利。私有化类PPP项目所产生的一切费用及收益以及项目的所有权都归社会资本所有，并且不具备有限追索的特征，因此，社会资本在私有化类PPP项目中承担的风险最大。

根据私有化程度不同，私有化类PPP项目可分为完全私有化和部分私有化两种（表2-5）。根据实现途径不同，完全私有化可以通过PUO和BOO两种途径实现；而部分私有化则可通过股权转让等方式实现私有化程序。

私有化类PPP项目分类　　表2-5

类型	二级分类	主要特征	合同期限
完全私有化	购买—更新—运营（PUO）	社会资本购买公共基础设施，对其改建经营，永久性拥有该项基础设施的所有权，为社会提供公益性服务，接受政府监督管理	永久
	建设—拥有—运营（BOO）	针对某项公共基础设施，社会资本进行建设并拥有特许经营权，且该项基础设施及其所有权不交付给政府，永久性属于社会资本	永久

续表

类型	二级分类	主要特征	合同期限
部分私有化	股权转让	政府将国有独资企业或者国有控股企业的部分股权转让给社会资本，但国有独资企业或国有控股企业仍处于控股地位，社会资本可通过受让股权方式享有基础设施所有权	永久
	合资兴建	政府将国有独资企业或者国有控股企业与社会资本合资兴建基础设施，社会资本通过持股方式享有该设施所有权，并通过选举董事会成员对该设施进行管理，而国有独资企业或者国有控股企业仍处于控股地位	永久

（二）中国PPP模式分类

财政部在《PPP项目合同指南》中给出了PPP项目的典型结构，如图2-1所示。目前，PPP模式在我国主要采用购买服务、特许经营、股权合作三种方式开展。

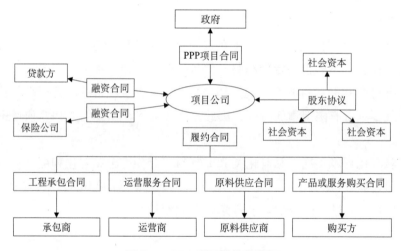

图2-1　PPP项目操作流程图

资料来源：林华．PPP与资产证券化[M]．北京：中信出版社，2016

1. 购买服务

购买服务从狭义上来说类似于外包，即项目的投资完全由政府承担，社会资本仅负责整个项目中的一项或几项职能，如项目设计、工程建设等，或在政府委托下代为管理维护设施。主要包括委托运营（O&M）、管理合同（MC）等模式。采取这一类模式的项目，主要目的不是为了融资，而是为了引入私营部门先进的管理技术和经验，提升运营效率和服务质量。由于未投入资金，私营部门在这一类模式中承担的风险较小。

2. 特许经营

特许经营是目前最常见的一类PPP模式，中国政府于2015年4月专门出台了《基础设施和公用事业特许经营管理办法》对其进行规范。特许经营适用于能源、交通运输、水利、环境保护、市政工程等特定领域，是指政府采用竞争方式依法授权中华人民共和国境内外的法人或者其他组织，通过协议明确权利义务和风险分担，约定其在一定期限和范围内投资建设运营基础设施和公用事业，从而提供公共产品或者公共服务并获得收益。根据项目是存量还是增量、是否需要追加投资等，特许经营主要可分为建设—运营—移交（BOT）、转让—运营—移交（TOT）、改建—运营—移交（ROT）等模式。

其中，TOT和ROT主要是为了给存量项目引入资金，如承接地方政府融资平台项目，将政府性债务置换为非政府性债务，有利于化解地方政府性债务风险；BOT则用于新建项目，其覆盖了项目的设计、建造、运营全寿命期，可以同时引入私营部门的资金与技术。BOT是中国应用最多的一种PPP模式。

3. 股权合作

股权合作，即让渡一部分国有公司的股权给私营部门持有，这是广义私有化的一种表现形式。其中，私营部门持续拥有项目所有权的"建设—拥有—运营（BOO）"模式，在理论界虽有争论，但从广义上来说仍属于PPP范畴。因为即使在BOO模式下，所有权由私营部门持有并不意味着政府不再承担供给公共服务的职责。公共部门还是要通过监督私营部门履行合同中注明的公益性约束条款等方式来保证公私之间长期的"合作"关系。另外，在我国，公私间的股权合作也体现了混合所有制改革的要求。但是，并非所有的混合所有制都属于PPP范畴，只有在公共服务领域的公私股权合作才能看作是PPP模式的应用。

三、PPP模式运作流程

根据财政部制定的《关于印发政府和社会资本合作模式操作指南（试行）的通知》（财金[2014]113号）、国家发展改革委发布的《关于开展政府和社会资本合作的指导意见》（发改投资[2014]2724号）以及一般的操作实务经验可知，PPP项目运作主要有项目识别、项目准备、项目采购、项目执行、项目移交五个阶段，如图2-2所示。

（一）项目识别

项目识别是PPP项目的第一个阶段，是指政府面对社会已识别的需求，从备选

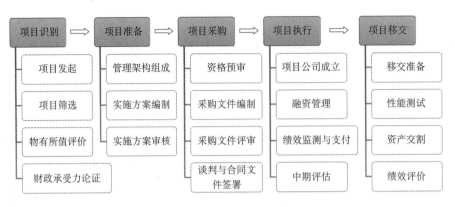

图 2-2 PPP 项目运作流程图

方案中科学地筛选满足这种社会需求的方案的过程。

对于政府而言，发起和实施 PPP 项目可以满足融资需求，进一步提高公共服务和产品的质量，同时转变政府职能；对于社会资本而言，PPP 项目可以在合同期限内获得特许经营带来的垄断利润，占领市场份额，提高自身的行业影响力。PPP 项目的发起方式分为政府发起和社会资本发起两种，其中以政府发起为主。政府发起是指财政部向行业主管部门征集潜在的 PPP 项目，或行业主管部门从国民经济和社会发展规划及行业专项规划中征集潜在 PPP 项目；社会资本发起是指社会资本以项目建议书的方式向财政部推荐潜在项目。例如，作为北京市第一条采用 PPP 模式建设运营的城市轨道交通线路，北京地铁 4 号线的发起人是北京市国有资产监督管理委员出资成立的"北京市基础设施投资有限公司"，其承担北京市轨道交通等基础设施项目的投融资、前期规划、资本运营及相关资源开发管理等职能。

在项目筛选阶段，政府部门和行业主管部门通过对潜在 PPP 项目的初步评估筛选，确定备选项目，然后制定年度和中期开发计划，对于入选的项目，发起方应按照财政部门的要求提交相关资料。

PPP 项目的选择，首先要比较与传统政府建设管理的优劣，物有所值是实施 PPP 的基本原则之一。物有所值评价是由发起人、主办部门依次对项目层面的定性和定量分析，以及对采购层面的分析，评价过程可贯穿项目全寿命期。

政府公共财政能力的大小，是实行 PPP 项目的重要基础和前提条件，贯彻财政承受能力论证，是对 PPP 项目的支撑和保护，可有效防范和控制财政风险。财政承受能力论证包括责任识别、支出测算、能力评估、信息披露四个方面。

财政部对项目实施方案进行物有所值和财政承受能力验证，"通过论证"的项目由项目实施机构报政府审核，由财政部门纳入预算统筹安排后，可进行项目准备；"未通过论证"的项目可在调整实施方案后重新验证，仍不通过的，不再采用 PPP 模式。

(二)项目准备

目前,中央和地方推出的 PPP 项目超过上万亿元,但从投资建设进度来看,多数项目仍然处于识别和准备阶段,社会资本尤其是民营资本对于 PPP 项目的营利性、风险性和稳定预期等因素保持有较强的谨慎心理,多处于观望状态。因此,做好 PPP 项目的准备工作对于政府和社会资本都是必要的。PPP 项目准备主要包括管理架构组成、实施方案编制和实施方案审核 3 部分,其中实施方案编制可分为选择风险分配方案、选择 PPP 的运作方式、项目交易结构、合同体系、监管架构、采购方式等。

(三)项目采购

《关于印发政府和社会资本合作模式操作指南(试行)的通知》(财金 [2014] 113 号)、《政府和社会资本合作项目政府采购管理办法》(财库 [2014] 215)对 PPP 项目采购的流程进行了进一步规范。财政部制定的《政府和社会资本合作项目政府采购管理办法》中规定,PPP 项目采购方式包括公开招标、邀请招标、竞争性谈判、竞争性磋商和单一来源采购。项目采购主要包括资格预审、采购文件编制、采购文件评审、谈判与合同文件签署四个方面。

(四)项目执行

社会资本可按照相关的法律法规设立项目公司,政府可指定相关机构依法参股项目,项目实施机构和 PPP 中心应监督社会资本按照合同约定按时足额出资设立项目公司。社会资本或项目公司负责项目融资,包括融资方案设计、机构接洽、合同签订和融资交割等工作。融资之后便进入项目正式建设阶段,项目正式建设包括工程协调管理、工程招标与分包、进度管理、质量管理和其他管理措施 5 个方面。项目建成后,项目公司按照项目协议进行运营和维护,向政府和社会公众提供服务,在该阶段,各方需要考虑对 PPP 项目的绩效检查和汇报问题。政府作为监管者,承担监管项目建设中各方履行合同的职责,对于合同双方发生争执且无法协商一致的事项,依法向司法机关申请民事诉讼。公共事业特许经营项目是一个长期过程,中期评估可分析项目履约情况,能有效掌握项目运行进度和质量。政府公用事业主管部门可组织相关人员或者委托咨询机构作为第三方对特许经营项目进行中期评估。

(五)项目移交

项目移交通常是指合同届满或者合同提前终止后,社会资本或项目公司将全部项目设施及相关权益以合同约定的条件和程序移交给政府或者政府指定的其他机构。项目移交的基本原则是，项目公司必须确保项目符合政府回收项目的基本要求。

参考文献

[1] 财政部政府和社会资本合作中心．全国 PPP 综合信息平台项目库第 6 期季报，2017.

[2] http：//www.jiemian.com/article/539630.html.

[3] 蔡今思．英国 PPP 模式的构建与启示 [J]．预算管理与会计，2015（12）：47-51.

[4] 孙欣华．英国 PPP 模式发展特点、主要监管措施及对我国的启示 [J]．经济研究导刊，2015（20）：244-245.

[5] 邱闯．PF2：英国 PPP 的新模式 [J]．中国投资，2015（03）：65-66+11.

[6] 肖成志．对我国与英国 PPP 模式发展路径的比较分析 [J]．西南金融，2016（12）：44-48.

[7] 莫莉．英国 PPP/PFI 项目融资法律的演进及其对中国的借鉴意义 [J]．国际商务研究，2016（5）：53-64.

[8] 走出去智库战略投资研究部．中企参与美国 PPP 市场机遇分析 [J]．中国有色金属，2017（1）：60-61.

[9] 马秀莲．美国 PPP 模式提供保障房 [N]．中国经济时报，2014/11/14（010）.

[10] 王天义，韩志峰，李艳丽．PPP 的国际借鉴与启示 [J]．重庆社会科学，2016（10）：18-24.

[11] Eduardo Engel, Ronald D. Fischer & Alexander Galetovic. The Economics of Public-Private Partnerships[M]. Cambridge University Press，2014.

[12] Andrew Deye. US Infrastructure Public-Private Partnerships：Ready for Takeoff?[J]. Kennedy School Review，June 2015.

[13] Stefano Caselli. Public Private Partnerships for Infrastructure and Business Development[M]. Palgrave Macmillan Press，2015.

[14] 马斌，郭枫．韩国 PPP 纠纷解决机制及其启示 [J]．合作经济与科技，2017（3）：182-184.

[15] 财政部金融司．韩国实施 PPP 情况 [J]．预算管理与会计，2015（5）：51-52.

[16] 财政部金融司．加拿大 PPP 管理体系 [J]．预算管理与会计，2015（4）：52-53.

[17] 任春玲．我国 PPP 模式发展的现存问题及对策研究 [J]．长春金融高等专科学校学报,2016(1):5-11.

[18] 孙学工,刘国艳,杜飞轮,等．我国 PPP 模式发展的现状、问题与对策 [J]．宏观经济管理,2015(2):28-30.

[19] 温来成．现阶段我国 PPP 模式推广中的几个关键问题分析 [J]．会计之友，2016（6）：2-7.

[20] 裴俊巍，包倩宇．加拿大 PPP：法律、实践与民意 [J]．中国政府采购，2015（8）：49-57.

[21] 于本瑞，侯景新，张道政．PPP 模式的国内外实践及启示 [J]．现代管理科学，2014（8）：15-17.

[22] 崔丽君. 国际PPP项目管理经验（二）：澳大利亚. http://opinion.Caixin.com/2016-06-28/100959665.html（2016/6/28）.

[23] 景婉博. PPP模式的日本经验及启示[J]. 中国财政，2017（2）：66-67.

[24] 董再平. 中国PPP模式的内涵、实践和问题分析[J]. 理论月刊，2017（2）：129-134.

[25] 财政部PPP中心. 全国PPP综合信息平台项目库第6期季报. http://ppp.hebcz.gov.cn/gzdt/201704/t20170428_265650.html（2017/04/28）.

[26] 高群山. 澳大利亚PPP模式的特点：责任明晰[N]. 中国经济导报，2015/03/19（B06）.

[27] 吕汉阳. PPP模式全流程指导与案例分析[M]. 北京：中国法制出版社，2016.

[28] 柳正权. 公私合营模式（PPP）理论与实务[M]. 武汉：武汉大学出版社，2016.

[29] 蒲坚，孙辉，车耳，等. PPP的中国逻辑[M]. 北京：中信出版社，2016.

[30] 陈青松，周子琰. 金融创新加速推进PPP[M]. 北京：企业管理出版社，2016.

[31] 王力，程鸿. 中国PPP模式现状及问题研究[J]. 现代工业经济和信息化，2015（13）：5-7.

[32] 王雪婷. 城市基础设施建设中应用PPP模式的理论基础分析[J]. 中国市场，2016（4）：37-38.

[33] 郭斌，张晶. PPP模式下准经营性项目产品定价问题研究：模型建构与案例验证[J]. 现代财经：天津财经大学学报，2017（5）：26-35.

[34] 骆中林. 模糊综合评判法在高速公路PPP项目风险管理中的应用[J]. 交通科技，2016（2）：187-190.

[35] 袁明霞. 公共基础设施建设PPP模式[J]. 现代商业，2015（23）：75-76.

[36] 刘薇. PPP模式理论阐释及其现实例证[J]. 改革，2015（1）：78-89.

[37] 邢会强. PPP模式中的政府定位[J]. 法学，2015（11）：17-23.

[38] 王灏. PPP的定义和分类研究[J]. 都市快轨交通，2004（5）：23-27.

[39] 王灏. PPP：模式的廓清与创新[J]. 投资北京，2004（10）：75-78.

[40] 林华. PPP与资产证券化[M]. 北京：中信出版社，2016.

[41] 刘晓凯，张明. 全球视角下的PPP：内涵、模式、实践与问题[J]. 国际经济评论，2015（4）：53-67.

第三章

PPP 模式的经济学解释

第一节 PPP 模式的基础理论

一、公共产品理论

公共产品是市场机制发生失灵的一个重要领域，西方经济学历来十分重视对公共产品问题的研究。公共经济学中的资源配置职能主要体现在公共产品的提供上，因此，对公共产品的研究，构成了公共经济学理论的一个核心内容。

（一）公共产品的定义与特征

根据公共经济学理论，社会产品分为公共产品和私人产品。不同的学者对公共产品有着不同的定义，萨缪尔森的定义被现代经济学所广泛接受。按照萨缪尔森的定义，公共产品就是所有成员集体享用的集体消费品，社会全体成员可以同时享用该产品；而每个人对该产品的消费都不会减少其他社会成员对该产品的消费。

公共产品具有与私人产品显著不同的两个特征：

（1）消费的非竞争性。它是指公共产品一旦被提供，增加一个人的消费不会减少其他任何消费者的受益，也不会增加社会成本，每一个社会成员消费公共物品的边际成本是零。

（2）受益的非排他性。它是指公共产品一旦被提供，社会中全体成员都有公平的权利享受公共产品带来的利益，不能因为某些人的使用而排除其他人同时从中获得利益。

凡是可以由个别消费者所占有和享用，具有敌对性、排他性特征的产品就是私人产品。

（二）公共产品的类型划分

现实社会中，完全具备上述公共产品特征的产品只是一小部分，将其称之为纯公共产品，如国防等，大部分公共产品不能完全具备两个特征，将其称之为准公共产品，例如公路、电力、自来水等。根据项目区分理论，将是否有收费机制即资金流入作为区分条件，完全无任何收入即现金流入的公共产品为纯公共产品，有现金流入但不足以支持项目建设和运营的公共产品为准公共产品。

项目区分理论以此为标准来确定纯公共产品和准公共产品的投资主体、管理运作模式、资产权益归属等问题，认为：纯公共产品具有较强的社会效益和环境效益，应由政府部门直接投资建设；准公共产品兼顾了公益性和经济性，无法完全通过市场化机制运作，需要政府通过财政补贴、税收优惠等方式进行产品的提供、经营维护，如采用PPP模式。

（三）公共产品的供给

公共产品的属性决定了它的最佳供给方式是由政府部门提供。由于每个消费者都想免费或低成本享受公共产品，私营部门的逐利性决定了其不可能独立提供免费或超低成本的公共产品。

根据各国的实践经验来看，政府部门对公共产品的供应方式一般有两种方式：

（1）政府部门通过税收等手段筹措资金，直接用于公共产品的生产。此类情况多适用于纯公共产品和无法收费的准公共产品。

（2）私营部门参与公共产品的生产和提供。此类情况多适用于准公共产品，尤其是可收费类的公共产品，如公路、电力等。这种方式下，私营部门可以通过向使用者直接收费或政府给予补贴和资助的方式，获得一定的收益，因此有意愿参加该类公共产品的提供。

第二种形式的本质其实就是政府部门与私营部门的合作，即PPP模式。公共产品理论从经济学的角度解释了PPP模式存在的可行性。

二、市场失灵理论

（一）市场失灵的定义

西方经济学理论认为，完全竞争的市场结构是资源配置的最佳方式。但在现实经济活动中，完全竞争的市场结构只是一种理论上的假设，现实中是不存在的。由于垄断、市场势力、外部性、信息不完全、无收益或低收益等原因，仅仅依靠价格机制来配置资源无法实现效率的帕累托最优，于是就出现了市场失灵。可将市场失灵定义为：利用价格的自动调节不能使社会资源配置达到最优状态，完全竞争的条件得不到满足而导致市场机制转移资源能力不足，市场无法有效率地分配商品和劳务的情况。

（二）市场失灵的表现

市场机制配置资源的缺陷主要表现在垄断、收入分配不公、失业、经济周期性波动、区域经济不协调、公共资源过度使用、外部性、公共产品供给不足等方面。从分析PPP模式的需求考虑，下文主要对外部性与公共产品供给不足这一方面进行分析。

外部性是指一个生产者从事某项经济活动给他人带来利益或损失的现象，包括正外部性和负外部性两个方面，其中，正外部性是指给他人带来利益，负外部性是指给他人造成损失。完全竞争市场要求成本和效益内在化，产品生产者要负担全部成本，同时全部收益归生产者所有。当出现外部性时，生产者或者受损者得不到损失补偿，市场竞争就不可能形成理想的配置效率，因此导致市场失灵。外部性的典型例子是"公共产品"，因为大部分"公共产品"的效益是外在化的，市场对提供纯公共产品是失灵的，因此导致公共产品的供给不足。

（三）市场失灵的纠正

市场常被形容为"一只看不见的手"，因此，市场失灵需要由"一只看得见的手"来矫正，即需要政府来干预，纠正市场失灵，弥补市场缺陷。对于外部性和公共产品供给不足这一市场失灵领域，需要政府发挥公共管理职能，采取直接出资、吸引社会资本投资、给予财政补贴或税收优惠等方式提供公共产品。PPP模式是公共产品提供的可选方式之一，没有政府机构的推动，私营部门无法独自完成公共产品的提供。

三、政府失灵理论

（一）政府失灵的定义

政府在对经济和社会进行干预的过程中，由于自身具有一定的局限性、管理机制不健全或受到一些客观因素的制约，可能出现无法使社会资源达到最优配置的情况。在西方经济学的理论体系中，这种情况被称为政府失灵。

（二）政府失灵的表现

政府失灵具有多样化的表现形式，如政府决策失误、政府机构部门与公共预算的不合理扩张以及政府提供公共物品的低效率、存在寻租行为等方面。从影响公共产品提供的角度分析，政府失灵主要表现为：

（1）政府对成本控制和资源配置的低效。一方面，政府对成本的控制缺乏硬性要求和激励机制，另一方面，政府对社会资源的配置具有垄断性和排他性，社会公众难以监督，容易出现政府支出成本过高或占用过多资源等问题。

(2) 存在寻租行为。政府职责的履行依托于政府工作人员，无法避免地存在个别人为追求个人利益最大化，滥用权力谋取私利的寻租行为。

(3) 政府信息不完全性导致的决策失误。由于市场经济和社会活动的复杂性和多变性，政府准确掌握和处理信息的难度加大，政府决策可能出现盲目性、滞后性，甚至可能出现错误。

在公共产品的提供中，由于存在着政府失灵的情况，政府对资源的配置效率和质量都很难达到最优，甚至可能出现贪污腐败、豆腐渣工程等问题，从而造成社会资源的极大浪费，无法有效满足社会的公共需要，不利于整个社会的发展。可见，政府失灵理论揭示了政府独立提供公共物品可能存在的隐患和问题，解释了私营部门参与公共物品提供是非常必要的，即PPP模式存在的必要性。

(三) 政府失灵的纠正

在公共产品的提供方面，让私营部门参与提供是解决该方面政府失灵的有效手段，PPP模式的应用提供了一个有效的途径。但需要注意的是，由于政府失灵存在的客观性，PPP模式的应用中，也应制定各种有效措施来应对政府可能出现的失灵现象，弥补该方面的缺陷。

四、委托代理理论

委托代理理论是20世纪60年代末70年代初一些经济学家在研究企业内部信息不对称和激励问题基础上发展起来的。委托代理理论的核心任务是研究在利益相冲突和信息不对称的条件下，如何解决两者的委托代理问题，更好地达到利益的最大化。委托代理关系实质上构成了一种契约/合同关系，因此，其核心任务可描述为：委托人如何设计最优契约，以激励代理人。

在PPP模式的应用中，主要存在两个层面的委托代理关系：

(一) 政府机构与社会公众的委托代理关系

在这一层委托代理关系中，社会公众是委托人，政府机构为代理人。基础设施等公共产品属于社会公众所有，政府机构代表社会公众行使投资、建设管理和运营管理等职能。但由于公共产品投资的巨额性、复杂性与分散性，政府机构行使这些职能时存在权力的集中性、信息的不透明性、监管的复杂性，可能带来严重的委托代理问题，导致政府机构获得了集中的收益，而为之付出的分散的成本由社会公众来承担。

（二）政府机构与私营部门的委托代理关系

在这一层委托代理关系中，政府机构委托私营部门共同投资、建设、管理公共产品和服务。政府机构是委托人，其诉求是使社会公众实现社会福利的最大化；私营部门为代理人，其诉求是实现自身经济利益的最大化。

PPP模式下，通过契约，构建了政府机构与私营部门的委托代理关系，其意义包括：实现了投资主体的多元化，改变了政府机构单一投资主体的局面，缓解了财政预算对公共产品提供的制约；建立权力制衡机制与监督约束机制，提高了政府机构决策的科学性与公开性；在市场机制作用下，引入先进的管理经验和做法，促进现代企业制度的建立，进而提高公共产品提供和管理的效率。

根据委托代理理论，PPP模式应用的成功，需要解决委托人和代理人之间由于信息不对称而导致的道德风险问题，其关键是建立最优的契约关系。

五、公共选择理论

公共选择理论是西方现代经济学的最新分支之一，又被称为"政治的经济学"或"新政治经济学"，是经济学和政治学的交叉学科，是运用经济学的理论假定和分析方法来研究公共决策问题的一个研究领域。公共选择理论有一个"经济人"假定，认为"人"总是理性的，总是在追求自身利益的最大化，都可以称之为"经济人"。这里的"经济人"涉及的范围比较广，经济市场或政治市场中的个体都具有经济人的特征，例如，包括政府官员在内的自然人、各类企业、政府机构等。公共选择理论为政府失灵现象提供了一个合理解释。

根据公共选择理论，PPP模式应用的过程中，政府机构、私营部门及其决策者都是"经济人"，都在追求自身利益的最大化，体现在其行为中，会倾向于做出追求自身利益最大化的决策。例如，政府机构及其决策者追求政绩表现、追逐短期利益等，可能会做出偏离社会福利最大化的选择。私营部门为追求自身利益的最大化，也可能会做出不利于增加社会福利的行为，来满足自己的私利。

由于公共产品具有消费的非竞争性和受益的非排他性，因此，根据公共选择理论，公共产品投资、建设、管理决策的最恰当主体应该是政府机构，但由于政府机构也是"经济人"，通过PPP模式引入私营部门参与公共产品的提供，可以避免政府机构一家独大。虽然如此，政府机构的主体地位仍不可动摇，但需合理界定政府部门和私营部门的职责范围，最大限度地实现社会福利最大化。

第二节 PPP 模式内涵和效率来源的理解

一、从经济学角度理解 PPP 模式的内涵

首先需要强调的是，PPP 模式不仅仅是一种融资模式。引入私营部门的资金仅是 PPP 模式的一种目的或效果，同时还应引进私营部门先进的技术、项目管理及运营维护等方面的经验和做法，通过公共部门和私营部门间的充分合作，提高项目整体的建设及运营效率，降低交易过程中的各项成本。从这个层面来看，PPP 模式还属于项目运营和管理模式的范畴。

根据前文提到的公共选择理论、委托代理理论等西方经济学相关理论，政府机构和私营部门都是"经济人"，其行为都以追求自身利益最大化为目的，都希望通过 PPP 项目的合作来实现各自的诉求；从本质上来看，政府机构决策者尽管存在追求个人利益最大化的可能，但政府机构整体追求的是社会福利最大化，私营部门追求的是企业盈利的最大化，二者之间有着非常明显的区别。在 PPP 项目中，政府机构和私营部门的合作过程伴随着双方之间优势能力和资源的相互交换，需要通过一系列的制度设计、契约安排，双方形成利益及风险分配的最佳比例，实现双方间目标的一致和统一。经济学上将达到的这个最佳状态称为"帕累托最优"。

"帕累托最优"是资源分配的一种理想状态，是公平与效率的"理想王国"，它是"帕累托改进"的结果。"帕累托改进"是指：分配资源时，从一种分配状态到另一种分配状态的变化中，在没有使任何人境况变坏的前提下，使得至少一个人的境况变得更好。当不可能再有更多的帕累托改进余地时，即一切帕累托改进的机会都已用尽，再对任何一个人的境况进行改善，必然要损害其他一些人的境况，这种状态为"帕累托最优"。可以看出，"帕累托改进"是达到"帕累托最优"状态的路径和方法。通过一系列的制度设计和契约安排，充分发挥政府机构和私营部门的优势，有助于实现"帕累托改进"，进而达到"帕累托最优"状态。

假设政府仅将 PPP 模式视为一种融资模式，最看重的仅是获取公共产品和服务所需的资金缺口，这种目光的短视性将会使得政府机构和私营部门在合作关系中处于不平等的状态，仅是将风险转移给了私营部门，未从长期运营的角度考虑私营部门获取收益的诉求。在这样的 PPP 项目中，难以通过帕累托改进实现帕累托最优状态，其后果就是私营部门自身利益难以保障，甚至受损，因而不愿意参与 PPP 项目，这

是当前一些PPP项目难以落地的一个重要原因。因此，PPP模式不仅仅是一种融资模式，同时也是一种项目运营和管理模式，需要政府从长远视角建立和私营部门的合作关系。其中，合作是核心，政府机构和私营部门具有平等的地位，双方通过一系列的谈判、磋商，了解、发现彼此的需求和利益诉求，通过合同条款建立合作关系，达成双赢的目的。

二、对PPP模式效率来源的理解

在PPP模式盛行的今天，国内外一些经济学家对PPP模式的效率来源展开了研究。这些效率来源是形成PPP模式诸多优点的基础，例如，增加资金来源、改善公共产品和服务品质、树立政府部门的新形象等。下文引用几个主要的观点，并对其进行分析。

（一）PPP模式引入了竞争机制，有效解决了逆向选择问题

对于使用政府预算的PPP项目而言，其合作方的选择应符合《政府采购法》的相关规定。《政府采购法》第二十六条规定："政府采购采用以下方式：(一)公开招标；(二)邀请招标；(三)竞争性谈判；(四)单一来源采购；(五)询价；(六)国务院政府采购监督管理部门认定的其他采购方式。"由此可见，通过PPP模式的应用，将竞争机制引入公共产品和服务的提供领域，在形成多元化供给主体格局的同时，实现各供给主体之间的竞争。与传统的政府机构垄断公共产品和服务不同，竞争在提供低成本、高质量的服务方面具有明显的优势。因此，引入竞争机制是PPP模式有效运作的前提。

逆向选择问题是由于信息不对称或市场环境恶化导致的，它是指由于交易双方信息不对称和市场价格下降产生的劣质品驱逐优质品，即"劣币驱逐良币"，进而出现市场交易产品平均质量下降的现象。具体来看，在PPP模式引入的竞争机制下，私营部门必须公开自己的成本信息以及投资、建设、运营方案，并且，私营部门为了在竞争中取胜，努力优化实施方案，以提升自身的竞争力。这样的形势能使政府机构了解到私营部门的真实信息和情况，避免了信息的不对称，有利于政府机构选择到最佳的私营部门，有效解决了逆向选择问题。

（二）将PPP项目的建设阶段和运营阶段捆绑起来，有效解决了道德风险问题

从近年来财政部发布的文件看，PPP包括下面的方式：委托运营（O&M）、管理合同（MC）、建设—运营—移交（BOT）、建设—拥有—运营（BOO）、转让—运营—移交（TOT）、改建—运营—移交（ROT）等。可以看出，政府在PPP模式的推行中，

将PPP项目的建设阶段和运营阶段捆绑起来了。如果仅将施工阶段外包出去，承包方为追求自身利益的最大化，完全有可能采用各种不合法的方式降低自身成本，例如偷工减料、以次充好、不合理压缩工期等，导致工程质量的下降，为项目的投入使用和运营管理带来风险。通过将PPP项目的建设阶段和运营阶段捆绑起来，迫使私营部门在建设阶段的一切行为皆须为运营阶段考虑周全，必然使得项目运营阶段的可维护性和可运营性大大提高。

上文提到的逆向选择问题发生在契约达成之前，而道德风险问题发生在履约阶段，是指交易双方在交易协定签订后，其中一方利用多于另一方的信息，有目的地损害另一方的利益而增加自己利益的行为。通过前文的分析可知，将PPP项目的建设阶段和运营阶段捆绑起来，能够有效解决私营部门的道德风险问题。

综上所述，PPP模式能够有效解决信息不对称和道德风险问题，带来更高的经济效益和时间效率，使得PPP项目实现物有所值。

第三节　PPP模式成功推行的必要条件

一、完善立法，营造良好的市场环境

近年来，我国各级政府大力推行城市基础设施和市政公用事业的PPP模式，财政部、发展改革委等国家部委和地方政府相继出台一系列相关的政策。总的来看，关于PPP模式的推行，缺乏统一的立法，法律法规层次和效力较低，存在政出多门、内容重复、部分规定不一致等现象。立法的不完善，使得公平、公正、公开的市场竞争环境难以建立，PPP模式的效率难以体现出来。PPP模式的推行，需要政府机构和私营部门在法律框架下展开"公私合作"，本质上属于契约经济，首先需要建立完善的法律法规体系，以刚性的规则和法治的规范来解决PPP项目可能存在的各种不确定性、冲突和矛盾，营造良好的市场环境，以激发民间投资的活力，消除私营部门对投资风险的顾虑。

在PPP模式下，政府扮演着双重的角色，一方面，政府要为PPP项目的运作创造稳定的政治和法律环境，可理解为"裁判员"的角色，另一方面，政府是PPP项目合同的当事人一方，可理解为"运动员"角色。需要特别指出的是，PPP模式的核心是政府机构（政府作为"运动员"的角色）和私营部门的合作关系，双方是地位平等的合同主体，然而由于政府担任着"运动员"和"裁判员"双重角色，需要

从法律层面上，通过完善的立法，约束政府的违约行为，界定政府和市场的关系和边界，保障PPP参与者间在主体地位上的平等权利。

二、政府守信，增强私营部门投资信心

诚信是基于市场主体共识的一种契约，是对市场经济中每一个个体、企业、社会组织乃至政府机构的基本要求。诚信有利于营造良好的市场秩序，提高PPP项目的运作效率；相反，信用的缺失和不足，提高了市场交易的成本，降低了交易的效率。诚信不仅仅是道德层面个体、企业、社会组织、政府机构所应具有的意识和行为，而且是一种具有明显经济意义的稀缺性资源，是一种重要的经济资本。如果市场主体不具有诚信，不被交易对方所信任，那无论它拥有的其他资源多么雄厚，也很难达成交易。

诚信是PPP模式成功推行的基础。如前所述，在PPP模式下，政府机构与私营部门应为平等的主体关系，但政府实际上处于主导地位。在立法不完善的背景下，政府机构与私营部门之间责权不对等、信息不对称，很容易引起政府的失信风险，承诺无法兑现，使得私营部门面对着较高的政府诚信风险，进而丧失了投资信心，这是当前PPP项目难以落地的一个重要原因。当然，私营部门的不守信行为也会给政府机构带来风险，但当前面临的主要问题是政府的不守信行为较难得到纠正和惩罚，给私营部门带来较大的风险。因而，若要成功推行PPP模式，政府首先必须守信。为此，可建立有公信力的地方政府信用评价体系，增强地方政府的诚信、守信意识。

但需要强调的是，一些地方政府为了推动PPP项目落地，对私营部门做出的承诺根本不可能兑现，例如，承诺私营部门的高回报超出了地方政府财政实际支撑的能力，或者某些承诺违反了现行的法律法规。根据契约经济学的相关理论，契约中的任何承诺都对应着一定的承诺成本；承诺成本越高，则承诺方发生违约风险的概率就越高。因此，政府除了要守信外，不能为促成PPP项目而盲目进行承诺，应该谨慎，在现行法律法规框架下，根据地方政府实际财力、项目寿命期内的收益情况给予承诺，避免违约行为的发生。

三、企业应具有相应的能力，符合PPP项目的要求

在PPP模式中，私营部门一般指各类型企业。企业是市场经济的主体，是推行PPP模式的市场基石。无论政府如何努力推动PPP项目，缺乏具备相应能力的企业参与PPP项目的竞争，则PPP模式也无法成熟、稳定、持续地得以推行。目前各地政府推介的PPP项目，根据运营所占比重的不同，可划分为强运营项目（如污水处理、

垃圾处理等)和弱运营项目(如市政道路、水利工程、土地一级开发等);根据还款来源划分,可划分为经营性项目(主要靠运营收费权还款)、准经营性项目(主要靠政府购买服务与经营收费权共同构成)和非经营性项目(主要靠政府购买服务)。将两个分类标准整合后,可形成不同的组合,如"经营性＋强运营"项目、"准经营性＋强运营"项目、"非经营性＋弱运营"项目等,每种组合下的 PPP 项目对参与企业的能力要求都是不同的。参与每类 PPP 项目的竞争,首先应具备相应的能力。

以建筑企业为例。建筑企业是参与 PPP 项目的一个重要主体,投身 PPP 项目是建筑企业的必然战略选择,这和当前我国经济发展态势以及房地产投资下滑有关,城镇化带来的基础设施建设需求将为建筑企业的发展带来新的机遇。在强运营项目、经营性项目和准经营性项目的 PPP 模式应用中,对参与企业的运营能力、长期融资能力要求很高,但建筑企业擅长于传统的建设施工业务,因此,建筑企业比较容易操作"非经营性＋弱运营"项目,因为在这类项目中,施工是核心;而"经营性＋强运营"项目对于建筑企业而言操作难度最大。因而,当前对大部分建筑企业而言,在"非经营性＋弱运营" PPP 项目的竞争中占有优势。但从长远来看,如果建筑企业能不断适应环境的新变化,提升项目经营管理能力和长期融资能力,在 PPP 项目中的竞争力将得以提升,未来将面临更多的商机。

四、不同所有制企业应有平等的竞争地位

从当前参与 PPP 项目的企业的所有制类型来看,主要包括国有企业、民营企业、混合所有制企业、外企等类型,从财政部公布的数据来看,民营企业占比并不高,很多学者都在探讨民营企业参与 PPP 项目积极性不高的原因。一些学者认为,民营企业参与 PPP 项目,存在着非正式的隐性制度壁垒,包括:对民营企业存在认识上的偏见;对民营企业存在歧视行为,如设置过高的门槛和较高的交易成本、地方保护主义等;以及国有企业对民营企业的"挤占效应"。尤其突出的是,民营企业与国有企业相比,在与政府的关系、信息的获取能力、资源整合能力、融资能力和融资成本等方面明显处于劣势,具有不平等的竞争地位。因此,政府在推行 PPP 模式的过程中,如果不给予各类所有制企业以平等的竞争地位,会挫伤民营企业参与的积极性和热情,阻碍资本和优势资源参与 PPP 项目的运作,使得 PPP 模式的发展空间受到很大的限制。

五、建立合理的 PPP 项目交易结构

交易结构是交易双方以合同条款的形式所确定的、协调与实现交易双方最终利

益关系的一系列安排。在 PPP 项目的交易结构中，各方的需求和利益诉求能够得以满足，是推进 PPP 项目进展的重要机制。PPP 交易结构贯穿了 PPP 项目的全寿命期。PPP 项目的交易结构一般包括合作主体、股权结构、债权结构、付费机制、利益分享与风险分配、退出机制等方面。合理的 PPP 项目交易结构，应能平衡双方的风险与收益关系，并能提供多元化的退出方式。

PPP 项目的退出机制容易被忽略。PPP 项目的经营期限一般在十年以上，甚至更长。PPP 项目的资产流动性越强，对社会资本的吸引力越强。因此，在 PPP 项目的交易结构中，应约定可通过股权转让、资产证券化等多种方式变现资产，提高私营部门对已投入资产和未来收益的变现能力。

由于 PPP 项目合同签订时间较长，在合同订立时难以准确预料到未来可能出现的各种情况，因此难以在合同中对未来情况做出详细约定。但是，交易双方可以在合同中约定，未来合作期间一旦出现难以预料的问题，双方采用何种方式进行磋商、谈判，来对最初制定的交易结构进行调整和优化。

参考文献

[1] 王俊豪，朱晓玲，陈海彬. 民营企业参与 PPP 的非正式制度壁垒分析——基于新制度经济学的视角 [J]. 财经论丛，2017（6）：107-112.

[2] 李以所. 公私合作伙伴关系（PPP）的经济性研究——基于德国经验的分析 [J]. 兰州学刊，2012（6）：146-152.

[3] 陈新平. 述评：经济视角下的 PPP[J]. 经济研究参考，2016（15）：27-36.

[4] 余文恭. PPP 模式与结构化融资. 北京：经济日报出版社，2017.

[5] 井涛. PPP 模式中的政府地位和职责的法律思考 [J]. 美中公共管理，2005（10）：15-21.

第四章

建筑企业参与 PPP 项目的角色分配研究

第一节 概述

在政府基础设施投入无法满足需求的情况下,社会资本的投入有助于实现基础设施建设、经营和管理的便利性和高效性。因此,近年来我国政府开始大力推广PPP(Public-Private Partnership)模式作为基础设施建设经营的新的方式。长期以来,政府部门主导基础设施的建设,建筑企业作为承包方只是"施工环节的执行者"[1]。作为社会资本参与基础设施项目的建设和运营,使建筑企业从产业链的低端向高端迈进,实现投资、建设、运营一体化,向投资收益、施工利润、运行维护服务收入共有的多重收益结构转变,为建筑企业打通上下游产业链提供机会[2]。建筑企业作为投资主体参与PPP项目不仅需要参与项目建设,还需要参与项目的规划设计、投融资和运营[4],且PPP项目通常投资规模大,建设周期长,利益相关者众多,风险大[3],这些都对建筑企业整合和配置资源提出了更高的要求,为建筑企业作为投资主体参与PPP项目带来严峻的挑战。而建筑企业规模和所有制形式不同,其自身的融资能力、投资管控方式、风险防控体系和项目运营管理模式等也会不同,可能会对建筑企业在PPP项目中所能承担的角色产生影响。

PPP项目的利益相关者之间由于资源交换形成了复杂的利益相关者网络[5]。建筑企业作为投资主体参与PPP项目时,相较于单纯作为承包商参与PPP项目,会造成建筑企业权利、责任、利益和风险分担的变化[6],进而导致利益相关者网络关系中建筑企业网络角色的变化。因此,研究不同类型的建筑企业参与PPP项目的角色分配问题对于建筑企业借助于PPP模式实现转型升级具有重要的现实意义。

本研究基于SNA(Social Network Analysis),对建筑企业作为投资主体参与的20个PPP项目进行分析,构建不同类型的建筑企业作为投资主体参与的PPP项目的利益相关者之间网络,对利益相关者网络的结构、特征等进行对比分析,量化不同类型的建筑企业参与PPP项目的网络角色,从而为建筑企业参与PPP项目提供有益的建议,同时为各地政府部门在选择社会资本时提供参考。

第二节 文献回顾

一、建筑企业作为投资主体参与 PPP 项目的机遇与挑战

建筑企业参与 PPP 项目主要分为两种方式：一种是单纯作为承包商参与项目的建设，另一种是作为投资主体参与 PPP 项目，参与项目决策、实施和运营的所有阶段。当建筑企业作为投资主体参与 PPP 项目时，既是项目的承包商，又是项目的投资者，这种角色转变为建筑企业带来很多机遇的同时也带来更多挑战。

(一) PPP 模式的大力推广为建筑施工企业带来很多的机遇

(1) 为建筑业带来了更广阔的业务市场空间。在政府债务高企的情况下，通过 PPP 模式，引进社会资本进行投资解决许多融资困局，使以往在传统模式下无力投资的项目变成了可能，这将为建筑企业带来更为广阔的业务市场空间。

(2) 为建筑业提供了更宽广的利润来源。建筑企业在实施 PPP 模式下，参与了项目实施的全过程，包括了项目投资、建设、运营等多个阶段。传统建筑施工领域的建筑业往往处于建筑产业链低端，综合利润率受到成本增加等多方面因素影响，行业利润率很低，通过 PPP 模式，建筑业企业可以分享项目投资、运营等多个环节的利润，其质量、效益也远好于传统施工模式，从而提高了利润空间，使其盈利更加持续、稳定。

(3) 为建筑企业完善上下游产业链提供机遇。建筑业是传统的竞争行业，一直以来都是围绕项目建设，采用典型的单一型工程承包商业模式，竞争大、利润低，而 PPP 模式下，施工企业将由原来单一的施工承包商向投资商、施工承包商、运维服务商等角色转变，全过程地参与基础设施建设，更有助于建筑业企业实现投资、建设、运营一体化，向上下游产业链延伸扩张目标。

(二) 在面对机遇的同时也带来很多的挑战

(1) 面临较高的风险。PPP 项目的主要特点之一是风险共担，因此在参与 PPP 项目时，建筑企业不仅要面临施工成本增加、施工安全、施工质量风险，还将要面临来自外部环境的宏观经济形势、政府信用、社会不稳定和政策变化等风险。宏观经济通过影响政府购买力、公众付费水平，来影响项目的收益；政府在 PPP 项目实

施过程中也往往扮演着多重角色，包括需求分析、投资分析、特许权授予、产品或服务购买、土地提供和税收优惠等方面，由于参与者各方利益诉求和对项目的认知不同等都会带来不必要的纠纷，最终影响项目的顺利进行。

（2）建筑企业自身融资能力不足。建筑企业特殊的行业背景，导致建筑企业效益较低，近年来建材价格快速增长，且在建设时被动地大量预付和垫付资金等多种因素使建筑企业自有资金有限，同时融资渠道较窄。

（3）另一个制约建筑企业融资的因素是建筑企业缺乏运营能力。在PPP模式下，建筑企业不仅要负责项目建设施工，还要肩负未来长期的运营责任，运营能力是不可忽略的考察要素之一。

（4）PPP模式自身的价值有限。在基础设施领域的项目可以划分为非经营性项目、准经营性项目和经营性项目。PPP项目中涉及的绝大多数是非经营性项目，收益性通常较低。从而为社会资本的收益来源带来挑战，仅依靠政府补偿、补贴或回购等形式满足社会资本方的投资回报是否可行还具很大的未知性。

二、不同类型的建筑企业的区别

经过近十年来的飞速发展，我国建筑行业的基本格局已经形成。各类所有制和不同规模企业的经营模式的差异性将表现得更为明显，各自业务范围的边界轮廓将逐步明显，各类企业的市场分工将逐步明确，企业间等级区分分明。按所有制形式的不同，可以将建筑企业划分为：国有企业、集体所有制企业、独资企业、合资企业或合伙企业、股份制企业等，根据企业的规模不同又可以分为大型企业、中型企业和小型企业。通过对大量的PPP案例分析发现，作为投资主体参与的建筑企业大致可以分为：

（1）央企，如中国建筑股份有限公司、中国中铁股份有限公司等。

（2）地方国有企业，如湖南建工集团、安徽建工集团等。

（3）混合所有制企业，如八冶建设集团有限公司等。

（4）民营企业，如山东泰安建筑工程集团有限公司、江西双德建筑工程有限公司等。

不同类型的建筑企业的发展方向不同。大型央企以建筑业为基本发展领域，进一步巩固在各自专业领域的龙头地位，朝更加专业化高技术化的方向发展；混合所有制企业和地方国有企业逐渐加速推进多元化的经营方式，以经营和股份结构调整为核心，且延续以前的经营方式，扩大产值规模并获得更高一级别的资质，同时聚焦专业细分化以求占有局部的优势；而民营企业，在强大的竞争压力下，利用低成本寻求市场缝隙。同时，不同类型的建筑企业的各方面资源和能力也不同，央企和地方国有企业的市场影响力大于民营企业。混合所有制企业有自主研发能力，具有资金、高素质人才、先进技术和规模经济的综合优势。民营企业总体规模仍偏中小，投资少、收效快，能即时应对市场的变化，但是普遍存在资金不足、核心竞争力缺乏、管理队伍素质较低、专业技术人员紧缺、实力不足难以抵御经营风险等问题。

不同所有制的建筑企业发展方向、拥有的资源和能力的不同对于建筑企业的融资能力、全生命周期的项目管理能力会产生影响，那么其在 PPP 项目中的角色分配是否也会因此而不同是本章所要探讨的。

三、既有的关于建筑业作为投资主体参与 PPP 项目的研究存在的问题

既有的关于建筑业作为投资主体参与 PPP 项目的研究主要存在两个方面的问题：

（1）目前的研究多是定性地分析 PPP 模式的推广为建筑企业带来的机遇[7]，以及建筑企业作为投资主体参与 PPP 项目时可能遇到的问题和相应的解决措施[8]。其中格利高里·琼斯（2014）等从企业自身特点和外部环境两个方面，定性地分析工程企业在 PPP 项目中的角色转换所面临的核心变化和挑战[9]。但是上述定性分析法对专家的经验知识依赖较大[10]，不具备普适性。

（2）由于已落地实施的项目实例较少，没有一个完整的、可供参考的实例。因此，当前关于建筑企业作为投资主体参与 PPP 项目的角色分配的研究，主要是通过分析其他类型企业参与 PPP 项目的实际情况出发，结合研究者的经验来为建筑企业的角色分配提出建议[11]。与项目的其他类型的利益相关者不同的是，建筑企业作为投资主体参与 PPP 项目时，通常担任建设阶段的总承包商。因此，从其他类型企业出发推导建筑企业可能遇到的机遇和问题，其结果没有可比性。石昕川（2012）在研究中虽然提到通过案例分析来总结建筑企业的角色分配问题，但是其研究存在两个问题：1）案例选择的是被多数学者认为不成功的国家体育场项目，用该项目分析出的结果对建筑企业的指导性较弱。2）该研究并不是真正意义上的案例分析，因为并没有对该项目的详细实施过程，以及北京城建集团在其中担任的角色进行剖析[12]。

（3）建筑企业各方面的能力不同，其在项目中所承担的角色也会受到影响。然而当前并没有学者做过相关研究。

四、社会网络的分析方法

社会网络是人类关系特征的突出表现形式，而 SNA 就是要对这种社会关系的

结构和它的属性进行分析的一套规范和方法[13]。PPP项目的利益相关者之间在项目的整个过程中由于资源的交换和信息交流而形成了复杂的网络关系。焦媛媛（2016）等针对利益相关者之间存在的合同关系、协调关系、信息交换关系、绩效激励关系和指令关系对PPP项目的决策、实施和运营的各个阶段分别建立利益相关者网络，对利益相关者网络结构的动态演化进行描述和分析[5]。许聪（2014）虽然也是对项目实施各阶段的利益相关者网络进行动态分析，但旨在研究各利益相关者网络角色的动态演化[14]。林聚任（2009）认为一切社会现象都可以通过旨在揭示基本社会结构的方法得到最好的研究[13]。因此，通过研究建筑企业在其作为投资主体参与的PPP项目的利益相关者网络中的个体属性以及网络的整体结构特性来研究其在项目中的角色分配问题是可行的。同时与实证分析相结合，可以使整体描述问题指标与动态性及演化机制的研究相互印证，研究结果更有说服力[15]。

第三节　社会网络的分析模型

SNA方法的运用过程是构建相关网络并计算网络指标，通过网络指标分析网络的整体结构和个体特性。本文将建筑企业作为社会资本投资主体，参与PPP项目的利益相关者之间以资源和信息交换为基础建立网络关系，计算该利益相关者网络的整体指标（密度、平均聚类系数）和建筑企业的个体指标（度数中心度、中介度）来分析建筑企业的角色分配问题。

一、个体网络指标

（1）度数中心度（Degree）指与某利益相关者直接相连的利益相关者数目，是网络中重要的个体结构特征，度数可以衡量个人或组织在社会网络中居于怎样的中心地位。节点度数越高，中心化程度越高，拥有的权力也就越大[13]。

（2）中介度（Betweenness）指通过某利益相关者的最短路径与所有最短路径的比例之和。测量的是该利益相关者在多大程度上位于其他利益相关者的"中间"[13]。利益相关者i的中介度$B(i)$的计算公式为：

$$B(i) = \frac{\sum_{j,kl G; jlk} \sigma_{jk}(i)}{\sigma_{jk}} \tag{4-1}$$

上式中 G 是网络中所有利益相关者的集合，$\sigma_{j,k}$ 是利益相关者 j 到 k 的最短路径之和，$\sigma_{j,k}(i)$ 表示这些路径中经过 i 的数量。

二、整体网络指标

（1）密度（Density）指网络中实际存在的关联数与理论上的最大数量的比值，用以衡量网络中利益相关者联系的紧密程度。网络密度 D 的计算公式为：

$$D = \frac{2L}{g(g-1)} \quad (4\text{-}2)$$

式中，L 是实际存在的关联数量，g 是网络中的利益相关者的数量。

（2）平均聚类系数（Average Clustering Coefficient）指与某利益相关者直接相连的利益相关者之间实际存在的关联数与可能存在的关联数之比。它描述了与该利益相关者相连的利益相关者间的紧密程度。平均聚类系数指该网络中全部利益相关者聚类系数的平均值。平均聚类系数 C 的计算公式如下：

$$C = \frac{1}{n} \sum_{i \in G} \frac{2A_i}{k_i(k_i-1)} \quad (4\text{-}3)$$

式中，K_i 表示与利益相关者 i 直接相连的利益相关者数量，A_i 表示与利益相关者 i 相连的利益相关者之间实际存在关联数量。

三、各类型项目的个体网络指标

在本研究中，各类型项目的个体网络指标的计算采用加权求和的方式。

（1）各类型项目的利益相关者度数中心度，在本研究中采用了加权求和的方法计算该指标，权重为某项目中的连接总数与该类型项目连接总数的和的比值。具体计算方式如下：

$$\beta_i = \frac{\beta_B b}{a+b+c+d+e} + \frac{\beta_C c}{a+b+c+d+e} + \frac{\beta_D d}{a+b+c+d+e} + \frac{\beta_E e}{a+b+c+d+e} \quad (4\text{-}4)$$

式中，β_i 表示 i 类型项目的利益相关者 β 的度数中心度，而 β_A、β_B、β_C、β_D、β_E 分别表示项目 A、B、C、D、E 的利益相关者 β 的度数中心度，a、b、c、d、e 分别表示项目 A、B、C、D、E 中的连接总数。

（2）各类型项目的利益相关者中介度。中介度的计算也采用加权求和的方法，权重为某项目中的最短路径总数与该类型项目最短路径总数的和的比值。计算公式如下：

$$\gamma_i = \frac{\gamma_A L_A}{L_A+L_B+L_C+L_D+L_E} + \frac{\gamma_B L_B}{L_A+L_B+L_C+L_D+L_E} + \frac{\gamma_C L_C}{L_A+L_B+L_C+L_D+L_E} + \frac{\gamma_D L_D}{L_A+L_B+L_C+L_D+L_E} + \frac{\gamma_E L_E}{L_A+L_B+L_C+L_D+L_E} \tag{4-5}$$

式中，γ_i 表示 i 类型项目的利益相关者 γ 的中介度，而 γ_A、γ_B、γ_C、γ_D、γ_E 分别表示项目 A、B、C、D、E 的利益相关者 γ 的中介度，L_A、L_B、L_C、L_D、L_E 分别表示项目 A、B、C、D、E 中最短路径总数。

第四节　实证研究

一、案例选择

本研究通过对多个案例的分析来总结出不同类型的建筑企业参与 PPP 项目时的角色分配问题。在进行案例选择时需要解决两个问题：

（1）已经处于运营阶段或者成功移交案例较少。我国从 2014 年开始大力推广 PPP 项目，而该类项目周期通常都比较长，且研究不同类型的建筑企业参与 PPP 项目时的角色分配问题时，研究的案例越多结果的准确性越高。目前处于运营阶段或者已经移交的 PPP 项目非常少，为了提高研究结果的实践指导意义，本研究将研究对象定位为处于建设阶段的 PPP 项目，以此说明建筑企业在 PPP 项目的计划和建设阶段承担的角色。

（2）建筑企业联合体投资时股权比例大小会对企业的角色分配产生影响。建筑企业参与 PPP 项目时作为投资主体或者仅作为承包商。作为投资主体参与 PPP 项目时又可以分为：建筑企业独立投资和联合体投资。联合体投资时由于出资额和持股比例的不同在其中所承担的角色也会不同。比如盘锦辽东湾新区海岛生态住区地下综合管廊一期（一标段）PPP 项目，中国建筑第六工程局有限公司、北京长城弘瑞投资管理有限公司和江苏安防科技有限公司作为联合体投资，该项目虽然也有中国建筑第六工程局有限公司参与，但是中国建筑第六工程局有限公司的持股仅为 5.1%。

由于建筑企业的持股比例较低，在项目管理中的权利和责任不同，可能会对建筑企业在项目的各个阶段的角色分配产生影响。因此，本研究选择了建筑企业独立投资的 PPP 项目，避免由于持股比例的不同而影响建筑企业在 PPP 项目中的角色分配。

综合考虑上述两个问题，本研究对 PPP 项目库里的项目进行了筛选，选择其中 20 个案例为研究对象，分别研究大型央企、混合所有制企业、地方国有企业和民营企业在 PPP 项目中的角色分配问题，通过对比分析来为各类型的建筑更有效地参与 PPP 项目提供参考。每个建筑企业类型中选择了 5 个案例，之后对这些案例进行数据搜集。

二、数据搜集和处理

社会网络分析需要的数据主要有两种：一种是项目的利益相关者，另一种是利用相关者之间的关系。本研究的数据来源分为两种：一种是对政府、企业和媒体公布的信息进行整理；另一种是实地调研，分别到各公司去调研，与公司的相关负责人进行访谈，并对两种方式搜集到的数据进行整合。

首先，以重庆涪陵至丰都高速公路项目为例来说明项目利益相关者的数据的搜集。根据国家发展改革委公布的资料："重庆涪陵至丰都高速公路项目采用'BOT+EPC'投融资模式，于 2008 年 4 月开始投资人招标，最后由中交路桥建设股份有限公司中标。后经重庆市政府授权，由重庆市交通管理委员会于 2008 年 8 月与投资人签订项目投资协议。之后投资人根据协议的要求成立项目公司来负责项目的投资建设和经营管理。在市政府的授权下，市交通管理委员会于 2009 年 5 月与项目公司签署项目特许权协议，授予项目公司投资建设和经营管理重庆涪陵至丰都高速公路项目的特许权利。之后项目公司根据协议要求开展项目的勘察设计、征地拆迁、融资安排和工程建设等工作。并于 2013 年建成通车。"根据国家发展改革委的资料以及对中交路桥建设有限公司两名项目参与者的访谈，确定该项目的利益相关者如表 4-1 所示。

重庆涪陵至丰都高速公路项目的利益相关者　　　　表 4-1

单位类型	利益相关者
政府职能部门	重庆市交通管理委员会
	重庆市监察局
	涪陵区物价局
	财政局

续表

单位类型	利益相关者
政府职能部门	重庆市发展和改革委员会
	重庆市住房与城乡建设委员会
	重庆市审计局
	重庆市安全生产监督管理局
政府投资者	重庆高速公路发展有限公司
私人投资者	中交路桥建设有限公司
咨询单位	重庆市投资咨询公司
	华杰工程咨询有限公司
勘察设计单位	重庆交通科研设计院
	中交公路规划设计院有限公司
	中国公路工程咨询集团有限公司
项目公司	路桥建设重庆丰涪高速公路发展有限公司
银行和金融机构	交通银行重庆市分行
供应商	材料及设备供应商
监理单位	上海同济市政公路监理咨询有限公司
项目用户	项目用户
周边群众	周边群众

其次，确定利益相关者之间的关联。本文借鉴焦媛媛（2016）的做法，根据项目实施过程中利益相关者之间是否存在合同关系、协调关系、信息交换关系、绩效激励关系和指令关系来确定利益相关者之间的关联[5]。当两个利益相关者之间至少存在上述一种关联关系时就认为该利益相关者所属的单位类型间存在关联关系。按照该原则分别确定20个案例中的利益相关者之间的关联。

三、构建利益相关者网络

SNA通过个体和个体之间的关系来反映整个网络的运作情况。识别了利益相关者，以及利益相关者之间的关联关系后，首先构建利益相关者矩阵。在矩阵中，如果i和i之间至少存在上述五中关系中的一种，则$(i, j) = (j, i) = 1$，否则等于0。

之后将利益相关者矩阵运用 UCINET6 软件可视化,得到利益相关者网络结构示意图,如图 4-1 所示。网络图中节点面积越大则该节点的度数越大,该利益相关者的中心度越大,处于项目的核心位置。

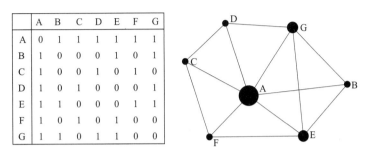

图 4-1　利益相关者结构矩阵和网络结构示意图

本研究对每个类型的项目建立了利益相关者矩阵和网络图,以重庆涪陵至丰都高速公路项目为例,利益相关者矩阵用 UCINET 软件可视化之后得到的网络图如图 4-2 所示。

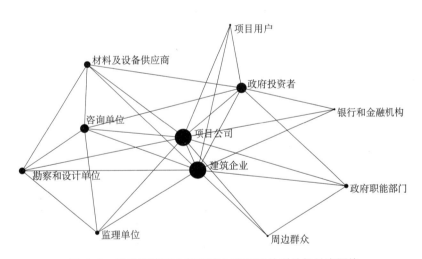

图 4-2　重庆涪陵至丰都高速公路项目的利益相关者网络

四、整体网络对比分析

本文运用 UCINET6 软件,首先计算了 20 个利益相关者网络的整体网络指标,然后对同类型的项目的网络指标计算平均值,从而得到各类型建筑企业参与的 PPP 项目的利益相关者网络的网络整体指标。计算结果如表 4-2 所示。

各类型项目的整体网络指标　　　　　　　　　　表 4-2

企业类型	平均密度	平均聚类系数
央企	0.27	0.80
地方国有企业	0.38	0.68
混合所有制企业	0.31	0.80
民营企业	0.41	0.79

首先分析网络密度。对密度的分析发现，央企的密度平均值最小为 0.27；其次是混合所有制企业，平均密度值为 0.31；再次是地方国有企业，平均密度值为 0.38；而民营企业的平均密度值最大为 0.41。Wellman（1979）认为网络密度超过 0.25 时，网络的关系密度较大，网络中的个体之间的关联较为紧密[16]。因此，从计算密度指标分析发现民营企业参与的 PPP 项目的网络密度较高，利益相关者之间联系得较为紧密。而央企的网络密度最小，为 0.27。通过对案例研究发现，央企参与的 PPP 项目涉及的政府职能部门较多，而政府职能部门之间的联系较少，对于项目各个文件的制定和签署需要由私人投资者或者项目公司分别联系。信息传递的效率较低。而民营企业参与的 PPP 项目，一方面涉及的政府职能部门较少；另一方面项目通常由政府部门主导，增大了各政府职能部门之间的紧密联系，网络密度较大。因此，在建筑企业作为投资主体参与 PPP 项目时项目中涉及的政府职能部门越多则利益相关者之间联系得越松散，越不利于信息的传递；地方政府对项目大力支持时，政府部门出面组织各政府职能部门之间的联合支持，将有利于增加利益相关者之间联系的紧密程度。

其次分析平均聚类系数。表 4-2 的结果显示，央企、混合所有制企业和民营企业参与的 PPP 项目的网络平均聚类系数较为相近，而地方国有企业参与的 PPP 项目的聚类系数最小为 0.68。聚类系数描述了与该利益相关者相连的利益相关者间的紧密程度。平均聚类系数越小，则与该利益相关者相连的利益相关者之间联系越稀疏。通过对专家进行访谈发现，建筑企业参与的 PPP 项目通常形成分别以项目公司、建筑企业和政府投资者为核心的聚类，而地方国有企业参与的 PPP 项目中，虽然项目公司与其他各类型的利益相关者之间的联系较为紧密，但是由于地方国有企业服务地区限制，以及自身项目管理水平有限，跨区域融资能力不高，导致其在跨区域参与 PPP 项目时与其他利益相关者，如银行和金融机构之间的联系较为稀疏，不利于利益相关者之间的信息交流和物质交换。因此，当建筑企业的服务地区有限，且规模较小时，在跨区域参与 PPP 项目时以建筑企业为核心的利益相关者的聚类凝聚力较小，降低了项目的信息传递效率。

五、网络个体角色的对比分析

(一)利益相关者度数中心度分析

本研究计算了各个项目的利益相关者的度数中心度,之后按照公式(4-4)计算各类型项目的利益相关者度数中心度,结果如表 4-3 所示。度数中心度计算的是与某利益相关者直接相连的其他利益相关者的数量,衡量该利益相关者在网络中的中心性。度数中心度数值越大则该利益相关者的中心度越高,处于该项目网络的中心。

分析发现在各类型项目中项目公司、政府投资者和建筑企业的度数都较大。说明在所有建筑企业作为投资主体参与的 PPP 项目中项目公司、政府投资者和建筑企业都处于项目的核心位置。而不同类型的建筑企业在参与 PPP 项目时,建筑企业在网络中的地位有所不同。从表 4-3 中可以看出,在央企和地方国有企业参与的 PPP 项目中建筑企业的度数都是最大的,其次是项目公司,之后是政府投资者;在混合所有制参与的 PPP 项目中项目公司的度数最大,其次是项目公司,之后是政府投资者;而在民营企业参与的 PPP 项目中政府投资的度数最大,其次是项目公司,之后是建筑企业。根据李怀斌(2008)的研究,网络中的成员在网络中位置不同,则其占有的资源和结构性地分配的资源是不同的,处于中心位置的个体将拥有更多的信息来源[18]。并且行动者越是处于网络的中心位置,其对网络整体以及网络中其他个体的影响力就越大[13]。这说明在建筑企业作为投资主体参与 PPP 项目时,建筑企业的规模大小会影响到建筑企业对项目的影响力的大小,导致建筑企业所占有的资源和支配的资源随之变化。建筑企业的规模越大则建筑企业对项目的影响力越大,所占有和支配的资源也会越多。

通过对专家访谈发现,建筑企业的规模越大,则建筑企业可以提供的服务越多,如一些大型的央企和地方国有企业通常有自己的设计勘探部门,从而设计勘探也由建筑企业承担。并且大型的建筑企业的资金相对雄厚,可利用的社会资源较多,可更好地参与项目的融资中,降低融资难度。且建筑企业的规模越大,拥有的管理人才越多,在项目的计划阶段可以很好地参与项目的管理工作中。因此,当建筑企业作为投资主体参与 PPP 项目时,应当贯穿于项目融资、建设和运营的全寿命期过程,在这一过程中建筑企业的规模越大所发挥的作用越大。

各类型项目的利益相关者的度数中心度　　表 4-3

利益相关者	央企	地方国有企业	混合所有制企业	民营企业
政府投资者	13.21	14.05	8.61	18.22
建筑企业	21.55	20.81	16.03	9.32

续表

利益相关者	央企	地方国有企业	混合所有制企业	民营企业
项目公司	19.36	18.45	18.42	13.64
政府职能部门	6.94	10.61	7.44	7.31
咨询单位	11.47	9.27	5.85	4.43
勘察设计单位	7.54	9.42	6.06	6.81
原材料和设备供应商	4.21	6.82	3.44	4.29
监理单位	6.84	8.20	6.61	5.90
银行和金融机构	4.10	3.61	4.60	3.48
项目用户	3.32	4.44	3.21	3.64
周边群众	3.11	2.65	2.22	2.81

（二）利益相关者的中介度分析

本章计算了各个项目中利益相关者的中介度，并按照公式（4-5）计算了各类型项目的利益相关者中介度，结果如表4-4所示。中介度衡量利益相关者对资源控制的程度，中介度越大表明该利益相关者对网络的控制力越大，越能通过这种控制权获得利益好处。

对表4-4的分析发现：在各类型项目中，利益相关者的中介度的分布非常不均匀，政府投资者、建筑企业和项目公司的中介度较大，而除此之外的其他利益相关者的中介度值均较小。说明在建筑业作为投资主体参与的PPP项目中存在少数对项目的信息和资源传递起关键作用的相关者。控制好这些少数的利益相关者对于项目的成功至关重要。

同时发现，在央企、混合所有制企业、地方国有企业参与的PPP项目中，中介度最高的均是建筑企业，项目公司的中介度仅次于建筑企业，之后是政府投资者。表明在央企、混合所有制企业和地方国有企业参与的PPP项目中，建筑企业在利益相关者网络中拥有最强的控制优势，处于网络的核心，对网络拥有很大的权力。研究发现，在该类型的PPP项目中，建筑企业作为投资主体参与PPP项目时，既要承担投资者角色又往往作为项目的总承包商，建筑企业作为项目主办人，在计划阶段的主要工作是机会识别、投资决策、组合联营体、投标、谈判与签订合同、组建项目公司、项目融资及项目建设前的其他准备。在建设阶段要承担的主要工作是确定以何种合同形式/角色承担项目的总承包任务，确定以何种形式管理和分包工程，以及出现问题比较多的与设计方衔接的工作等。因此,建筑企业几乎与项目的所有利益相关者都有直接的信息和资源交流,其对项目的信息和资源流动的控制力较大。

然而在民营企业参与的PPP项目中中介度最大的是政府投资者。说明在民营企业参与的PPP项目中政府投资者对利益相关者网络的控制力最大,其次才是建筑企业和项目公司。通过访谈发现,造成该现象的原因主要有两个:①民营企业通常规模小,人才短缺。在项目的计划阶段可做的工作有限,多数工作由政府投资者主导,建筑企业的决策权较小。在建设阶段民营企业主要担任承包商的角色,侧重于某一部分工程的承包而非项目总承包。②民营企业资金匮乏,且可以利用的社会资源有限,导致民营企业的融资能力有限,与银行和金融机构的联系需要依靠政府部门的关系从中协调。

各类型项目的利益相关者的中介度   表4-4

利益相关者	央企	地方国有企业	混合所有制企业	民营企业
政府投资者	32.33	26.54	32.03	64.32
建筑企业	88.58	70.15	63.57	51.12
项目公司	77.42	66.12	78.87	37.79
政府职能部门	2.25	5.49	1.91	2.33
咨询单位	1.17	0.4	1.14	1.2
勘察设计单位	0.67	7.65	2.52	4.6
原材料和设备供应商	0.33	0.8	0.5	0.67
监理单位	2.2	5.49	2.11	1.77
银行和金融机构	0	0	0	0
项目用户	0	0	0	0
周边群众	0	0	0	0

随着国内建筑市场环境的变化,依靠传统施工总承包方式参与项目无法满足建筑企业的发展需要,通过商业模式创新,参与PPP模式逐渐成为支撑建筑企业跨越式发展的重要途径。在PPP模式下建筑企业不再是单一的承包商、"打工者",而是项目的投资者、建设者或是运营者。建筑企业在项目中的角色发生变化,那么在建筑企业作为投资主体参与PPP项目时,如何更好地定位建筑企业的角色分配对于项目的成功至关重要。不同类型的建筑企业拥有的资源和能力不同,如何更好地选择

私人投资者对于项目的成功也非常重要。

本章以20个建筑企业作为投资主体参与的PPP项目为例，利用SNA分析方法探究各类型建筑企业在其作为投资主体参与PPP项目中的角色分配。分析结果表明，建筑企业作为投资主体参与PPP项目时，控制着利益相关者网络，支配着项目的资源和权利，处于该项目利益相关者网络的核心位置，拥有更多的信息来源，且其对网络整体以及网络中其他个体的影响力较大，由于资源的支配优势而对于项目的成功起着关键的作用。然而由于建筑企业的类型不同，建筑企业在项目中的地位和对项目信息和资源传递的控制力也会存在差异，建筑企业的规模越大、服务地区越广、可提供服务越多，则越是处于项目的核心位置，拥有越多的信息来源和政府资源越多，对项目的影响力也越大。并且建筑企业作为投资主体参与的PPP项目中存在少部分中介度较大的利益相关者，控制该少部分中介度较高的利益相关者可以有效控制项目的信息传递，有利于项目的成功。

因此，建筑企业参与PPP项目的运作需要做好角色转变。建筑企业在参与PPP项目时需要改变传统的"乙方"思维，构建建筑业PPP项目运作的核心能力。建筑企业在项目前期要对项目本身进行充分的研究和策划，了解合作各方的利益诉求。同时注重与政府（合作方）的合作协议,提高资源的整合能力。依托PPP项目的实施，建立PPP项目全产业链上的地方政府、金融机构、投资商、开发商以及专业分包商、咨询机构资源库，形成更为紧密的战略合作关系，构建以建筑企业为中心的PPP项目运作联盟。

参考文献

[1] 戴永华. 试论PPP模式对建筑企业的机遇与风险 [J]. 财经界：学术版, 2015（24）：114-115.

[2] 荀照杰. 社会资本眼中的高速公路PPP模式 [J]. 中国公路, 2016（19）：52-55.

[3] 亓霞, 柯永建, 王守清. 基于案例的中国PPP项目的主要风险因素分析 [J]. 中国软科学, 2009（5）：107-113.

[4] 李玲. 把握PPP多重机遇优化升级先行优势 [N]. 中国交通报, 2016-02-22（007）.

[5] 焦媛媛, 付轼辉, 沈志锋. 全生命周期视角下PPP项目利益相关者关系网络动态分析 [J]. 项目管理技术, 2016, 14（8）：32-37.

[6] 刘济瑞. 浅论PPP项目风险防控机制建设 [N]. 中国建设报, 2016-08-05（006）.

[7] 刘浩. 机遇与挑战并存——建筑企业如何应对PPP模式 [J]. 经济管理：全文版, 2016（5）：00226-00226.

[8] Wang Y, Guan Z. Study on Relationship between China State-Owned Construction Enterprises Reformed Public-Private Partnership [C]// 2006 international conference on construction &real estate

management. 2006.

[9] 格利高里·琼斯, 胡远航, 张晓慧, 等. 从承包商到投资商——BOT/PPP 项目中工程企业的角色转换 [J]. 国际工程与劳务, 2014 (5): 13-16.

[10] 文晶. 网络视角下的施工安全风险评价——以电梯安装为例 [D]. 清华大学, 2016

[11] 芦慧, 黄益梅. 大型建筑企业参与基础设施 PPP 项目的角色分配浅析 [J]. 致富时代, 2014 (3).

[12] 石昕川. 我国大型建筑企业作为投资主体参与基础设施 PPP 项目的角色分配研究 [D]. 重庆大学, 2012.

[13] 林聚任. 社会网络分析: 理论、方法与应用 [M]. 北京: 北京师范大学出版社, 2009.

[14] 许聪, 丁小明. 基于 SNA 的 PPP 项目利益相关者网络角色动态性分析 [J]. 项目管理技术, 2014, 12 (9): 24-29.

[15] 吴江. 社会网络的动态分析与仿真实验: 理论与应用 [M]. 武汉: 武汉大学出版社, 2012.

[16] Wellman. B. The Community Question: The Intimate Net-work of East Yorks' [J]. American Journal of Sociology, 1979, 84 (5): 1201 – 1231.

[17] 李怀斌. 经济组织的社会嵌入与社会形塑——企业社会嵌入及其对企业范武形成的自组织机制 [J]. 中国工业经济, 2008 (7): 16-25.

第五章
建筑企业推行 PPP 模式的实践与探索

《PPP 模式与建筑业企业转型升级研究》是中国建筑业协会 2017 年的五项重点调研课题之一。本课题组先后在广东、江苏、湖南、安徽、北京等省份选择部分建筑企业，就这些企业推行 PPP 模式的基本情况，以座谈会和书面问卷方式开展调查和研究。现就本次调研的一些主要情况、问题和建议分析报告如下。

第一节 建筑企业推行 PPP 模式的调研情况

早在 20 世纪 80 年代，PPP 模式引入中国并在一些项目的实践中取得较好的效果。2014 年以来，各级政府对推行 PPP 模式寄予厚望，政策支持力度持续加大。目前，建筑企业已经成为 PPP 模式的重要参与主体。深入了解建筑企业推行 PPP 模式的实际情况，有利于 PPP 模式在行业的健康发展。

一、企业类型

调研涉及建筑企业的类型包括大型央企、省属国有企业、民营企业、混合所有制企业。调研的重点是了解建筑企业参与 PPP 项目的基本情况，企业参与 PPP 项目存在的主要问题、经验和教训，企业需要政府部门或行业协会提供哪些方面的政策扶持和服务。

二、企业参与 PPP 项目的基本情况

调研中共抽样分析了 48 个 PPP 项目，包括项目概况与建设进展、PPP 项目的类型、SPV（Special Purpose Vehicle）公司的股东及股权结构、项目建设资金来源、项目收益来源、建筑企业的资金投入数额、投资回报情况、承担的业务内容等。

（1）从建筑企业参与 PPP 项目涉及的产业领域看，在全部 48 个项目中，公路项目 20 个，占 42%；地下综合管廊项目 8 个，占 17%；棚户区改造项目 6 个，占 13%；水环境治理项目 5 个，占 10%；城市基础设施综合项目 4 个，占 8%；产业园区项目 3 个，占 6%；铁路专用线项目 2 个，占 4%。

（2）从建筑企业参与 PPP 项目的类型看，由使用者付费的经营性项目 2 个，占 4%；由"使用者付费＋财政补贴"的准经营项目 10 个，占 21%；由政府付费的非经营性项目 36 个，占 75%。

（3）从参与 PPP 项目的建筑企业的性质看，在全部 48 个项目中，大型央企参与的项目 27 个，占 56%；地方国有企业参与的项目 11 个，占 23%；民营企业参与的项目 2 个，占 4%；混合所有制企业参与的项目 8 个，占 17%。从上述数据可以看出，大型央企和地方国有企业是参与 PPP 项目的主要力量，除少部分民营企业参与 PPP 项目"试水"之外，大部分民营企业处于观望状态。

（4）从 SPV 公司的股权结构看，若只有建筑企业和地方政府二元股东组建 SPV 公司时，通常建筑企业所占股份为 70%～90%，政府所占股份为 10%～30%；若有更多的股东参与组建 SPV 公司时，建筑企业所占股份为 10%～50%，政府所占股份为 10%～20%，其他投资者所占股份为 30%～70%。

（5）从项目建设资金来源看，主要依托资本金和债务融资，其中，项目公司的资本金占 20%～30%，银行贷款占 70%～80%。

（6）从项目收入来源看，以政府付费为主要来源，使用者付费为次要来源，还有部分为可行性缺口补贴。在被调查项目中，政府付费在项目收入来源中占有较大比重。

（7）从建筑企业的资金投入量看，资金标杆率为 1∶6 左右。

（8）从投资回报率看，大多数项目的投资回报率在 4.5%～7.0% 之间，极少部分项目的投资回报率可达到 10%。

（9）从建筑企业承担的业务内容看，大多数建筑企业承担投融资、规划、设计、施工总承包、运维服务等业务。

（10）从近三年项目实施的进展情况看，只有极少数规模较小的项目进入运营维护阶段，大多数项目仍然处于施工建设阶段。

第二节　建筑企业推行 PPP 模式的实践举措

自从政府推进 PPP 建设模式以来，广大建筑企业都在积极探索政府与社会资本合作的新途径。由于建筑企业与 PPP 模式有着特殊的关联性，因此，企业在多年尝试 BT 模式、BOT 模式的基础上，把推进 PPP 模式作为新时期转型升级的重要实现形式。

一是思想认识上高度重视。总体上看建筑企业对参与 PPP 项目的重要性有着较高的自觉和认知。PPP 模式在原理上能够实现政府、企业和公共利益的多方共赢，形成利益共享、风险共担的利益平衡格局。在 PPP 模式下，建筑企业不仅仅只是施工环节的执行者，而且可以作为政府和金融机构之间的纽带，成为社会资本方主导项目建设和运营，从政府补贴和公共项目运营提供的现金流中获得长期稳定的收益保障。同时，建筑企业通过发展PPP项目，发挥施工技术和工程管理优势，以投资拉动设计施工总承包，打通上下游产业链，由产业链低端向高端迈进，由原来单一的施工承包商向投资商、建造商和运营商角色转变，逐步实现产业升级。

二是基于传统建设市场的优势突破投资领域。以大型央企为代表的很多建筑企业通过积极实施商业模式创新，以投融资带动工程总承包，建立以PPP运作机制为核心的市场营销新业态，产业结构从施工向投资运营转变，推进产业发展格局优化升级。同时，通过建立投融资平台，拓宽融资渠道，创新融资模式，PPP项目业务规模有较快的增长。特别是大型央企和地方国有企业参与PPP项目的规模迅速上升。例如，调查发现几家大型国有央企近两年来参与PPP业务的项目投资额高达3万多亿元，仅中国中铁系统某工程局，2016年PPP项目的投资额度达到765亿元。

三是重视PPP项目专门机构建设。许多建筑企业在内部成立由主要负责人挂帅的PPP项目领导小组，设立PPP项目专门机构，或者强化投资部门的PPP管理职能。配备与PPP模式相关的专门人才，建立行为规范，明确责任分工，实施目标激励，提高执行力，积极开展PPP业务。

四是注重建立PPP项目的管理工作机制。根据PPP项目运作特征，加强合同管理、项目风险识别与评估工作，着重把握项目公司出资及融资要求、法人治理结构设置及约定、项目全生命周期的风险分担机制等关键节点，实现PPP项目"前期评估—响应采购—谈判—项目公司管理—项目执行—移交"全过程统一策划、统一管理。

五是加强人才培养、优化队伍结构。通过举办PPP项目理论知识和实践操作专题培训班，使参与PPP项目实践的人员快速掌握PPP基础知识、操作流程等，便于更好地投入PPP项目各个环节的工作中去；同时建立PPP专业人才库，储备PPP项目公司管理人员、专业人员，为PPP项目全生命周期运作管理提供技术人才支撑。很多企业依据PPP项目实践需要，调整优化队伍结构，引进专业人才，注重增加投资、财务、法律事务等专业人员。依托公司内部工程管理、科技研发等人才，形成结构合理、实战经验丰富的复合型PPP项目管理团队。

六是借力PPP模式开拓国内外建筑市场。在国内经济下行压力加大的情形下，建筑企业参与PPP模式成为拉动增长的新亮点。在央企的新增合同额中，大约有25%来自于PPP项目的贡献，其他企业的比例约在15%左右。部分大型央企和地方国有企业尝试着将PPP模式应用于"一带一路"国际市场的开拓，发挥投融资和工程总承包的多重优势，寻求更多合作机遇，助力推动建筑企业实施"走出去"战略。

例如，2014年9月，在习近平主席见证下，中交集团与马尔代夫、斯里兰卡签署了多项合作协议，包括中马友谊大桥、科伦坡港口城等相关项目，成为共建"21世纪海上丝绸之路"进入务实合作阶段的标志。其中，科伦坡港口城PPP项目一期投资14亿美元，将带动130亿美元左右的二级开发，为斯里兰卡创造超过83000个就业机会，形成近20万人口的新城区。

第三节 建筑企业推行PPP模式过程中存在的主要问题

由于PPP模式在国内全面推进的时间不长，很多方面还处于探索和完善阶段，因而建筑企业参与PPP项目时，也面临着诸多现实问题。

一、法律和政策不完备

首先是PPP立法滞后。近年来，国家发展改革委、财政部等相关部委及各省级政府虽然出台了若干关于PPP项目的部门规章、其他规范性文件等，但其法律效力等级不高，原因在于PPP模式的上位法律缺失。PPP项目投资大、合作期长，在项目全寿命周期内，风险因素、不确定因素多，在缺乏法律保障的情况下，建筑企业、特别是民营资本参与PPP项目时信心不足，缺乏投资安全感。

其次是配套政策不完善。尤其是项目融资配套政策不完善，导致项目贷款和放款困难。在项目实施过程中，往往会出现一些新的变化因素，没有对应的相关法规解释，还有很多操作细节，没有明确的认定依据。例如，营改增后概（预）算体系如何调整、政府补贴与购买服务税额如何计算等。此外，政策法规变动频繁，新旧政策之间有偏差，对项目的建设和运营产生较大影响，甚至直接导致项目终止和失败。

再次是不同层级的文件有冲突。中央与地方政策之间的PPP项目相关政策不衔接、内容不连续，甚至相互冲突，导致中央政府与地方政府之间在PPP项目协调上力度不足，从而在项目建设和运营阶段对社会资本产生困扰，社会资本投资人无所适从。

最后是缺乏项目退出机制。政府出于保护公共利益，极大地限制社会资本方在项目运营期内退出。同时，因融资合同的股权变更限制较多、合同体系之间的交叉性等原因，社会资本方退出不畅，特别是国有产权退出程序繁琐。

二、地方政府主导行为有待规范

（1）不恰当地充当全能角色。在 PPP 项目的实施过程中，地方政府往往充当着多重角色，包括需求分析、投资分析决策、特许权授予、担保、资金提供、投资、产品或服务购买、原料供应、水电等供应、土地提供、其他基础设施提供、宏观经济调控以及外汇或利率担保和税收优惠等其他支持。全能政府的角色往往使得政府不能恰当地履行自身的职责，过分地干预 PPP 项目的实施、运行和融资方式，市场配置资源的功能未能有效发挥作用。

（2）部门之间权责划分不清、办事效率低。PPP 项目涉及的主管部门和单位众多，通常有发展改革委、财政部门、住房城乡建设部门、交通运输部门、商务部门、国土资源部门、环保部门、审计部门、银行等。在有些地区，政府部门权责划分不清，业务流程对接不到位，导致 PPP 项目审批程序复杂、耗时长，项目决策、管理和实施效率低下，在解决项目的具体困难时很多部门相互推诿。

（3）地位不对等导致不公平合作。在 PPP 项目实践中，政府处于强势主导地位，社会资本方处于弱势服从地位是普遍的现象。一些地方政府仍然依照传统的建设管理思路强势主导 PPP 项目，政企合作难以平等协商。例如，设置苛刻的采购条件或不合理的项目运作模式，刻意要求规划设计单位人为降低概（预）算水平，过度压缩社会资本方合理利润空间，不切实际地设置"一元金股"和"一票否决权"，设定高难度的绩效考核方案，违背 PPP 项目"合理收益"和"风险分担"的原则；或者把项目公司当作融资平台，变相融资等。更有甚者，有些地方政府要求社会资本作为股东需对 SPV 公司承担无限连带责任，放大了社会资本的投资风险，违背了相关法律的规定，无法真正实现政府与社会资本方的可持续良好合作关系。

（4）契约意识淡薄、偿债履约意愿不强。PPP 项目投资大、周期长、见效慢，政府的履约能力和担当责任，直接影响到社会资本方长期投资的信心。政府换届是 PPP 项目履约的最大信用风险。即使对于非经营性、准经营性项目，政府将 PPP 项目支付纳入财政预算并通过地方人大会议决议，但在项目实际运作中往往很难落实。项目前期政府对社会资本投资人的其他方面的承诺（如入库、同业保护、损失赔偿机制等）往往也难以兑现。

（5）PPP 项目发起和实施流程错乱。一些地方政府部门往往急于落地 PPP 项目，而未按照指导文件规范操作。例如，发起不属于基础设施与公共事业范畴的 PPP 项目，或将不适用 PPP 模式的项目"包装"为 PPP 项目；项目前期申报、审批手续不完备，就开始进行政府采购；项目风险分担机制设置不公平，项目监管机制、绩效评价机制等方面的制度安排不清晰、不合理；采用建设成本和投资收益率最低报价为比重大的评分条件,且不限制报价下限;部分地区 PPP 项目的可行性研究和"两评一案"的审核流于形式。所有这些违反制度规定的不规范操作,给项目实施和运营埋下难以消除的隐患。

三、国有建筑业企业积极参与,但风险防范意识有待加强

(1) 不少国有企业"跟风现象"凸显。由于国家层面对 PPP 模式的政策导向和宣传力度较大,许多建筑企业积极性高涨,但非理性的"跟风"较为明显,在企业自身资金、人才、管理等条件不具备的情况下,参与了较多的 PPP 项目而反映出"消化不良"的状态,处于进退两难的境地。

(2) 企业面临多方面的风险。PPP 项目合作期长,一般为 10~30 年,来自于政策、法规、经济、社会、自然灾害、不可抗力等方面的风险因素多,而且较难完全量化评估及控制。对于经营性项目,很难对未来市场变动趋势作较为精确的判断,风险难以监控。同时,由于建筑企业在与政府合作中常常处于不利地位,没有其他更好的选项,往往被迫接受政府非正式方式的交易结构安排,承担了更多责任和风险。

(3) 低价竞标势头愈演愈烈。虽然近三年来,中央和地方政府入库的 PPP 项目总规模日益增长,但在局部地区,央企、地方国企、民营企业、混合所有制企业都在激烈拼抢 PPP 项目,甚至以低价标为先决条件,造成无序恶性竞争。PPP 模式推广功效被严重扭曲,给项目工期、质量、安全、后期运营埋下隐患。

(4) 建筑企业自有资金有限。PPP 项目合作期长,风险大,现金流压力大,资金量要求较大。而建筑企业由于行业的生产方式特征,产值利润率低,资金回笼周期较长,导致自有资金有限。调研中发现,几乎所有的 PPP 项目自有资金不足 20%,绝大部分建设资金依靠银行信贷资金。

四、多数民营企业处于观望态势,亟需政策调整与扶持

(1) 民营企业对参与 PPP 模式推动企业转型的认识偏颇。一些民营企业存在急功近利心态,担心投资回报期太长,不确定性因素多,同时多数民营企业的融资成本相对较高,因而参与 PPP 项目 SPV 公司投资的意愿不强。只注重 PPP 项目在建设期的工程承包短期收益,而忽视运营期的长期收益。很少有民营企业从调整业务结构和战略转型的高度上实践 PPP 模式。

(2) 民营企业参与 PPP 项目的空间被挤压。一些地方政府对民营企业抗风险能力、项目公司管理能力、诚信履约存在疑虑,担心无法保证长期合作。还有些政府

主管部门担心与民营企业打交道有贪腐嫌疑。所以,地方政府在项目前期沟通、筛选社会资本方时,对央企、地方国企更为倚重。当然,民营建筑企业在信用、融资成本、融资渠道等方面劣势较多,导致在参与PPP项目时,商务条件更为苛刻,议价能力弱,竞争力不足。在PPP项目建设领域,国有资本对民营资本的挤出效应已经显现,地方民营企业参与PPP项目的空间被挤压。

(3) 民营企业参与PPP模式专门人才和高效运营能力缺失。建筑企业在传统的施工或总承包业务中积累了较多的经验和专业人才,但面对从事基础设施、社会公益性项目的前期策划、项目融资、项目公司运营等方面的专门人才储备不足,缺乏相应的运营管理能力。在PPP模式下,建筑企业不仅要负责项目的施工建设,还要有长期运营的能力。运营能力不仅是收益的重要支撑,更是政府选择合作方的重要前提。目前,民营建筑企业在运营管理人才、运营管理模式等方面都存在薄弱环节。

第六章

PPP 模式与建筑企业商业模式创新

第一节　建筑企业商业模式创新的必要性

建筑业是实现社会生产和扩大再生产不可或缺的基础产业。建筑业所包含的业务范围已经融入社会、经济、人民生活的各个方面，任何一个产业部门的发展都离不开建筑业的基础性支撑作用、拉动作用和服务作用。建筑业的建造安装活动使现代设备、装置有机组合成一体，形成产业生产能力。虽然目前建筑业是传统的劳动密集型产业，但又具有与时俱进的特征。进入新世纪以来，在新科技革命推动下，世界产业和经济格局在大调整大变革之中出现了新的变化趋势。作为传统产业的建筑业，应当借助科技革命和产业变革的机会，通过前沿技术突破和商业模式创新，适应社会需求，促进传统产业转型升级。

一、建筑企业商业模式创新是国家经济和产业政策的新要求

近年来，商业模式创新对于推动社会经济发展和提高核心竞争力的重要性日益成为人们的共识，党和政府对促进商业模式创新在政策层面上的引导力度不断加大。2012年11月8日，党的十八大报告提出实施创新驱动发展战略，并强调"加快新技术新产品新工艺研发应用，加强技术集成和商业模式创新"。这是在党的最高文献中首次明确商业模式创新。2013年12月10日，中央经济工作会议在提出2014年经济工作的主要任务时指出：化解产能过剩的根本出路是创新，包括技术创新、产品创新、组织创新、商业模式创新、市场创新。大力发展战略性新兴产业，加快传统产业优化升级。创造环境，使企业真正成为创新主体。2015年3月13日，在《中共中央、国务院关于深化体制机制改革加快实施创新驱动发展战略的若干意见》中又一次重申，把科技创新摆在国家发展全局的核心位置，统筹推进科技体制改革和经济社会领域改革，统筹推进科技、管理、品牌、组织、商业模式创新，统筹推进军民融合创新，统筹推进引进来与走出去合作创新，实现科技创新、制度创新、开放创新的有机统一和协同发展。2015年8月24日，在《中共中央、国务院关于深化国有企业改革的指导意见》中，强调要求"推动国有企业加快管理创新、商业模式创新，合理限定法人层级，有效压缩管理层级"。由此可见，商业模式创新已经上升到与科技创新同等重要的地位。

二、商业模式创新是建筑产业现代化的必然要求

长期以来,建筑业持续高速增长依赖于投资驱动和要素驱动。实践表明,由于受自然资源、劳动力要素的有限性等条件制约,以及生环境污染和生态破坏等问题的显现,高投资、高资本积累和高要素投入不可能永远维持下去,在经济社会发展到较高阶段之后,这种投资驱动型发展模式就难以为继。经济学的基本原理表明,投资的边际收益呈递减规律。过去十几年大规模投资的结果造就了庞大的过剩产能,形成供给大于需求的失衡局面,与此同时,企业成本特别是人工成本刚性上升,利润空间被挤压,企业原有的商业模式难以为继。对于建筑业而言,创新驱动是指主要依靠科学技术创新、管理创新、商业模式创新、制度创新、产业组织创新等的全面创新,提高生产要素的产出率和集约化水平,实现与经济新常态、国家对外开放战略调整、投资建设规模相适应的稳态增长。商业模式创新能够涵盖和促进其他相关领域的创新,因此,"十三五"期间,商业模式创新必将成为引领建筑业持续稳定发展最有持久力量的第一动力源。

进入"十二五"以来,建筑业以施工能力为代表的生产能力过剩的现象日益显现,建筑市场恶性竞争导致社会资源配置效率低下。而建筑产品有效需求也呈现严重不足的局势,局部地区和领域供求失衡严重。通俗而言,就是想买的买不到、想卖的卖不掉。长期高投资和规模扩张形成的固化的生产结构所提供的单一产品、同质化产品必然会与市场需求脱节。目前,建筑业所包含的业务范围已经融入中国社会、经济、人民生活的各个方面,供给侧结构性改革所要求的"去产能、去库存、去杠杆、降成本、补短板"任务艰巨、影响面大。因此,需要通过商业模式创新以及相关的体制机制改革的联动,系统地革除长期制约建筑业持续健康发展的结构性矛盾,把建筑业推上持续健康的发展轨道。

三、商业模式创新是解决建筑产业发展问题的必然选择

近30多年来,建筑业为国民经济和社会发展做出了巨大贡献,但目前仍然存在着行业利润率偏低,企业研发投入不足、技术更新速度慢的痼疾,建筑企业综合实力、科技创新能力、技术装备水平、建筑工业化程度与发达国家的差距较大,在走向"一带一路"国际市场进程中制约较多。因此,借助于商业模式创新,提升资源整合能力和供应链的运行效率,顺应行业发展趋势,逐步拓宽业务领域,延伸产业链,提升价值链,抢占战略转型制高点,培育竞争新优势,更好地促进企业转型升级和建筑产业现代化步伐。建筑业在取得辉煌成就的同时,目前仍然存在着制约其健康发

展的问题和障碍。一是产业结构不合理,生产能力过剩,市场供需失衡;市场秩序不良,交易行为不规范。由此导致建筑业存在严重的"三低一高"现象,即产值利润率低、劳动生产率低、产业集中度低、市场交易成本高,这种扭曲的状况也给质量、安全、环境管理埋下了隐患。二是生产方式落后。由于管理体制和管理方法等多方面的原因,造成建筑产品生产链条处于分裂状态,项目可行性研究、设计、施工、采购相互分割,企业无法形成总承包管理能力,不能进行整体协同优化管理。三是建筑业研发投入不足,建筑企业综合实力、科技创新能力、技术装备水平、建筑工业化程度与发达国家的差距较大。四是工程建造活动对资源和能源消耗巨大,节能减排工作亟待加强。五是建筑业人才培养和使用机制有待完善。劳务管理滞后,操作工人业务素质不能适应现代建筑产品快速发展的要求;管理型、复合型人才严重缺乏。六是建筑业企业的国际化竞争力不强。具体表现为:一是工程承包内容和方式没有发生质的变化,多年在施工和劳务服务底端徘徊;二是高端市场没有突破,工程设计、咨询以及在发达国家和地区的市场份额较少;三是缺少领袖型企业,相比较国际上海外市场的知名承包商,国内建筑企业的规模较小,例如,2014年,全球250家最大国际承包商排名第一的西班牙 ACS 公司的海外营业额为387.075亿美元,中国海外市场规模最大的中交股份的营业额仅为158.27亿美元;四是融资能力不足,对保函、政府信贷、商业信贷等金融工具的使用和风险控制不熟练;五是复合型人才缺乏,精通国际工程承包的专业技术人员、商务合同人员、高层次管理人员缺乏严重制约企业承包范围的扩展。上述这些问题如不能得到有效解决,势必将在很大程度上影响到全社会固定资产投资建设任务的完成,城镇化建设的稳妥推进,民生的保障和有效改善,新兴产业、能源产业、运输产业的顺利发展,就业形势的改观,也会拉大与发达国家的差距。因此,需要通过商业模式创新以及相关的体制机制改革的联动,系统地革除长期制约建筑业持续健康发展的痼疾。

第二节 建筑企业商业模式的主要类型

一、商业模式的基本内涵

1996年,Adrian Slywotzky 在其《价值转移》一书中首次把"商业模式"描述为:商业模式是关于一个企业如何选择客户、如何界定和区分所提供的产品、如何界定它要自行执行的任务和外包的任务、如何配置资源、如何进入市场、如何为客户创造效用并获取利润的综合结构。但多数学者更认同以 Paul Timmers 在 1998 年对电子市场的商业模式进行专门研究时给出的商业模式的定义。Timmers（1998）通过对电子市场的研究认为，商业模式是由产品、服务与信息流构成的体系，商业模式描述了企业商业活动参与者的利益与企业利润来源，Amit 和 Zott（2001）提出，商业模式是企业创新的焦点和企业为自己、供应商、合作伙伴及客户创造价值的决定性来源。Hawkins（2001）把商业模式看作是企业与其产品、服务之间的商务关系，一种构造各种成本和收入流的方式，通过创造收入来使企业得以生存。Teecc（2010）也有类似的观点，认为商业模式描述了企业关于价值创造、价值传递、价值获取机制的构架。Doz &Kosonen（2010）从两种角度对商业模式进行定义，商业模式客观上体现企业与客户、供应商、互补者、合作者及其他股东之间结构性的且相互依存的关系，同时也反映了企业内部单元或部门之间的关系；主观上体现企业如何理解所处环境并展示企业与环境之间的关系的机制。Suarezt（2013）等将商业模式概括为是企业组织价值网络及创造、传递、获取价值的基本原理。

综上所述，商业模式的内涵可以概括为以下几个方面：第一，商业模式是一个体系，该体系由产品、信息、资金等众多元素构成；二是商业模式是一组逻辑关系的安排，体现为业务流程、价值流、物质流等的特定组合；三是商业模式强调在满足客户需求的同时，企业应当持续获取收益；四是商业模式要通过建立合作伙伴网络共同为客户创造价值。商业模式强调企业如何创造价值和获得利润，其内涵演进存在逻辑层级递进规律，即由经济层次、运营层次向战略层次延伸，由最初从企业自身利益出发关注产品、营销、利润和流程，逐渐开始转向关注顾客需求、创造价值乃至市场细分、战略目标、价值主张等。商业模式是经济领域、企业构架和创业战略相互关系的一组决定变量，在特定的市场环境中创造持续竞争优势。

商业模式的核心在于价值内涵（Value Proposition），也就是企业能够满足客户什么样的需求，能够为目标客户、潜在客户提供什么样的价值，客户为什么选择你提供的产品或服务，客户能够获得什么样的需求满足。如果一个企业不能够清晰地表达自己为客户提供什么样的价值内涵，就无法建立具有市场竞争意义的商业模式。从根本上讲，商业模式反映的是企业价值创造的逻辑。

二、建筑企业商业模式的基本内涵

建筑业生产过程和产品特征决定了其商业模式的基本要素和要素组合方式。从建筑企业的生产过程来看，建筑业生产方式是由劳动者利用机械设备与工具，按设计图纸要求对劳动对象进行加工制作，从而生产出既定形状、构造的建筑产品，这个过程具有工业生产的特征。但是，建筑产品的生产有许多不同于一般工业生产的技术经济特点，因而在国民经济行业分类中是一个独立的物质生产部门。在我国，建筑业作为国民经济的第二产业部门，提供的产品是各种工厂、矿井、铁路、桥梁、港口、道路、管线、住宅以及公共设施的建筑物、构筑物和设施，其生产过程具有设计产业链条长、施工技术复杂、生产周期长等特征，在建筑施工过程中经常需要多工种、多单位交叉配合施工作业，所用的设备和物资不仅种类繁多，而且也是根据不同施工要求而变化。因此，施工组织和施工技术管理的要求高；较大工程的工期常以年计，施工准备也需要较长时间。因此，在生产中往往要长期占用大量的人力、物力和资金，不可能在短期内提供有用的产品。

从建筑业产品特征来看，建筑业企业通常也称之为建筑施工企业或简称为建筑企业（Construction Company），是指专门从事房屋建筑工程、土木工程、线路管道和设备安装工程以及装修工程的新建、扩建、改建和拆除等有关活动的企业。建筑产品的特点是建筑施工企业生产经营的特点的主要决定因素。相对于其他工业产品而言，建筑产品具有形式复杂多样、体积庞大、整体性强、不易移动等特点，建筑业产品的这些特点，使得建筑施工生产除了具备一般工业生产的基本特性外，还具有生产单件性、产品难以标准化、生产的流动性等特征。一般而言，由于建筑产品的投资额较大，建筑物或构筑物的功能要求不同，所处的自然环境和社会经济条件各异，每个工程都各有独特的工程设计和施工组织设计，产品价格也必须个别确定并单独进行成本核算。这就使得建筑产品的生产只能是"单件定制"的方式，而不是采用工业产品的大批量流水线生产方式；同时，由于工程建设业主方的需求和偏好不同，工程的地理位置、使用功能、造型、结构、质量、建筑材料以及工程造价水平也就不同，建筑产品形式是多种多样的，建筑施工方法是随着建筑物的用途、施工阶段和所处自然条件的实际情况而做动态调整的，每个产品的生产过程很难实现标准化；另一方面，在产品形成过程中的不同施工阶段、不同的施工工艺所需要的工种、机械设备都是不一样的，而且建筑物或构筑物坐落位置的变化使得施工机构发生变化，从而生产地点整个地转移，生产人员、机具以及施工管理机构，都要随施工对象坐落位置的变化而迁徙流动。

结合建筑行业、建筑产品、建筑企业运行过程的特点，可以把建筑业商业模式的概念表述为：为了实现客户价值最大化，整合企业内外部资源要素，形成一个完整的高效率的具有独特核心竞争力的运行系统，达成满足客户需求、持续赢利目标的整体解决方案。建筑企业既具有工商业企业市场竞争的一般规定性，又具有建筑业生产方式和运行规律的特殊性。一般性映射出建筑业企业商业模式结构要素的普遍意义，特殊性体现出建筑业企业商业模式要素形态的行业特征。根据商业模式的基本内涵和构成要素，我们提出以企业定位、业务系统、资源能力、价值网络、盈利模式这五个要素构建建筑企业商业模式的要素结构，其要素结构构成关系如图6-1所示。

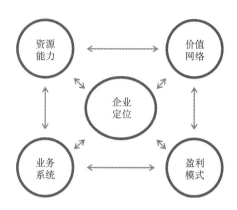

图 6-1　建筑企业商业模式基本构成要素

在上述商业模式结构要素模型中，每一个要素都有其基本内涵。

（一）企业定位（Enterprise Positioning）

企业定位是指企业基于市场机会和顾客需求，通过其产品或者服务及其品牌，将企业独特的个性、文化和良好形象，塑造于消费者心目中，并占据一定位置。企业定位要解决的基本问题是企业的存在对于顾客有什么意义，企业的价值主张和价值内涵体现在哪些方面。企业定位也应当确立在产业链中的定位。企业定位的四大要素包括：①客户群的选择。要解决的是"我希望对哪些客户提供服务？"其中内容包括：我能够为哪些客户提供价值？哪些客户可以让我赚钱？我希望放弃哪些客户？②价值的获取。如何得到回报？要解决的是"我将如何获得盈利？"其中内容包括：如何为客户创造价值，从而获得其中的一部分作为我的利润？我采用什么盈利模式？③战略控制。要解决的是"我将如何保护利润流？"其中内容包括：为什么我选择的客户要向我购买？我的价值判断与竞争对手有何不同？特点何在？哪些战略控制方式能够抵消客户或竞争对手的力量？④业务范围。即公司从事的经营活动、提供的产品和服务。要解决的是"我将从事何种经营活动？"其中内容包括：我希望向客户提供何种产品、服务和解决方案？我希望从事何种经营？起到何种作用？我打算将哪些业务进行分包、外购或者与其他公司协作生产？

在产业链定位上，由于建筑业呈现支柱产业、民生产业、基础产业的产业地位和功能作用，产业链条相对较长，企业可以选择的空间较大，但是，一旦选择了在产业链条上的某一个环节点进行定位,则企业所应提供的产品或服务、所必须明确表达的价值主张也就随之而确定无疑地落点在这个环节的功能要求上。正如本节前述,由于建筑企业的主营业务通常表现为"建筑承包服务"业务,并且,"服务能力"可以用来衡量和区分不同类型的建筑企业,进而言之,基于不同的"服务能力"就有不同的"企业定位"。如图 6-2 所示。

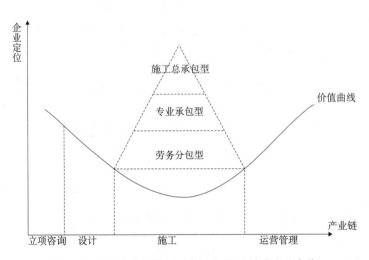

图 6-2 基于服务能力的建筑企业商业模式企业定位

(二)业务系统(Business System)

企业的业务系统是指一个企业把自己的产品或服务提供出来,并推向市场、取得最大化收益的系统。业务系统包括组织系统、生产系统和营销系统。企业业务系统解决的是企业的内部问题和外部问题,企业组织系统解决了人员的问题,企业生产系统解决产品或服务的提供问题,营销业务系统解决的是如何将产品和服务卖出给顾客,并且使企业利润最大化。业务活动由相应的工作流、信息流、实物流和资金流组成。业务系统反映的是企业与其内外部各种利益相关者之间的交易关系。

一般而言,建筑企业的业务运行系统包括以下基本体系:一是企业组织管理体系,二是市场营销体系,三是工程项目管理体系,四是职业健康安全管理体系,五是风险管控体系。如果把每一个基本体系进一步细分,还有计划管理体系、薪酬管理体系、标准化管理体系、CIS 管理体系等。企业组织管理体系是要解决在企业定位目标下应当建立什么样的组织构架、工作流程、岗位设置与职责等问题。市场营销体系要做的工作包括市场调研、信息跟踪、投标报价、合同管理等内容。按《项目管理指南》ISO21500-2012 标准的要求,工程项目管理体系涉及项目全寿命期 10 个领域的管理内容，是施工企业生产管理体系的实现形式。职业健康安全管理体系在主体内容上理应是属于工程项目管理体系的范畴，但由于安全生产在建筑施工行业的突出重要位置，故将其列出作为一个单独的体系。风险管控体系是从企业决策、经营活动、财务与资金等角度为保障企业运行的稳健和安全设立的控制体系。

（三）资源能力（Resource Capability）

在商业模式的构成要素中，企业的资源能力通常是指关键资源能力。关键资源能力是商业模式运转所需要的相对重要的资源能力。企业的关键资源既可能是物质性的，例如企业的个别高技术含量的关键设备，也可以是非物质性的，例如企业的人力资源、特殊的工艺技术以及科学的管理制度。然而，无论是物质性的还是非物质资源，这些资源只有在与企业的运行机制和能力相匹配时，才能达到预期的效果并获得超常的收益。按照魏炜在《发现商业模式》一书中的观点，资源就是企业所控制的，能够使企业构思和设计好的战略得以实施，从而提高企业效果和效率的特性，包括全部的财产、能力、竞争力、组织程序、企业特性、信息、知识等。企业内的各种资源能力的地位并不是均等的，不同商业模式能够顺利运行所需要的资源能力也各不相同。

从资源与企业业绩的关系上看，企业关键资源是指企业拥有的一些对其具体业务保持持续性的竞争优势至关重要的基于能力的资源；若企业有效地拥有这些资源，就能够在市场中获得超出平均水平的收益；若企业在市场竞争中缺乏这类资源，就会导致竞争失利甚至难以维持正常的运行。

从资源获取的难易程度来看，企业关键资源通常不是那些使用价值保持相对不变的那些物质资源，比如普通设备、厂房、原材料等较易获取或替代的一般资源；而多是那些使用价值或效果常常处于变动状态且有效空间较大，同时又不易替代的那些资源。由于市场交易具有便利性，并考虑到关键资源的低成本获得，因此，企业的关键资源并非一定要从企业原有资源系统中产生，它亦可通过建立战略联盟方式迅速获得。然而，当企业从外部引入关键资源时，它同时还要具有能够与企业现实的业务运行过程及管理能力密切结合的特征。

企业关键资源应当具备五个基本特征：①关键资源是企业竞争优势的源泉。②垄断性。关键资源是稀缺资源，其垄断性是企业获取超额利润的基本条件；其垄断性越强，则企业的竞争优势就越大，其垄断性持续越长，则企业不断获取平均水平以上利润的时间就越久。③相对性。其特色和重要性程度是相对一定时期、一定技术水平之下及一定范围内的竞争对手而言的，不是绝对的。④动态性。关键资源相对性的特征也表明，其价值地位是随市场竞争及企业目标的变化而发生转变的，既可能提高，也可能下降，具有动态性变化特征，不可能一劳永逸。⑤来源多向性。低成本获取企业关键资源是企业保持长久竞争优势的基础，因此，它的来源必然是多渠道的。它既可以从外部采用纵向或横向联合的方式获取，也可以从内部采取直接的方式或间接的方式获得，其获取渠道及方式也因此而具有多样化和可创新特征。

（四）价值网络（Value Network）

商业模式的本质问题是价值创造。对价值创造过程的研究有三种不同的视角：供应链、价值链和价值网络。供应链是指商品到达消费者手中之前各相关者的连接或业务的衔接，是围绕核心企业，通过对信息流、物流、资金流的控制，从采购原材料开始，制成中间产品以及最终产品，最后由销售网络把产品送到消费者手中的将供应商、制造商、分销商、零售商、直到最终用户连成一个整体的功能网链结构。而价值链理论的基本观点是，在一个企业众多的"价值活动"中，并不是每一个环节都创造价值。企业所创造的价值，实际上来自企业价值链上的某些特定的价值活动；这些真正创造价值的经营活动，就是企业价值链的"战略环节"。企业在竞争中的优势，尤其是能够长期保持的优势，说到底，是企业在价值链某些特定的战略价值环节上的优势。

从价值链角度看，企业内部职能，如研究开发、生产经营、市场营销等，与外部因素之间的协调是企业发展战略的核心问题；而供应链是价值链中的一个重要组成部分，它以生产经营为中心，确定原材料的获取和运输，产品的制造或服务的提供，以及产品配送和售后服务的方式与特点，因此，从供应链看，企业经营战略主要着重于生产经营、配送和服务职能之间的协调。

一个成功的商业模式需要回答这样几个问题：第一，企业如何在产业链中进行定位，以创造价值？第二，企业在价值网络中的竞争优势是什么？第三，企业如何获取利润？对于第一个问题的回答，涉及企业在产业价值链乃至产业价值网络中的战略定位。企业价值链同时与上游的供应商价值链、下游的渠道价值链和顾客价值链相连，就构成了一条完整的产业价值链；而与企业有紧密联系的各利益相关者所在的产业价值链交织在一起，就构成了价值网络。在价值网络中，处于产业价值链上不同位置和具有某种专用资产的相对固化的企业及利益相关者彼此组合在一起，共同为顾客创造价值；产品或服务的最终价值是由网络成员创造并经整合而成，每一个成员创造的价值都是最终价值不可分割的一部分。在美国著名学者迈克尔·波特看来，企业经营的核心问题就是"在价值链上定位"，因为处在产业价值链或价值网络的不同环节，企业所能够创造和获取的利润是不同的。李海舰和原磊就曾指出利润会在价值链的各个环节之间发生转移。所以，从最大化创造和实现价值的目的出发，成功的商业模式要求企业在产业价值链或价值网络中进行合理的定位。

价值链是目前被普遍采用的一种用于剖析企业层面价值创造的分析工具。它不仅揭示了企业内部各种活动对价值创造的作用，并且强调企业利润的实现，突出表现为上下游之间的相互作用（Porter,1980）。价值链的分析框架下，企业利润取决于以下三个方面：一是企业内部的价值创造活动，如实施内控提高企业在转换过程中的价值增值，这是企业利润的重要来源；二是竞争者及替代者的存在将抑制企业价值增值空间，抬高供应商价格与企业成本，压低企业产品、服务价格，并最终降低企业利润；三是供应商、顾客与企业之间的讨价还价，会影响价值在产业链各环节上的分配，企业须提高议价能力才能降低供应商价格或提高企业利润。

虽然价值链理论分析了产业各要素对企业获利的影响，但是在价值链观念中，企业价值创造逻辑本质上是建立在纵向关联关系基础上的投入转换逻辑，企业价值创造与实现过程被视为一个"将投入转换为产品"的过程，上游供应商提供了原材料或中间品，这些投入品被传送至企业的生产装备完成从投入品到最终产品的转换，企业正是在此转换过程中为投入品增加了价值，进而能够传递给下游顾客的过程中实现获利。

由于价值链观念过于强调竞争，忽略了价值创造过程中企业间的合作行为，价值网理论的出现正是对这一缺陷的弥补。价值网理论认为，合作与竞争是企业成功不可或缺的两个侧面，一心专注于竞争会导致企业忽略商业关系的发展变化，进而失去扩大市场、创新利润模式的机会。价值网模型强调了两方面内容：一是在企业、顾客和竞争者之外增加了互补者，互补者指那些为最终产品消费提供补充产品或服务的企业，或者从供应商处购买补充资源的企业。二是提倡竞争和合作的双重性，竞争仅仅揭示了企业间的价值分配关系，而合作则更强调价值的创造。价值网理论显著区别于价值链：一是在这个网络中，强调最终顾客的地位，整个价值网络的建构必须围绕顾客需求展开，这是网络赖以存在和发展的基础。二是互补性资源提供者对于核心企业的重要性，互补者不仅可以降低核心企业成本，还能有效提高顾客价值，从而给整个网络带来增值效应。三是核心企业除了与供应商、互补者、顾客之间具有竞合矛盾性，与竞争者之间同样具有竞合双重性，与竞争者的联盟与合作可以缓和竞争压力、规避囚徒困境以保证双方的共同获益。

价值网观念超出了价值链的线性思维，将关注重心从企业利益转向网络整体，从价值分配转向价值创造，价值分配是赢输的较量，其最终结果是零增值。在价值网理论看来，企业不仅要与顾客、供应商、互补者之间展开竞争以获得价值（价值分配的过程），更要与顾客、供应商及互补者合作以实现双赢并创造出更高的价值（价值创造的过程）。因此，核心企业的收入途径和盈利空间大大增加，其盈利机制可以归纳为：

由于互补性产品的存在，核心企业可以联合互补者共同向顾客传递产品、服务，以满足顾客的多样化需求，提高顾客感知价值，从而提高企业竞争优势，提高产品、服务价格，这是实现超额利润的重要途径。如果核心企业与顾客、供应商、竞争者之间进行有效合作，不仅可以降低产品价格、供应商价格，还能够维持甚至提高产品、服务价格，这就扩大了企业间价值分配的"蛋糕"总额。

（五）盈利模式（ProfitModel）

盈利模式指企业利润来源及方式。盈利模式就是要解决企业自身如何获得利润的问题：从谁那里获取收入？谁可以支付成本？不同行业、不同的产品或者服务形式，盈利模式是不同的。即使在相同行业，如果企业定位和业务系统不同，企业的收入结构与成本结构即盈利模式也会有较大差别。

随着现代市场经济和信息技术、网络技术的发展，盈利方式也在不断变化，盈利来源可以不是企业主营业务或者直接客户，而可能是第三方或其他利益相关者；成本和费用也不一定是企业自己承担，可以转移给其他利益相关者。但是，如果企业的收入来源比较单调，主要依赖主营业务的直接销售获得收入，并且主要由自己支付成本，承担费用。那么，随着同行企业的产品、服务、组织结构和功能以及营销模式同质化，盈利模式基本趋向于无差异。随着行业内企业普遍扩大规模和产能，竞争加剧，往往导致主业利润越来越薄，净资产收益率和投资价值递减。

对于建筑业企业的盈利模式，由企业定位所确定的企业在产业链上的位置和企业所能提供的价值内涵，这就基本上限定了企业利润点的分布和利润率的性质。当企业以建筑承包服务作为主营业务时，收入来源在于工程款收入，工程款收入数额取决两个方面，一是施工合同中双方确认的额度，二是工程项目履约过程中的变更索赔累计形成的额度。

成本结构与工程实体本身的组成结构有关，降低成本获取更多收益的路径有两条：一是工程施工过程的精益化成本管理，二是通过创新手段减少人工费、材料费、机械使用费、管理费等各类成本资源的支出数量，或者进行成本资源要素的替代，从而降低成本。成本结构是指产品成本中各项费用（例如，人力、原料、土地、机器设备、信息、技术、能源、资金、政商关系、管理素质等）所占的比例或各成本项目占总成本的比重。当某种生产因素成本占企业总成本比重愈高，该生产因素便成为企业主要风险。成本结构可以反映产品的生产特点，从各类费用所占比例看，有的大量耗费人工，有的大量耗用材料，有的大量耗费能源动力，有的大量占用设备引起折旧费用上升等。成本结构在很大程度上还受技术发展、生产类型和生产规模的影响。

三、基于服务能力的建筑企业商业模式

根据《国民经济行业分类》GB/T 4754—2011，建筑业被归属为"第二产业：工业和建筑业"，但是，由于建筑业企业的主营业务通常表现为"建筑承包服务"业务，这种特殊性使得建筑业具有"服务产业"的特性，事实上，在国际贸易的统计分类上，也是把"建筑工程承包业务"作为"服务贸易"的范畴。因此，对于目前大多数的传统建筑业企业而言，"服务能力"被用来衡量企业的价值尺度。因为在一定程度上，服务能力的大小能够表征满足客户需求和价值实现程度的不同，服务能力的强弱能够反映市场竞争力的大小及各市场占有率的高低。所以说，"服务能力"既是建筑业企业核心竞争力的具体内涵，也是建筑业企业商业模式特征的标志。

基于"服务能力"这个逻辑起点，根据"服务能力"从低端到高端的演变规律，我们可以对传统建筑业企业的商业模式进行分类，进而解析不同类型商业模式的构成要素、运行机制以及价值创造的规律。

（一）劳务分包型企业商业模式

建筑劳务企业是相对于施工总承包和专业承包企业而独立存在的劳动密集型组织，是劳务以集体的、企业的形态进入二级建筑市场寻找并承担总承包或专业承包施工企业在施工现场的操作任务。施工总承包、专业承包是以建筑劳务分包为基础的。劳务分包型企业在建筑产品生产链条上处于最底端的环节上，其能力特征在于操作工人的个人技能和能力素质。

由于劳务分包型企业的能力特征比较清晰，业务运行过程比较简单，因而，当以建筑企业商业模式要素结构作为分析构架时，劳务分包型企业商业模式的构成要素和内在逻辑关系也就会适当精简。劳务分包型企业所能提供的服务是单纯的工人操作，但是在承接劳务分包业务时仍然需要开展市场营销工作，分析劳务分包市场信息，参加投标报价，洽谈劳务分包合同，承接到劳务分包业务后，需要对劳务施工活动进行操作工人的组织和管理，劳务分包业务实施过程和完成后，需要进行成本控制和核算，主要是做好工人工资支付工作。从这个运行过程来看，劳务分包型企业商业模式就简化为四个要素，即企业定位、业务系统、资源能力、盈利模式，如图 6-3 所示。

（二）专业承包型企业商业模式

在建筑产品生产过程中，专业承包型企业是能够独立完成子系统功能的专业化企业。专业施工承包企业的服务特征主要表现在：①施工工艺专业化。在建筑施工过程

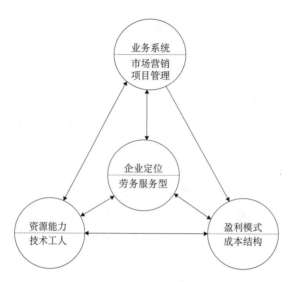

图 6-3 劳务分包型企业商业模式

中有些工作专业性强,它们需要的施工机械设备多。这就需要由某一种专门从事某些专业性工作的建筑企业承担建筑施工过程中的这些专业技术。实行专业化往往会给施工单位、业主等带来很大的好处。②产品对象专业化。每个建筑产品的用途、设计、功能都不同,因此对施工的工艺、使用设备都不相同,这就要求专业化建筑企业用其特有的管理经验、技术水平和机械设备完成工程项目。这就产生了专业化的建筑企业。③构配件生产专业化。为方便以及更好的组织建筑工业化的施工,现代化工地所需大型的经过加工或组装的建筑构件、配件都由专门的供货商提供。在建筑产品生产链条上,专业承包型企业处于比劳务分包型企业高一层次的环节上,其能力特征在于专业施工技术能力、专业与整体的配套能力、操作工人个人技能和能力素质。

  专业承包型企业所提供的服务是能够为建筑产品的某一个系统成形特定的功能。在一般情形下,专业承包型企业必须要进行企业定位,明确能够为客户提供什么样的价值;需要确立业务系统,即专业施工的运行过程,从市场信息调研直至专业工程的竣工交付;具有为企业的组织体系、市场营销、项目管理的有效运行配置专门人才、提供关键技术设备的能力;协调供应商为业务系统提供物质资源,进行仓储和物料管理;确保现金流量,形成合理的资产负债结构;控制成本结构,争取更多的利润。从这个运行过程来看,在专业承包型企业商业模式的构成要素中,五个要素都是不可或缺的,但有些要素的组成内容的要求会弱化。例如,业务系统要素中的风险管控,财务结构要素中的融资模式,资源能力要素中的关系网络,盈利模式要素中的利润点等,在专业承包商的业务范畴内,对这些要素构成内容的要求标准及其效能程度相对低一些。如图 6-4 所示。

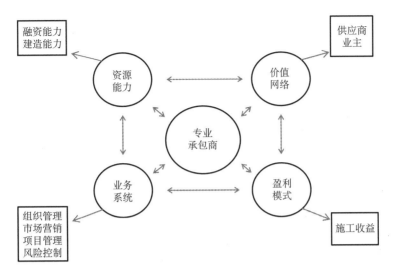

图 6-4 专业承包型企业商业模式

（三）施工总承包型企业商业模式

施工总承包，是指建筑工程发包方将施工任务（一般指土建部分）发包给具有相应资质条件的施工总承包企业。施工总承包企业指按照合同规定，承担工程项目的施工，并对承包工程的施工质量、安全、工期、造价全面负责。

施工总承包型企业与专业承包型企业在能力特征方面有着很大的不同之处，施工总承包型企业具有建筑业企业的典型特征。

(1) 市场营销能力。在国内目前的建设管理体制下，工程项目的可行性研究、设计、采购、施工、竣工交付是分阶段实施的，每个阶段都有对应的供需主体。建筑施工市场的各个运行主体中，具备企业资质标准要求的施工总承包企业是招标投标阶段能够独立面向建设单位或其代理机构参与招标投标市场竞争活动的特殊主体。依靠对市场信息的研究、前期跟踪服务、在投标时对如何进行工程项目全过程施工管理活动的能力展示而实现中标目的，这是施工总承包企业的市场营销能力。

(2) 工程项目管理能力。工程项目中标后，在企业职能部门的配合下，通过施工项目经理部的总体策划和精细安排，实现建设施工合同中对工期、质量、造价、安全生产、绿色施工与环境保护等目标的承诺，使项目利益相关者满意，这体现为施工总承包企业的工程项目管理能力。

(3) 施工技术能力。施工技术能力反映了施工总承包企业利用施工机械设备和劳动力、按照施工工艺和质量标准、浇筑加工建筑材料和安装构配件，把设计图纸变成符合用户要求的建筑物实体的能力。

(4) 采购供应能力。在施工总承包情形下,施工总承包企业必须有能力采购与构成工程实体紧密相关的建筑材料、构配件和其他零星消耗材料。

(5) 组织协调能力。建筑产品的施工建造过程是多专业分工与协作过程,这个过程的牵头责任者是施工总承包企业,这就要求施工总承包企业具备组织协调能力。

(6) 深化设计能力。在设计与施工相互分离的体制下,设计图纸的可施工性是经常产生并导致变更增加、费用上升、矛盾加剧的问题。为此,施工图的深化设计、施工详图设计的功能逐步向施工总承包企业位移。

在企业定位要素上,施工总承包企业为客户提供施工阶段的组织管理服务,完成进度、质量、造价、安全目标,实现建筑产品价值增值。在业务系统要素上,建立完备的组织结构体系、市场营销体系、工程项目管理体系、风险管控体系。在资源能力上,除了技术设备、专门人才之外,还应当建立关系网络,这个关系网络能够为实现企业定位和业务系统的运行提供市场信息、稀缺资源、智力支持。在供应链要素上,建立以建筑材料和构配件为主的供应网络,以及相应的仓储管理、材料出入库的收发管理和废旧物资的循环利用。在财务结构上,以工程款结算收入为主要资金流入,银行贷款为辅助资金流入,对融资模式的要求稍弱一些。在盈利模式上,收入主要取决于合同价款收入和洽商变更的追加收入,同时通过消减消耗实现低成本,从而获取更多的利润。施工总承包承包型企业商业模式结构示意图如图6-5所示。

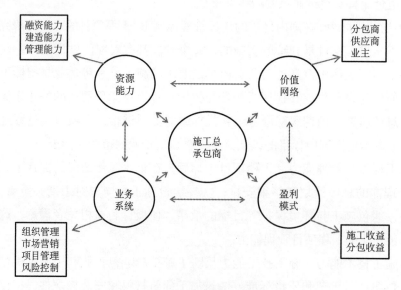

图6-5 施工总承包企业商业模式

第三节　PPP 模式下中国建筑企业的发展方向

一、PPP 模式的基本内涵与特征

20 世纪 70 年代以来，世界各国在城市和区域重大设施项目陆续实施 PPP 模式，PPP 模式逐渐成为国际市场上实施多主体合作的一种重要项目运作模式。PPP 有多种译法，如公私伙伴关系、公私合作伙伴模式、公私机构的伙伴合作、民间开放公共服务、公共民营合作制等。联合国发展计划署（1998）认为，PPP 是指政府、营利性企业和非营利性组织基于某个项目而形成的相互合作关系的形式。通过这种合作形式，合作各方可达到比预期单独行动更有利的结果。合作各方参与某个项目时，政府并不是把项目的责任全部转移给私营部门，而是参与合作的各方共同承担责任和融资风险。欧盟委员会（2003）则认为，PPP 是指公共部门和私人部门之间的一种合作关系，其目的是为提供传统上由公共部门提供的公共项目或服务。美国 PPP 国家委员会（2002）指出，PPP 是介于外包和私有化之间并结合了两者特点的一种公共产品提供方式，它充分利用私人资源进行设计、建设、投资、经营和维护公共基础设施，并提供相关服务以满足公共需求。世界银行认为，PPP 是私营部门和政府机构间就提供公共资产和公共服务签订的长期合同，而私人部门须承担重大风险和管理责任。亚洲开发银行将 PPP 定义为开展基础设施建设和提供其他服务，公共部门和私营部门实体之间可能建立的一系列合作伙伴关系。

从上述众多机构从不同视角给出的 PPP 概念可看出，尽管对 PPP 没有形成完全一致的表述，但可发现 PPP 模式的运行具有三个重要特征：伙伴关系、利益共享和风险分担。伙伴关系是 PPP 的首要特征。它强调各个参与方平等协商的关系和机制，这是 PPP 项目的基础所在。伙伴关系必须遵从法治环境下的"契约精神"，建立具有法律意义的契约伙伴关系，即政府和非政府的市场主体以平等民事主体的身份协商订立法律协议，双方的履约责任和权益受到相关法律、法规的确认和保护；二是利益共享。PPP 项目一般具有很强的公益性，同时也具有较高的垄断性，建立利益共享机制，即政府和社会资本之间共享项目所带来利润的分配机制是 PPP 项目的第二个基本特征，政府和非政府的市场主体应当在合作协议中确立科学合理的利益调节机制，确保社会资本按照协议规定的方式取得合理的投资回报，避免项目运营中可能出现的问题，造成社会资本无法收回投资回报或者使得政府违约；三是风险分担，伙伴关系不仅意味着利益共享，还意味着风险分担。PPP 模式中合作双方的风险分担更多是考虑双方风险的最优应对、最佳分担，尽可能做到每一种风险都能由最善于应对该风险的合作方承担，进而达到项目整体风险的最小化。风险分担原则旨在实现整个项目风险的最小化，要求合理分配项目风险，项目设计、建设、融资、运营维护等商业风险原则上由社会资本承担，政策、法律和最低需求风险等由政府承担。

与传统投资和运营模式相比，PPP 项目的主要优点在于：第一，风险转移。公共部门和私营参与方共同分担风险。政府通过 PPP 项目将项目建设、融资、运营等风险转移给有管理和承担能力的社会资本参与方（投资方）。合作双方通过合同进行风险分配，如果有具体的法律规定，也可作为依据。一般 PPP 项目合同周期是 25～30 年。第二，社会资本合作方为公共基础设施提供资金，或运营该基础设施，或提供公共服务。第三，社会资本合作方希望收回投资并获取合理回报。第四，政府保留承担财产、服务的责任以及终止合同的权利。某些情况下，政府从维护公共利益出发，可以终止合同，当然提前终止合同需要给予社会资本合作方一定的赔偿。

二、PPP 模式下中国建筑企业的发展方向

中国建筑业过去几十年的快速发展，很大程度上依赖于基础设施投资和房地产投资，是一种"外在拉动式"的高速增长，在这种模式下，企业发展模式和能力特征趋向单一化：单一工程建设、单一承包资质、单一业务类型、单一区域市场，在经营方式上，众多施工企业仍然按过去"低价中标、关系管理"的模式进行，这种经营模式产生了大量的中小型建筑企业和联营挂靠项目，使建筑市场的隐患问题不断出现，鲜有企业会关注自身的可持续发展，抗风险能力较差。因此，"十二五"以来，宏观经济环境中投资规模放缓和监管力度加强，导致建筑业的"断崖式下跌"，建筑业企业转变发展模式迫在眉睫。

（一）推动建筑业产业链整合，培育多元化服务能力

PPP 模式在公共基础设施等方面的应用和推广，为建筑企业转型升级带来了新的机遇和挑战。在 PPP 模式下，"融资、投资、建设、管理"一体化成为行业主流，建筑企业的核心竞争优势不再是资源与关系，而是强大的资本运营、资源整合和产业运作能力。按现行政策要求至少提供 10 年以上的项目"融、投、建、管"一体化服务，这对建筑企业综合竞争力提出了全新要求，要求施工企业逐步向上游的"项目策划、融投资"和下游的"运营维护"等环节延伸，并定位为"城市综合服务运

营商",提高服务能力和服务水平,为业主提供"一站式综合服务",真正向"服务型"企业转型,转变经营模式,推动施工企业构建核心竞争力。

世界银行关于PPP运营模式及内容的分类见图6-6。

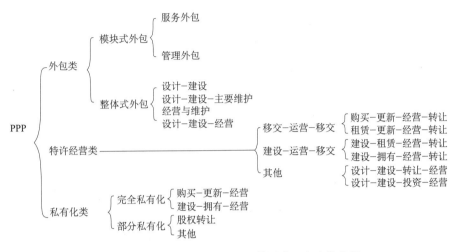

图6-6 世界银行关于PPP运营模式及内容的分类

在建筑业企业资质管理制度下,由于受制于资质标准和定位的限制,建筑业企业长期处于建筑产业链条附加价值底端的施工环节,在国民经济各类产业部门中,建筑业是利润率最低的产业。从建筑业发展阶段利润率转移的规律来看,呈现出以下一般趋势:一是常规的普通民用建筑产品的利润率下降,结构复杂、技术含量高的建筑产品利润率上升;二是施工业务利润率下降,工程总承包以及融资承包等新模式的利润率上升;三是生产性承包业务利润下降,综合运营管理承包业务利润在上升。总之,利润率的重心正在向建筑产业链的前端和后端转移。在发达国家和地区,许多知名的建筑企业已经在战略转型和商业模式创新方面率先开启先河。例如,德国的豪赫蒂夫公司为客户提供"一站式"服务,包括从设计、融资、建造到运营的一系列服务。瑞典的斯坎斯卡公司为项目服务的内容包括柔性支持、项目计划、项目启动支持、项目建造过程中的风险管理、项目评估及二次评价、高效执行、高风险结构评估、专业网络设计等。法国的万喜公司为客户提供的服务包括建筑设计、成套工程、工程融资、项目管理等。万喜公司把主要精力集中在项目前期策划、项目运作、后续经营等利润丰厚的环节上,而把低附加值的工作转移给分包商。在万喜公司业务结构上,土木工程施工业务量占44%,利润占28%;运营管理(特许经营)业务量占15%,利润占44%;万喜公司运营管理的利润率高达35%。美国的柏克德公司的主要服务形式是工程总承包和工程项目管理,其中:工程总承包业务占

60%～85%，工程项目管理服务占5%～15%。该公司不仅拥有良好的项目管理体制和机制，还拥有先进的项目管理技术和手段。项目管理技术和手段包括项目管理手册、项目管理程序文件、工程规程、项目管理数据库、先进的计算机系统和网络系统、集成化的项目管理软件等。

（二）转变经营模式，构建复合型价值网络

PPP模式是一种融合了"融资、投资、建设、运营"等环节的一种公共基础设施运营模式。与传统运营模式相比，PPP模式具有服务内容复合化、运作方式多样化、风险分配合理化、收益来源多元化、政企合作紧密化、产业链条深度化等特征，其开发内容包括投融资、规划设计、土地整理、基础设施建设、产业运营服务等，涵盖了整条建筑业产业链，是"多合同内容、多运作方式、多收益模式"的项目建设和运营模式。PPP模式促使建筑业企业从施工型向投资型过渡，要求企业学会当业主，重视经营管理，从项目全生命周期角度考虑盈利能力，摒弃过去单纯依靠施工收入、收取管理费的方式获取利润，真正从项目全过程的各个环节去提升服务能力，获得盈利价值和可持续增长。

在PPP模式下，建筑企业价值创造过程更加复杂化和多元化。从价值创造主体来看，业主、融资方、建筑施工总承包企业、专业承包企业、商业项目从业者、最终消费者，甚至竞争企业都成为价值创造的主体；从价值创造的环节来看，项目融资、项目投资、项目设计规划、建设施工、项目运营都成为价值创造的关键环节，而且盈利的来源越来越多地集中于前期的规划设计和后期的项目运营管理，而不是传统的建造施工环节。在PPP模式下，以投资带项目成为建筑业企业经营模式的重要方式，大大拓展了投资收益来源，着重从项目的商业价值和发展产业服务中获取额外投资收益，而产业链上下游的一体化升级，则是更高层次的转型。因此，建筑业企业应通过创新、学习、整合等多种手段，打造从项目规划—项目识别与梳理—规划设计—投融资模式设计—投资建设—项目全过程管理—运营维护的分层次、全生命周期解决方案，结合政府与社会资本发起路径，统筹发展、分步落地，综合实现全业务链条的纵向发展，最终促进形成"产城融合、产融结合"格局，实现"政府、企业、社会"三方"共享、共建、共赢"的局面。

（三）拓展收益来源，实现多元、共赢的盈利模式

PPP模式是一种基于价值网络的多元伙伴合作关系。伙伴关系的思维方式下，公私双方的利益共享更侧重于共享社会成果、获得长期回报，由于PPP模式中项目公司拥有项目建成后的运营权和收益权，PPP项目可以通过优化收益结构和成本结

构来拓展收益来源。

在收益结构方面，通过增补产业开发权、开发副产品、授权提供配套服务等方式，拓展项目公司的盈利链条，弥补收益缺口。当政府通过 PPP 模式获得的公共产品或服务属于非经营性或准经营性时，可以为该公共产品或服务配补适当的私人产品并捆绑提供，从而克服收费困难或收费不足的难题，即所谓的公共物品供给的捆绑模式或联合供给模式。当 PPP 项目供给的基础设施或公用事业建成后，必须有相应的配套服务才能正常运转时（如医疗、教育等项目），政府可授权 PPP 项目公司提供这种可以产生预期收益的配套服务（如餐饮、物业、绿化），从而通过延长价值链、创建现金流，补偿主体项目财务上的不可行。PPP 项目公司在提供政府需求的公共产品或服务的同时，还可以附带生产出同一类型不同性质的（如保障性住房 PPP 项目中的限价房）或者完全不同类型但有密切依存关系的（如路灯节能、城市公共停车场站等项目中的广告、建筑作品知识产权的授权使用）更具经营性的副产品，以此弥补主产品项目财务上的不可行。

在成本结构方面，成本结构优化既可以减轻项目公司的一次性建设投入，通过规模经济降低单位产品成本，也可以通过技术和管理创新减少日常运营成本。项目前期可以通过集成融资模式来分摊建设投资，对于建设期投资规模较大、运营期收费不足的公共项目，可将其进行适当的分割，只对其中部分工程（与运营成本及效率密切相关的）采取 PPP 模式或对不同部分采取不同的 PPP 模式细分，从而减轻项目公司对该项目的一次性建设投入，提高其可盈利性。项目进入运营期后，可以通过打包运作形成规模效应，降低单位产品成本。在 PPP 项目中，项目公司需要进行一定规模的建设投资或者购买项目一定期限的产权或经营权，若公共产品或服务的需求量过小，则 PPP 项目的产能过剩，导致项目公司的盈利性差或者需政府对差额部分进行财政补贴。通过管理或技术创新，降低运营成本。采用 PPP 不仅是为了解决公共部门的财政紧张，更重要的是借助私人部门的专业和创新来提高公共产品的供给效率。因此，项目公司为了拓展其盈利空间，应在特许经营过程中充分发挥其主动创新积极性，通过管理或技术创新不断降低其运营成本。

（四）重构企业业务系统，提升企业管理效率

在 PPP 模式下建筑企业不再是单一的承包商、服务者，而是项目的投资者、建设者或是运营者，"投资—施工—运营—利润"模式在带动全产业链发展机遇的同时，也带来了巨大的管理压力和风险，PPP 模式对建筑业企业内部管理的影响是全方位的，"融、投、建、管"一体化的运营模式不仅要求从业者从过去的"工民建"、"工

程管理"等单一经营模式向融资、投资、运营型复合能力型企业转变,还要求企业在劳动组织方式、人才培养、机制设计等方面应市场转型,提升企业对人才的吸引力,最终提供经营效率和效益。

首先,建筑企业在PPP项目中要改变传统模式下的企业定位,改变"乙方"思维。建筑企业长期以来是以投标—中标的传统模式下获取项目,往往处于"价格博弈"的弱势一方,只能压缩成本、降低报价或通过"人情"获取项目,但实施PPP项目,建筑企业的角色开始改变,建筑企业和政府方或第三方的关系是合作共赢的关系,各方都是一个平等的法律地位,建筑企业就不能按照传统的"乙方"思维去与合作方进行谈判,要对项目本身进行充分的研究和策划,了解合作各方的真实利益需求,才能实现对项目的认知达成共识。

其次,增强融资能力,创新融资模式。通过加大与金融企业之间的合作,通过资产证券化、引进投资者等多种途径,打通基金、证券、保险等融资渠道,从资本市场获得充足的资金支持,缓解资金压力,利用"表外融资"以较少的自有投资换取施工总承包任务,实现增强服务能力和转型升级的目标。

第三,重视研发投入,增强技术能力。在基础设施建设领域,建筑企业做强自身技术建设,并通过技术整合,发展和提升核心专业技术,形成一整套国家、行业内的技术标准体系,掌握在该建设领域技术上的话语权和控制力。在特许经营领域,通过技术整合、入股等形式,研发具有领先水平的前沿技术,填补市场空白,形成技术的相对垄断,以期获得特许经营权的相对垄断。

第四,打造行业品牌,提升市场竞争力。一是提高资源的整合能力。依托PPP项目的实施,建立PPP项目全产业链上的地方政府、金融机构、投资商、开发商以及专业分包商、咨询机构资源库,形成更为紧密的战略合作关系,构建以建筑企业为中心节点的PPP项目运作联盟。二是增强建筑内部业务整合能力。发挥多元化优势,加强内部各板块联动,制定系统发展方案,清晰各建筑板块的发展定位,形成系统内部的资源优势互补,打造强大的PPP项目综合运作能力。三是增强产业链把控能力。发挥资金杠杆作用,并购具有专业优势和市场前景的企业,加大对产业链核心环节的控制力度,同时向上下游业务适度延伸,产生更为良好的品牌效应和协同效应。

第五,引进人才,增强人才储备。通过引进专业人才,提高人员整体素质,并推进企业文化、人才队伍的高度融合,扩大企业内部、外部人才交流、互动,不断完善企业人才结构,根据PPP发展模式和规模扩充人才储备,打造强有力的人才团队。

具体如图6-7所示。

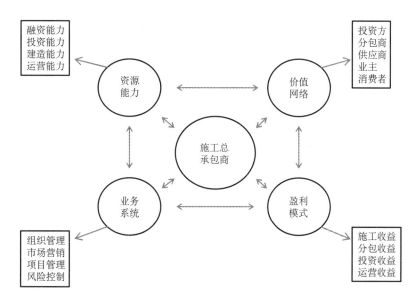

图 6-7　PPP 模式下建筑企业商业模式创新

第四节　PPP 模式下建筑企业商业模式创新路径

一、基于产业链延伸的建筑企业商业模式创新

依据"微笑曲线"理论的基本规律（图 6-8），在实现建筑企业战略转型和商业模式创新的途径上，要突破单一的工程施工承包经营形态，从低附加值区域不断向高利润区域转移。以施工环节为基点，进行业务结构调整，分别向着产业的前向、后向链条上延伸，拓展建筑业企业的服务功能，不断开拓新型的经营业务领域，构建从项目前期策划、项目立项直至项目设计、采购、施工、运营管理与维护全过程覆盖的产业链体系，增强企业为业主提供综合服务的功能和一体化整体解决方案能力，拓展企业的生存发展空间，扩大建筑业企业尽可能多的盈利环节，形成稳定的长期收入来源，增强企业应对风险的能力，增强企业的竞争实力。

服务能力既是建筑业企业核心竞争力的源泉，也是建筑业企业商业模式设计的基础。在我国现行建筑业企业资质管理的制度前提下，建筑业企业商业模式局限于施工总承包、专业承包、劳务分包的范畴。随着建设管理体制改革的不断深化，建筑业企业的经营领域逐步放宽，服务能力的升级将引导建筑业企业向产业链更高价值端延伸，从而带来商业模式创新。一般而言，建筑业企业商业模式创新经历从简

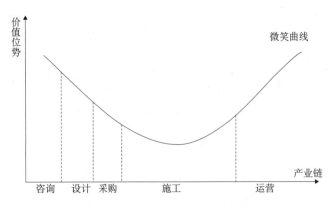

图 6-8 建筑业产业链"微笑曲线"

单到复杂、从初级到高级的演化过程。具体表现为从劳务分包商模式逐步转型升级转向专业承包商、施工总承包商、工程总承包商、工程建设服务承包商、产业发展商、城市运营商模式的发展运行轨迹，如图 6-9 所示。服务能力从低端到高端的演变规律，就是传统建筑业企业商业模式创新的途径。以"服务能力"为标志的商业模式演变过程，表现为商业模式结构要素在建筑产业链上移动轨迹的变迁。目前，国内包括中国建筑、中国铁建、中国中铁、中交集团等在内的大型央企及其所属各工程局的商业模式都正在着力从施工总承包商向城市运营商的方向转型。

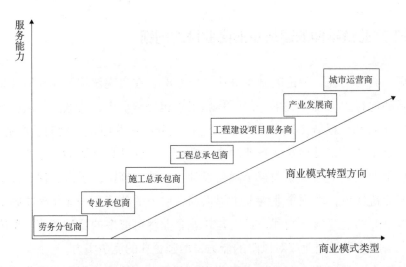

图 6-9 基于服务能力的建筑企业定位

二、基于建造技术突破的商业模式创新

PPP 模式下，建筑企业突破了传统项目模式中单一的建造施工角色，在项目前

期承担了投融资职能,建成后承担起产业规划和运营管理职能,为控制项目前期的投资成本和后期的运营成本,项目公司有了更大的动力进行建造技术的研发和创新,采用更先进的建造技术,提高投资回报率,降低运营成本。

建筑业是典型的劳动密集型传统产业,相比较于战略性新兴产业,建筑业生产手段、技术装备的先进程度,特别是建造过程的智能化水平不高。因此,无论是从技术特性和功能出发的技术突破或者新技术应用,还是寻求新技术的市场用途,对于提高建筑产品生产效率和管理绩效以及满足用户需求都将产生直接的促进作用,在一定时期内,技术创新的报酬递增规律较为显著。所以,借助于技术创新的效果,及时转化技术创新成效的商业价值,是建筑业企业商业模式创新的常规套路。尽管商业模式创新的逻辑思考起点是客户的需求,但在建筑业企业商业模式创新的过程中,技术创新具有先导性特征。

目前,我国建筑行业中高能耗、高污染、低效率、粗放的传统建造模式仍然具有普遍性,建筑业仍是一个劳动密集型产业,与新型城镇化、工业化、信息化的发展要求相差甚远。从生产方式来说,主要问题表现在以下几个方面:一是设计、生产、施工相脱节,综合效益低;二是施工工艺、工法落后,技术集成能力低;三是施工现场手工操作占有较大比重,工业化程度低;四是以农民工为作业主体,工人技能素质低。因此,对于建筑业企业而言,技术创新是商业模式创新的核心,这是由建筑业的现状和基本特征所决定的。在 Chesbrough(2010)看来,商业模式是在技术(资源)开发和经济价值创造之间起到媒介作用的关键装置[4]。近二十年来,建筑行业在建造工艺和技术方面的一系列重大突破,依赖于通过商业模式创新获取更多的价值实现。

一般而言,建筑业企业商业模式的变革在不同程度上总是要受到新技术的影响。商业模式创新涉及多个要素的变化,往往伴随着建筑产品生产技术的突破、工艺和产品生产方式的创新、企业组织结构的变革等。对于建筑业企业来说,商业模式创新离不开技术创新在方向上的限定和引导,技术创新在一定程度上推动了商业模式创新的进程,同时,技术创新的经济价值直接决定了商业模式创新的市场价值。基于建筑业企业长期持续创新的运行轨迹,技术创新贯穿于商业模式创新过程。因而,更广义地说,建筑业企业商业模式创新涵盖了技术创新。换言之,建筑业企业技术创新是其商业模式创新体系的组成部分,并且,技术创新在建筑业企业商业模式创新过程中发挥了决定性作用。

三、基于"绿色建筑"产品需求变革的商业模式创新途径

随着可持续发展观的兴起和绿色建筑在全球的认同,基于 PPP 模式的城市建设

和公共基础设施建设项目中,绿色建筑必将成为市场主流。在现代建筑,尤其是公共基础设施建造中,"绿色建造"技术、"绿色建筑"产品和可持续建筑成为全球建筑企业的长期发展战略。将先进的绿色施工技术应用于市场竞争和施工生产实践,以此打造新的核心竞争力,从传统生产力转向绿色生产力。例如,瑞典斯堪斯卡公司(Skanska)致力于成为绿色建筑和自然与建筑和谐统一的领导者,于 2002 年提出"五个零"目标:零亏损项目、零环境事故、零现场事故、零种族侵害、零缺陷。日本竹中工务店(Takenaka)按照 3R(Reduce,Reuse and Recycle)的原则,有效利用建筑废料,施工建筑废料利用率达 90%。美国绿色建筑的年增长率为 18%,日本也在 10% 以上。2010 年,美国 90% 的承包商关注绿色建造问题,60% 以上的承包商在实践绿色建筑,ENR 每年都评选 100 家最大的绿色设计公司、50 家最大的绿色承包商。

绿色建筑是建筑行业实践可持续发展理念的具体形式,绿色建筑产品的生成需要经过绿色建造过程。绿色建造是在工程建造过程中体现可持续发展的理念,通过科学管理和技术进步,最大限度地节约资源和保护环境,满足绿色消费要求,生产绿色建筑产品的工程活动。据统计,我国与建筑业有关的空气污染、光污染、噪声污染等约占环境总体污染的 30%,建筑施工垃圾约占全国城市建筑垃圾的 30%,施工粉尘占城市粉尘排放量的 20% 左右,二次装修又造成了大量的资源消耗。推进绿色建造、绿色施工的发展,是建筑业降低资源消耗,减少建筑垃圾排放,消除环境污染,实现可持续发展的重要战略和方向。[32]

绿色建造是一项综合性的工程活动,上述各项核心技术都可以用于实现绿色建造的目标。建筑工业化、BIM 技术、3D 打印建造技术、"互联网+"技术等都是影响绿色建筑创新的元素。绿色建筑是市场需求、政府政策和企业战略导向,建筑工业化是一种新的施工工艺和生产方式,BIM 技术是支撑集成化的基础,3D 打印建造技术是建造工艺的根本性变革,"互联网+"可以为上述技术的融合和应用搭建一个高效协同的平台。这些关键技术将成为推动建筑业优化升级的革命性技术体系,必将推动建筑企业技术创新和商业模式创新。

参考文献

[1] Amit R, Zott C. Value creation in e--business[J]. Strategic Management Journal, 2001(22):493-520.

[2] Amit. R and C. Zott. Business Model Design and the Performance of Entrepreneural Firms[J]. Organization Science. 2007.18(02):181-199.

[3] Casadesus-Masanell R and EnricRicart J. From strategy to business models and onto tactics[J]. Long Range Planing, 2010,43:195-215.

[4] Chesbrough H. Business model innovation: opportunities and barriers[J]. Long Range Planing,

2010,43：354–363.

[5] Suarez F. F., Cusumano M. A., Kahl S. J. Services and the Business Models of Product Firms：An Empirical Analysis of the Software Industry[J]. Management Science, 2013,59（2）：420-435.

[6] Teecc D. J. Business Models, Business Strategy and Innovation[J]. Long Range Planning. 2010,43 (2-3)：172-194.

[7] Teece D J. Business model, business strategy and innovation[J]. Long Range Planning, 2010,43 (2-3)：172-194.]

[8] Timmers P. Business models for electronic markets[J]. Electronic Market,1998（2）：2-8.

[9] 曾楚宏，朱仁宏，李孔岳. 基于价值链理论的商业模式分类及其演化规律 [J]. 财经科学 ,2008(6)：102-110.

[10] 曾萍，宋铁波. 基于内外因素整合视角的商业模式创新驱动力研究 [J]. 管理学报，2014（7）：989-996.

[11] 陈春花. 重新认识商业模式的构成要素.http：//www.100ec.cn,2015.05.26. 中国电子商务研究中心 .

[12] 陈御冰，企业战略与商业模式的相互关系 [J]. 现代管理科学，2007（11）：77-79.

[13] 程愚等. 商业模式、运营效率与企业绩效——对生产技术创新和经营方法创新有效性的实证研究 [J]. 中国工业经济，2012（7）：83-95.

[14] 高峻峰，银路. 基于生命周期的网络企业商业模式研究 [J]. 管理学报，2011, 08（3）：348-355.

[15] 郭天超，陈君. 商业模式与战略的关系研究 [J]. 华东经济管理 , 2012, 26（4）：93-96.

[16] 纪慧生. 基于价值的互联网企业商业模式创新 [J]. 北京邮电大学学报，2013（05）：65-72.

[17] 李翔，陈继祥. 基于复杂系统的新创企业技术创新与商业模式的协同机制 [J]. 现代管理科学，2015（8）：73-73.

[18] 李永强. 商业模式辨析及其理论基础 [J]. 经济体制改革 ,2004，(03)：159-161.

[19] 李振勇. 商业模式：企业竞争的最高形态 [M]. 北京：新华出版社，2006.

[20] 李志强，赵卫军. 企业技术创新与商业模式创新的协同研究 [J]. 中国软科学，2012（10）：117-124.

[21] 栗学思. 卓越的商业模式 [J]. 东方企业文化，2008（10）：60-61.

[22] 梁晓雅，陆雄文. 中国民营企业的商业模式创新：基于权变资源观的理论框架与案例分析 [J]. 市场营销导刊，2009，3：67–73.

[23] 罗珉，曾涛，周思伟. 企业商业模式创新：基于租金理论的解释 [J]. 中国工业经济 ,2005（7）：73-81.

[24] 魏炜，朱武祥，林桂平. 基于利益相关者交易结构的商业模式理论 [J]. 管理世界，2012（12）125-131.

[25] 魏炜，朱武祥. 发现商业模式 [M]. 北京：机械工业出版社，2009.

[26] 吴涛，尤完. 新型城镇化建设与建筑产业现代化 [M]. 北京：中国建筑工业出版社 , 2014.87-88.

[27] 吴涛."一带一路"与建筑业"走出去产"战略 [M].北京:中国建筑工业出版社,2016:29.

[28] 吴涛,尤完.新型城镇化建设与建筑产业现代化 [M].北京:中国城市出版社,2014:58-59.

[29] 吴晓波等.后发者如何实现快速追赶?——一个二次商业模式创新和技术创新的共演模型 [J],科学学研究,2013(11):1726-1735.

[30] 徐韫玺,王要武.基于BIM的IPD建设项目协同管理研究 [J],土木工程学报,2011(12):138-143.

[31] 尤完.建筑业企业商业模式与创新解构 [M].北京:经济管理出版社,2016.12.

[32] 尤完,肖绪文.中国绿色建造发展路径与趋势研究 [J].建筑经济,2016(2):18-22.

[33] 尤完.3D打印建造技术的原理与展望 [J].北京建筑大学学报,2015.(4):76-79.

[34] 尤完.建筑业企业商业模式结构要素研究 [J].北京建筑大学学报,2016(1):80-84.

[35] 尤完,徐贡全.建筑业企业资质申报指南 [M].北京:中国建筑工业出版社,2016:193-206.

[36] 尤完,马荣全,崔楠.工程项目全要素精益建造供应链研究 [J].项目管理技术,2016(7).63-68.

[37] 尤天翔.商业模式演化路径与抉择 [J].施工企业管理,2010(12):74-75.

[38] 原磊.商业模式分类问题研究 [J].中国软科学,2008(5):41-50.

[39] 原磊.商业模式体系重构 [J].中国工业经济,2007(6):70-78.

[40] 贾康,孙洁.公私伙伴关系(PPP)的概念、起源、特征与功能 [J].财政研究,2009(10):2-10.

[41] 贾康,孙洁.公私合作伙伴关系理论与实践 [M].北京:经济科学出版社,2014年10月.

[42] 世界银行,1999~2000年世界银行发展报告,中国财政经济出版社,2000年,第21页.

[43] 亓霞等.基于案例的中国PPP项目的主要风险因素分析 [J].中国软科学,2009(5):107-113.

[44] 吉富星.PPP的本质、适用性、风险性与规范性 [J].中国发展观察,2016(5):10-16.

[45] 刘成云.城市综合开发领域PPP模式的适用性与创新研究 [J].建筑经济,2017(38)14-18.

[46] 冯锋,张瑞青.公用事业项目融资及其路径选择——基于BOT、TOT、PPP模式之比较分析 [J].软科学,2005,19(6):52-55.

[47] 李公祥,尹贻林.城市基础设施项目PPP模式的运作方式选择研究 [J].北京理工大学学报(社会科学版),2011,13(1):50-54.

[48] 李小朋.PPP项目政府与私人合作的协同效应研究 [J].建筑经济,2010,338(12):56-60.

[49] 胡振.公私合作项目范式选择研究——以日本案例为研究对象 [J].公共管理学报,2010,7(3):113-128.

[50] 张山,谭建立.关于PPP模式在基础设施建设中规范化运行的思考 [J].经济问题,2016(6):45-49.

[51] 杨贺龙.建筑企业应对ＰＰＰ的战略转型与管理升级 [J].建筑技术经济,2017,44(4):19-23.

[52] 中华人民共和国财政部.政府和社会资本合作模式操作指南(试行) [Z].2014.11.

[53] 陈威如,余卓轩.平台战略 [M].北京:中信出版社,2013:7-8.

第七章
PPP 模式与建筑企业核心能力

第一节 企业核心能力分析

长期以来，在企业战略管理理论研究中，企业核心能力的识别、培养、提升常作为最重要的组成部分之一。

一、核心能力的概念

"核心能力"也称"核心竞争力"，这一概念首次出现是在 1990 年[1]。著名管理专家普拉哈拉德和哈默尔在他们所著的 *The Core Competence of the Corporation* 一书中指出："核心竞争力是在组织内部经过整合了的知识和技术，尤其是关于怎样协调多种生产技能和整合不同技术的知识和技能。"

结合国内外研究成果，企业核心能力的概念解析为：企业在参与市场竞争过程中经过有效整合技能、技术和资源而形成的能使企业获取持续竞争优势的独特综合能力。

核心能力是该公司区别于其他公司，并对公司提供竞争优势的一种知识群，是一种行动能力；是一个组织长期形成的专有能力，从而为顾客提供价值的关键所在。企业的核心能力常处于具有较长的生命周期和较高的稳定性，能使企业保持长期稳定的竞争优势，获取超额利润。

二、企业的核心能力特征和内涵分析

（一）企业的核心能力特征[2]

（1）价值优越性。核心能力是企业独特的竞争能力，提升、稳固核心能力有利于企业提高运作效率、降低成本，从而创造更多价值与利润。

（2）异质性。企业拥有的核心能力应属独一无二的，即其他企业所不具备的（至少暂时不具备），是企业成功的关键因素。

（3）难模仿性。核心能力在企业长期的生产经营活动过程中积累形成，深深打上了企业特殊组成、特殊经历的烙印，其他企业难以模仿。

（4）不可交易性。核心能力与企业自身特征息息相关，可建立相关体系进行评估，但无法像其他生产要素一样通过市场交易进行买卖。

(5)难替代性。由于核心能力具有难以模仿的特点,因而依靠这种能力生产出来的产品(包括服务)在市场上也不会轻易被其他产品所替代。

(二)核心能力的内涵

企业核心能力是围绕核心能力、核心专长、核心特长所整合的,能使企业不断发展、壮大、创新与创效的特殊优势能力,及其与社会可持续发展的相容性等加以反映[3]。从而体现了核心竞争力价值性、创新性、整合性和延展性特点的内涵,表明在面临新经济的机遇和挑战时,企业提升自己的核心能力产生于多职能之间的相互作用及其对诸要素的精炼与糅合之中,是企业有关技术、知识和技能的组合能力。与企业长期从事某一个专业领域及其对相关要素的组合有关,反映了核心竞争力的整合性特征:整合多种能力,多种技术与专长,且在整合中再生成衍生能力、变化能力、调整能力,使企业随着科技发展和市场变化而不断向前发展。

就内容来看,核心能力具有适于扩展的生产与经营平台,是企业适于调整或改进的柔性制造能力。企业所要建立的优势领域,对客户而言应是真正重要的,对本企业所说,又易于调整或能够广泛使用与改进的。换言之,既要以客户所关心的关键需要为中心而选择产品价值链上的关键领域,又要可靠确认该领域是本企业有能力掌握、宜于扩展且价值最大的某一特定部分,以及还要能够不断评价和把握未来发展趋势以建立企业优势。

三、企业核心能力层次

依据上述分析,将企业核心能力梳理为五个层次:

文化层(第一层次):企业在建立、生产经营和管理活动过程中,所创造的具有该企业特色的精神财富,即企业文化。这是企业个性化的根本体现,是其他层面竞争力建立的奠基石,是企业赖以生存、发展的灵魂所在。

管理层(第二层次):设定企业发展目标,合理的企业发展战略、先进的企业体制与制度是企业核心竞争力的保障,是企业竞争力系统的平台。企业战略、体制和制度与在此平台上延伸的人才、技术创新、管理、品牌、专业化等方面共同组成核心竞争力系统[4]。

内涵层(第三层次):企业的核心竞争力要素常常包括市场预测、研究开发、项目施工、产品制造、经营决策、人力资源开发、品牌战略、企业文化、战略管理、企业的产业创新、制度创新等。

表征层(第四层次):一般表现为核心技术(研究开发能力、创新能力、将技术和发明创造成果转化为产品或现实生产力的能力）；组织协调各生产要素，进行有效生产的能力、应变能力、结合企业的资源整合（包括良好的人力资源、用户来源、资金的运作等）、企业动态的经营管理（研发、设计、施工、生产、服务、金融等）以及企业在动态环境里的应变能力。

表现形式层（第五层次）：企业为客户提供的核心的服务、产品，及后期提供保障性服务。

核心能力在企业成长过程中的主要作用表现在[5]：从企业战略角度看，核心能力是战略形成中层次最高、最持久的，从而是企业战略的中心主题，它决定了有效的战略活动领域；从企业未来成长角度看，核心能力具有打开多种潜在市场、拓展新的行业领域的能力；从企业竞争角度看，核心能力是企业竞争优势的来源和基础，是企业独树一帜的能力；从企业用户角度看，核心能力有助于长期实现用户最为看重的核心的、基本的和根本的利益，而不是那些一般性的、短期限的好处。

因此，对于企业而言，发展企业核能力是体现企业竞争实力的关键。

第二节　建筑企业传统模式下核心能力分析

一、建筑行业发展情况

（一）总体形势

依据住房和城乡建设部 2017 年 5 月信息发布[6]，2016 年全年国内生产总值 744127 亿元，比上年增长 6.70%。全年全社会建筑业实现增加值 49522 亿元，比上年增长 6.60%，增速低于国内生产总值增速 0.10 个百分点。自 2009 年以来，建筑业增加值占国内生产总值比例始终保持在 6.5% 以上。2016 年虽然比上年回落了 0.11 个百分点，但仍然达到了 6.66% 的较高点，高于 2010 年以前的水平，建筑业国民经济支柱产业的地位稳固。整体来说，建筑业作为国民经济的支柱产业，其依然处于稳定发展之中。

（二）建筑企业结构比例

截至 2016 年底，建筑企业共 83017 万家，其中国有及国有控股建筑企业为 6814 家。（A 股）上市公司为 117 家，依据其主营业务作以对比分析，详见图 7-1。

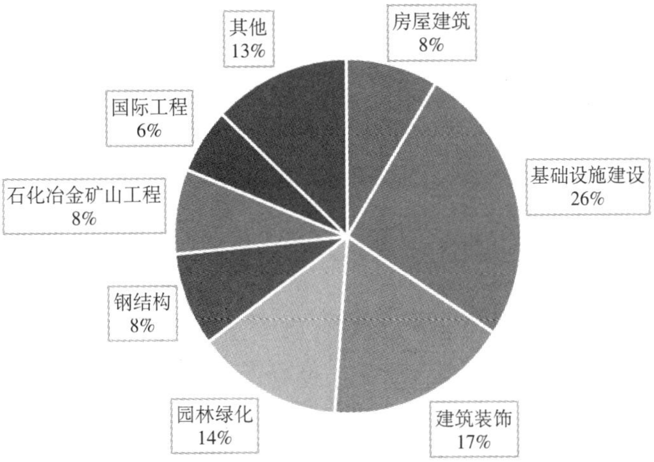

图 7-1　上市建筑企业依据其主营业务的数量分布

面对传统建设领域强周期性下行趋势、建筑施工企业竞争激烈的局面，以下对行业竞争格局进行描述及分析，旨在明确各类型建筑企业优势所在，面对目前传统行业，有利于协助其完善、强化核心竞争力，实现可持续发展、转型升级。

二、建筑行业环境分析

（一）行业内竞争格局

依据上小节数据，建筑业企业数量众多。随着多种所有制建筑施工企业的发展，建筑行业整体市场化程度逐步提高，行业整体上已处于完全竞争状态。行业竞争格局中主要包括四类企业[7]：

1. 国有控股建筑企业

该类企业在我国建筑业内居于主导地位。以中国建筑工程总公司、中国铁道建筑总公司、中国铁路工程总公司、中国交通建设集团有限公司等为代表的中央建筑企业规模大、技术水平高，并具有侧重的专业建筑领域，拥有显著的竞争优势；此外，各省市国有控股的建工集团及路桥公司，也利用地方优势占据了一定的市场份额。

2. 民营建筑企业

民营建筑企业利用其更为灵活的机制、市场化的运作理念以及对区域市场的深耕得以迅速发展，在局部形成了较强的区域竞争优势，成为我国建筑行业竞争格局中不可或缺的组成部分。

3. 跨国建筑公司

中国加入 WTO 之后，对外开放程度越来越大，跨国建筑公司逐渐进入中国市场，在勘察、设计、智能建筑等高端建筑市场拥有很强的竞争力。跨国建筑公司凭借资本、技术、信息、装备等方面的优势,通过融投资与承建的联动,参与部分大型项目的竞争,抢占高端市场份额。但总体而言,跨国建筑公司在我国仍处于初级的发展阶段,随着该类企业在我国业务的不断扩大,未来我国高端建筑市场的竞争将可能加剧。

4. 其他中小分包及配套企业

这类企业数量众多,主要从事低端、小规模市场的竞争。

(二)行业竞争特征

近年来建筑行业的竞争呈现以下特征:

(1)总体市场完全竞争、细分市场竞争不均衡。由于我国建筑业数量众多,导致行业集中度较低,总体上行业处于完全竞争的态势。然而在细分市场中又呈现不均衡的状态,中低端建筑市场竞争尤为激烈,这些企业以压低价格作为主要竞争手段,利润水平较低;反观高端建筑市场产能仍显不足,竞争者主要以资金、设备、技术、人才等作为主要竞争手段,竞争程度相对较低,利润水平相对较高。

(2)竞争同质化明显、专业化分工不足。我国建筑企业同质竞争严重,经营领域主要集中于相同的综合承包目标市场。与此同时,建筑企业专业化分工程度低,与建筑业多层次专业化分工的需求不相适应。

(3)大型建筑企业的竞争优势突出。具备技术、装备、人才和管理优势的建筑企业能够占据较大市场份额,尤其是具备特级资质的建筑企业可以通过抢占高端市场(例如地区性大中型工程)获取较为丰厚的利润回报;而其他中小企业则主要承担劳务分包、部分专业分包业务及小型工程。

三、建筑行业发展趋势分析

行业发展观念与技术创新的协同推进。目前,我国建筑业正从"野蛮增长"向"理性繁荣"发展,产业结构持续调整,利益格局深刻变化,企业转型要牢牢把握大趋势,着眼自身发展实际,调整发展经营战略,在改革中寻找新的发展机遇[8]。

(一)发展方式改变

以2014年住房和城乡建设部出台《关于推进建筑业发展和改革的若干意见》为标志,国家和行业主管部门开始以整饬行业发展环境为切入点,全面推进建筑业发展方式的转变,其最通俗的表述是"从粗放型发展向精细化发展转变"。由此,建筑工业化、绿色建筑、智能建筑开始走上发展前台。

而随着 2015 年底中央城市工作会议的胜利召开,城市地下综合管廊、海绵城市建设正式成为建筑业新的发展天地,企业集成化发展的要求被重点提出。因此,对行业企业来说,全产业链发展模式与专业化发展模式的分化已在不知不觉中出现,其分化的决定性因素将是企业对资源的占有度和最大化配置资源的能力。

(二)发展方向改变

当前,国家鼓励建筑业走上产业化发展道路的意图十分明显。2016 年,国务院颁发的《关于进一步加强城市规划建设管理工作的若干意见》指出,未来 10 年内,中国三成新建建筑将以"装配式"建成。据统计,截至 2015 年底,全国先后批准建立的国家住宅产业化基地已达 70 个。2016 年,上海市已要求外环线以内符合条件的新建民用建筑原则上全部采用装配式建筑。未来,包括装配式建筑、钢结构建筑、木结构建筑和 3D 打印建筑等的建筑结构体系将在政策推进下不断完善,推广力度势必不断加大。

(三)竞争格局改变

传统建筑市场的竞争有 3 个特点:进入门槛低、大型企业优势明显、同质化竞争现象严重。而未来,建筑业将迈入能力竞争时代,行业的专业化发展程度将不断提高,随着市场化程度的逐步提升,必然出现竞争局面下"强者恒强"的格局。

四、建筑企业核心能力分析

结合建筑行业现有环境与未来发展趋势,建筑企业需要提升核心能力,应对日趋激烈的市场化竞争态势。下文将建筑企业的核心能力作以简析:

文化层(第一层次):建筑行业的本质是匠人行当,以打造优质、百年工程为己任,秉持匠人精神,将追求精益求精与卓越、崇尚质量作为价值导向。有些企业更加突破创新,如中亿丰建设集团股份有限公司,延续企业所在地苏州"和合文化",将"以人为本、以和为贵、合作制胜"的理念渗入企业文化建设中,以文化引领企业凝聚、支撑企业进入激烈的市场化竞争之中,形成企业独树一帜、坚硬的核心能力基石。

管理层(第二层次):建筑企业中通常形成经营、技术、财务、人力资源等条线管理体系,建立严谨、完备的管理体系。面对激烈竞争形势,条线分项管理与配合。

内涵层(第三层次):对建筑企业而言,最关键的核心能力是施工技术、管理能力,主要包括:项目计划与控制能力,成本估算、预算与控制,施工技术与组织,质量、安全与文明施工管理，材料管理与采购，班组与人员管理等，严格控制建筑结构的高质量成型效果以及标准化的管理动作。当建筑企业规模达到一定程度，通常将扩大经营业务内容，向上、下游延伸，形成覆盖勘测、规划、设计、施工、运维养护等全产业链，形成强大的综合实力。

表征层（第四层次）：建筑企业常注重培养、提升开发能力、创新能力，并在施工中不断完善、创新，提升研发施工工艺、材料产品质量；组织协调各生产要素，进行有效生产。

表现形式层（第五层次）：建筑企业为其最终所提供建筑工程产品及服务负责。良好的产品与服务水平可体现企业品牌形象，扩大其影响力。

建筑企业发展离不开对核心能力的塑造、提升。近年来，传统行业呈现周期性下行趋势，相较以往多年的高歌猛进，建筑企业普遍感知项目减少、任务难接、资金紧张、成本高、竞争激烈，民营企业尤为艰难。2014年起，随着国家大力推广、倡导，国内掀起PPP模式热潮，成为建筑企业的良好机遇。

第三节　PPP模式下的建筑企业核心能力体系

通过上述PPP项目特征的梳理和思考，建筑企业仅依靠传统能力把控PPP项目运作是远远不足够的。在此将PPP模式下的建筑企业所需打造的核心能力归纳总结为"六大核心能力"，见图7-2，以供参考。

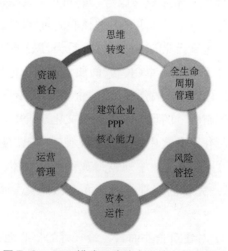

图7-2　PPP模式下建筑企业核心能力体系

在本节中，笔者将建筑企业设定为中标社会资本方或中标社会资本联合体牵头人，即项目公司大股东，主导项目公司运作管理。若建筑企业为中标社会资本联合体成员，以股东、董事及高层管理人员身份参与项目公司运作管理，将按照项目公司《公司章程》权限行使职责权力，恕不一一赘述。

以下将对核心能力体系做细致分析。

一、管理思维转变能力

（一）角色梳理

1."工程总承包商"与"社会资本方"

在传统项目中，建筑企业作为工程总承包商，对施工过程及工程负责，获取施工收益。

依据本节"现阶段PPP模式特征总结"分析内容，社会资本方参与PPP项目实践，本质是参与投资行为，通过与政府方建立合作关系，承担项目融资及全生命周期"设计—建设—运营—移交"全过程（此处以普遍模式为例）的管理事项，获取投资回报。

由此看出，在PPP项目运作中，工程建设仅为其中一个环节，更重要的是对项目全生命周期进行统筹规划、设计，把控项目成本，降低风险，保障实现预期收益。因此，建筑企业应从传统思维中跳脱出来，要扭转思维成为"社会资本方"而不能仍坚持"工程总承包商"思维方式，牢记承担的是项目"投融资、全生命周期运作管理"而不是"施工"。

2."项目经理"与"项目公司董事长"

相应的，项目公司为项目运作管理主体，系独立法人，组织管理体系与建筑企业（即中标的社会资本方）独立。通常，社会资本方是项目公司大股东，承担项目运作管理的主要职能。

项目公司成立或增资扩股完成后，建筑企业委派高层管理人员至项目公司。此时，高层管理人员应具备较为丰富的企业管理能力及建设、运营管理能力，而并非传统建设工程项目中的项目经理。项目公司法人治理应符合《公司法》及已签订的《公司章程》的要求。项目公司的最高权力机构是股东会，董事会是对股东会负责，执行股东会决议事项，重大事项（如投资、建造以及监管等）都要上报董事会、股东会，协商一致后方能实施。在项目执行阶段，项目公司对项目建设、运营等环节所有事项进行监督、管理。

另外，由建筑企业组织参与项目建设的人员组成项目部，是传统意义的"乙方"，由项目经理牵头组织，只对其施工范围内工程建设过程及产品负责，与项目公司治理内容完全不同。

3. "建造"与"建设"

在项目建设期内,项目公司行使"代甲方"职责,完成项目建设前期相关手续,编制开工筹备、正式开工建设至竣工验收的总体建设计划,对建设相关所有事项进行监督管理。在建设中,更注重与政府相关职责部门、设计院、工程总承包商、监理单位等多方沟通、组织、协调能力。

工程总承包商负责工程施工,受项目公司管理,建立公司监管,对接劳务人员、材料供应商、设备供应商等。

(二)思路探讨

厘清角色后,依据PPP项目实践经验,我们提出推进建立建筑企业内部PPP业务板块的思路,详见图7-3,供探讨、参考。

图7-3 建筑企业内部PPP业务板块建立及推进思路

1. 建立PPP业务板块

建筑企业需结合自身中长期发展战略,各领域、地域资源优势、利益期望,明确PPP业务板块定位与发展方向,制定中长期发展目标及实施策略[9]。

建筑企业主要负责人要快速扭转思维,同时注意引导内部关键部门、人员,将业务板块的新建和推进落实到位。

2. 进行顶层设计

建筑企业对PPP业务板块进行顶层设计,明确集团各部门、各分子公司定位、职责、权限,形成一个环环相扣的战略体系。

PPP业务的职能部门可采取专职、兼职形式,实行企业PPP项目实践、项目公司运作归口管理,具体表现为:设置专职部门独立地进行条线工作;设置兼职部门(如PPP综合办公室)为常设机构,由其牵头部署相关工作,具体的专业工作仍由传统的职能部门（财务部、法务部、合约部等）在相应的职能范围内实施。建筑行业可依据自身组织构架、管理模式、成本控制等诸多因素选择归口部门形式，依据实践经验，笔者倾向专职部门模式，可避免过多地交叉"社会资本方"、"工程总承包商"角色，有利于高效开展工作。此种组织形式需打造新的PPP实践团队，成本较高，前期投入较大。

企业内部各职能部门、分子公司依照职责分工建立总控、条线、分项管理体系，设置细致的中期、年度发展目标及实施策略。

3. 相关流程与制度制定、落实

制定业务流程，加强内部管控，保障企业各部门、各分子公司方向一致、紧密协作；建立绩效管理机制，细化指标，对参与人员进行指引和约束、激励。

4. 组建团队，深究慎行

由PPP项目归口管理部门牵头组织团队对PPP模式、政策等深入研究，了解项目运作要点，同时也协助企业调整自身业务板块定位与目标；整合资源、集合优势，综合PPP项目特征、所在区域、实施环境、当地政府财政水平与诚信程度等因素，慎重筛选可参与的项目。

（三）加快管理思维转变的必要性分析

常言道，思维影响行为，思维决定格局，思维决定成败。

面对PPP项目这种投资行为，若建筑企业深受传统思路掣肘，无法摆脱传统"乙方"角色，将造成项目以失败告终，可能对企业生存造成难以挽回的局面。

【案例一】

在笔者开展咨询服务过程中，常遇到建设企业将项目公司与项目部混为一谈的情况。例如，某地方国企中标的江苏省PPP项目已进入执行阶段，遭遇困难、无法推进。经了解，为节约成本，项目公司与项目部"两块牌子一套班子"，项目公司形同虚设，管理层完全由项目部负责人员兼任；前期手续缺位，《公司章程》内容未落到实处；项目公司管理制度已完成，但仍围绕工程进度、质量、安全等施工管理内容。在这种混乱的模式下，项目公司人员跑断了腿，项目推进也是极慢的；对于金融机构来说，项目主体职责不清、手续缺位，融资也难以落实。

这个案例表明，在思维方式还未扭转、企业PPP业务板块还未全面建立时，甚至还未搞清楚PPP到底是什么时，企业"稀里糊涂"地中标、开工也未必是好事。本只为抢占市场求生存，却掉入"大坑"，备受煎熬。

【案例二】

在咨询服务过程中，还遇到抱有"极端心态"的建筑企业。面对与政府的合作关系，常存在两种极端态度有:(1)受传统"乙方"影响,认为政府方是业主,政府方的要求全盘接受,不论操作是否合规;(2)希望自行决策项目公司大小事项,尽量避免政府参与。

这两种态度都难以维持与政府的长期良好合作关系。项目运作不合规、不合法,项目参与方之间的权利义务不明确,签订的《项目合同》及《公司章程》不履行,项目投资和建设、运营结果都将无法保证,可能对建筑企业自身产生重大经济、法律影响。

二、全生命周期管理能力

(一)概念解析

根据《关于印发政府和社会资本合作模式操作指南(试行)的通知》(财金〔2014〕113号)的定义,PPP项目的全生命周期是指项目从设计、融资、建造、运营、维护至终止移交的完整周期,通常时间跨度为10~30年。

全生命周期管理能力,从项目的理念、项目蓝图再到项目组织、设计、建设、运营以及移交整个产业链的贯通能力,实质上就是跨行业的实务集成和动态的风险管理能力。项目在不同阶段有不同的重心,分别涉及不同的业务领域,作为参与其中的建筑企业,后期项目的实际操控者,必须具备多领域、多维度的综合统筹能力,在做好基本工作的同时,增强特色,进一步地分解、控制风险,增强全生命周期的主动管控能力。

(二)全生命周期管理能力构成

从社会资本方的角度,PPP项目的全生命周期可以划分为营销阶段、建设阶段、运营阶段和移交阶段。在不同的阶段,涉足的业务领域不同,导致建筑企业的全生命周期管理能力构成多样化,以正确识别、控制面临的主要风险,从而实现投资目标。

1. 营销阶段

营销阶段,对应于政府方的识别、准备和采购阶段,重点在于奠定合作共赢的坚实基础,成功的结果是达成多方接受的方案。项目的可行性研究分析、融合能力,是此阶段的核心管理能力。建筑企业应从技术、经济、工程等方面进行调查研究和分析比较,根据全生命周期主要参与者的利益诉求及风险分配需要进行实际调整,对项目建成以后可能取得的经济效益进行预测,从而提出该项目是否值得投资和如何进行投资、建设的咨询意见,为项目决策提供依据的一种综合性的系统分析方法。

此阶段,建筑企业应在充分利用政府方前期的研究成果(主要指财政承受能力论证报告、物有所值评价报告、项目实施方案）基础上，通过合适的渠道、平台，多层次、多形式的、积极地与政府实施方进行充分对接，将政府方、资本市场代表、自身以及其他有关方的需求进行充分分析，秉承"共担风险、利益共享"的原则，构建利益最大公约数，照顾各方利益诉求。在基本方向无误、多方基本诉求得到保障的前提下，建筑企业充分参与市场竞争，通过招投标、竞争性磋商，获取项目合同，确保项目获得手续合法，在签约后又能落地执行。

2. 建设阶段

建设阶段，对应于政府方的项目执行阶段，重点在于从无到有的建设，成功的结果是按照蓝图变成现实。执行力，是此阶段的核心管理能力。在诸多合作方的共同参与和建筑企业的主导下，本着实用、适用的原则，以结果为导向，通过谈判，将营销阶段达成的意向、备忘录变成合作方案或者契约，实现实质的合作，从而合理地保证在规定的时间内将设计蓝图变为现实。

此阶段，政府实施机构往往通过政府方委托的出资代表与建筑企业合作，组建SPV公司（一般是有限责任公司），通过投资合作协议、企业章程，规范项目公司的运作机制，结合成本合约、财务管理等企业规章制度，以及独立的社会监督，合理监管项目建设过程，确保项目建设结果达到预期效果。按照优势互补、合作共赢的原则，政府出资代表通常负责项目手续报批等行政审批工作，社会资本方负责项目融资、建设等工作，通过满足资本供给者的合理诉求，集合行业内的优秀建设资源，提高执行力，确保项目建设按时保质地完成。

3. 运营阶段

运营阶段，也对应于政府方的项目执行阶段，重点在于从有到优的运营，成功的结果是使用者的良好口碑。专业的运营能力，是此阶段的核心管理能力。运营能力，不仅关乎项目经济效益，更是项目建设的初衷、社会效益能否实现的主要保障。由于项目行业众多、运营领域也多样化，建筑企业不可能一概而论、简单面对，从企业自身竞争优势、转型需求出发，可以通过独立自主运营，委托第三方进行运营，或者联合运营。

此阶段，建筑企业应从公众、政府的角度考量项目运营的效果，严格落实项目绩效考核指标，并根据实际情况，与政府方进行联系，完善相关指标，保证项目风险、收益的匹配性，避免一面倒的极端现象出现，进而保证项目正常、合理地运营。

4. 移交阶段

移交阶段，也对应于政府方的项目执行阶段。契约精神，是此阶段的核心管理能力，重点在于责任、利益的合理划分，以确保合格的项目自然回归公众。到此阶段，全生命周期的关联者大多仅仅剩下政府方和建筑企业，因项目产生的损益、权利和义务，都水落石出。一些PPP项目的风险分担是基于经验，而不是准确的定量分析。风险分担的偏差有可能导致某个参与方获得暴利，再加上时过境迁、物是人非，如何正确对待潜在的不均衡的利益与责任，更加考验双方的合作精神和契约精神。

此阶段，建筑企业应根据PPP合同约定，进行移交准备、性能测试、资产交割等方面的工作，政府实施方可以提前介入，与项目公司讨论移交方案，既可以继续合作、再续前缘，又可以自然终止、另起炉灶，各有利弊，应根据公共利益最大化的原则进行选择。期间，如果发生重大分歧，应根据前期形成的良好合作历史，寻求共同点，达到共赢。

（三）思路探讨

1. 因地制宜，量力而行

PPP项目，涵盖国计民生的诸多行业，内在的广泛性与建筑企业自身控制资源的短缺性，决定了建筑企业应该有清晰的战略发展，有所为、有所不为。建筑企业必须根据自身控制的经营资源、战略规划，有选择地参与已具备初步管控能力的领域进行PPP项目实践，通过主要领域的已知，探索次要领域的未知，建立、完善特定行业、特定地区的全生命周期管理能力，在风险可控或者能承担风险成本的基础上，逐步扩大PPP项目的参与领域，又进一步提升全生命周期的管理能力，从而形成良性循环。

2. 战略合作、资源整合

通过战略合作、资源整合，实行资源优配、领域延伸，扩张业务范围，具体在本节"六、资源整合能力"中描述。

三、风险管控能力

（一）概念解析

项目风险是指在项目运作过程中发生影响项目运作的问题、损失发生的可能性。

结合上文分析，PPP项目具有长期性和复杂性特征，因此建筑企业需识别项目全生命周期风险因素并评估风险影响程度，设计合理的风险分担机制，在项目运作过程中实时识别与评估、把控、应急处理，构成PPP项目实践中的风险管控能力。

（二）风险管控能力构成

1. 风险识别与评估能力

面对偌大的PPP市场，建筑企业在进行项目筛选时，首先会提出一个至关重要的问题:"项目能不能做?" PPP 项目要素涉及地域、类型、领域、合作期限、运作模式、回报模式、市场需求等众多因素,实施环境复杂多样。在实际操作中,建筑企业需首先针对各项因素进行识别,评估风险可能的影响程度,其评估结果为企业决策是否响应政府采购提供关键依据,对项目建设内容、资金投入、回报机制、潜在风险和盈利模式等方面进行综合分析,对整个项目有个框架性的认识,结合公司自身情况,初步判断项目是否可以投资。

初步评估是决策的基本依据,用证据和客观事实的综合评估来减少决策时主观和经验判断,降低风险,这样决策依据对一个长期的投资项目尤为重要。

2. 风险管理控制能力

PPP 项目的全寿命周期超过 10 年,投资风险较大。在过程中如何发现风险、控制风险是风险管理控制能力的主要目标。针对梳理后的项目风险,制定风险管控策略与方案,并在项目运作过程中予以实施。项目合作期内,相关政策、市场环境可能发生变化,对项目运作的影响,实际发生风险后如何应对,这些都要求建筑企业依据实际运作情况,进行调整,提高风险管理控制的能力。

(三)思路探讨

将风险管控体系建立及运作要点作以梳理,具体为:

1. 风险管控体系顶层设计

建筑企业应建立风险管控体系,如组建风险控制委员会,明确负责部门,制定、完善项目风险识别与评估、审批流程,同时应注意考量企业自身抗风险能力,设置 PPP 项目筛选条件,严格执行。

2. 团队建立、能力培养

负责部门一般为 PPP 项目归口管理部门,该部门可自行或牵头组织企业法务、合约等部门,负责 PPP 项目风控工作,培养、完善风险识别、评估、策略与方案策划能力。

3. 关注风险管控要点

(1) 建立项目风险识别、评估体系

针对项目可能存在的风险因素,建立项目风险识别、评估体系,从国家、市场、项目层级对项目全生命周期进行梳理。

国家层级风险:政府干预、审批延误、法律变更、法律及监管体系不完善等;市场层级风险:利率风险、通货膨胀、融资风险、唯一性、市场需求变化等;项目层级风险:技术风险、完工风险、运营成本超支、项目测算方法主观等。

(2) 编制风险管控方案

针对梳理后的项目风险，制定风险管控策略，同时依据项目采购条件设计风险分担机制。建筑企业要重点关注过程性风险管控。

（3）沟通、明确风险分担机制

通过谈判，进一步明确政府方与社会资本方所分担的项目风险，在《投资合作协议》、《股东协议》、《PPP项目合同》及《项目公司章程》里进行约定。

（4）过程积累，形成有效支撑

风控人员需了解《土地法》、《公司法》等相关法律法规、规章制度及PPP项目的相关政策，用以支撑各领域PPP项目全过程开展。

（四）培养、提升风险管控能力的必要性分析

风控决策永远是参与PPP项目实践的"第一道防线"。无论项目收益多高，若存在重大风险，都将为项目投资失败结果埋下巨大隐患。建筑企业提高风险识别与评估能力，参与合法合规的PPP项目并主导项目规范运作，才是发展之道。

【案例三】

以笔者参与的一个咨询服务项目为例：某国有企业，其中标福建省基础设施项目后，合同已签署完成，项目公司已经组建，施工单位已进场施工，但项目融资难以落实，无法继续推进。经深入了解、梳理，发现该项目在合法合规性方面存在瑕疵。该企业此前不以为然，直到项目无法通过银行的资信审查，不得已才开始重新审视。只得建议该企业重新梳理合同，与业主重启谈判。目前，项目仍进展缓慢。

四、资本运作能力

（一）概念解析

资本运作能力指利用市场法则，通过资本本身的技巧性运作或资本的科学运动，实现价值增值、效益增长的一种经营方式。简言之，就是利用资本市场，通过资金流转、投入与回收的经营活动和以小变大、以无生有的诀窍和手段，实现价值增值、效益增长。

通过上文"现阶段PPP模式特征总结"梳理，参与PPP项目实质为企业的长期投资行为。社会资本方投入一定比例的项目资本金，通过各种融资渠道获取项目建设资金，承担项目资金运作管理，设计合法的退出机制，获得合理的投资回报、施工及运营等预期收益，从而实现企业盈利模式的转变。这种盈利模式与传统提供服务的模式不同，类似于一个建筑施工企业转变成一个房地产企业，从"乙方"到"甲方"的角色转变，要求企业管理水平和财务管理水平的升级提高，更多地考验了企业的资本运作能力。

(二)资本运作能力结构

建筑企业在初次参与PPP项目时,一般都对项目在十几年后能否赚钱心有疑惑,一方面说明建筑施工企业缺少投资评估能力,另一方面反映出建筑施工企业未参与过投资项目,缺少资本运作的能力。通过对大量PPP项目的分析和自身经验的积累,我们对PPP模式下资本运作能力进行结构分解,见图7-4。

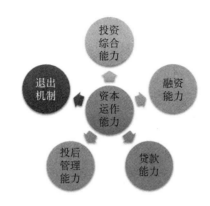

图7-4 PPP模式下建筑企业资本运作能力结构

1. 投资综合能力

(1) 项目投资测算能力

PPP项目投资测算也是投资评估的主要内容之一,是在项目前期对建设、运营期间资金使用情况的模拟,最大程度地推算出整个项目合作期间资金的实际需求量、成本、资金投入时点、回款时点及收益情况。

建筑企业测算综合收益时应包括传统建筑企业施工收益,还应着重关注项目公司运作成本、融资成本、税费等多项内容。在响应采购前,建筑企业应对项目全生命周期资金成本、收益运作进行全面测算,其测算结果是高层决策是否参与PPP项目投资的重要依据之一。

(2) 资金实力

资金能力是指企业通过经营活动和筹资活动创造的现金净流量能够满足投资活动现金需要的能力。因行业特点,建筑企业对资金周转要求较高,而PPP项目的注册资本金投入时间相对较长,这对企业如何提高资金使用效率有较高要求,也是企业提高资本运作能力的原因之一。

2. 融资能力

融资能力是资本运作的核心能力之一。针对PPP项目要同时考量企业和项目的融资能力。PPP项目的融资分为资本金融资、项目融资两个部分。通常项目资本金占总投资额20%～30%，如何进行资本金融资是对社会资本方整体融资能力和资本运作能力的考验。如何降低资本金的使用成本，缩短投资周期，提高投资效率，是展示社会资本方资本运作能力强弱的途径之一。PPP项目总投资额70%～80%部分可做项目融资，合理利用杠杆来实现项目建设需要，同时合法地实现项目公司与社会资本原来财务体系的资金流动，也是体现社会资本方财务管理与资本运作能力。

3. 贷款能力

项目融资主要是项目公司以项目预期收益作为偿债资金来源进行融资。因PPP项目收益不高，低于一般金融机构的收益期望，而银行贷款通常成本相对较低，贷款周期长，成为社会资本方首选的融资方式。建筑企业以项目公司为主体，向银行申请贷款，银行将审查项目手续完备程度、预期收益水平和保障条件后决定是否放贷，这相应要求建设企业能够筛选出符合银行融资条件的PPP项目。

4. 投后管理能力

PPP项目最终能否盈利，不仅与前期投融贷能力有关，投后管理水平也至关重要，主要体现在项目的资金管理，提高资金周转和作用效率，用较少的资金完成项目公司运作。

投后管理中，建设计划能否正确匹配资金的使用计划，对项目管理和财务管理都有较高的要求。保证资金在项目公司和施工企业之间有效流转，是体现企业资本运作的能力，实现良好的项目投资回报的基础。

项目投后管理与传统工程中施工成本控制、财务管理应严格区分，分别由项目公司部门（如投融资部）和项目部主管。

5. 退出机制设计

在目前的市场环境和体制下，社会资本方合法地从PPP项目中退出难度较大。国家为了推动PPP项目的进一步发展也逐渐扩展了PPP项目的退出渠道，比如资产证券化和股权转让等。随着退出渠道的完善，在项目初期评估时，就需要把后期退出的方式纳入评估范围，为决策提供依据。在保障项目持续稳定运行的情况下，合理设计项目退出机制，可在一定程度上降低社会资本方风险，有利于资源调配、最大程度发挥优势。

（三）思路探讨

在此将资本运作板块建立及运作要点作以梳理，具体为：

1. 资本运作体系顶层设计

基于PPP项目特征，建议建筑企业把资本运作与PPP项目运作统一管理，明确投资决策委员会组成，明确牵头部门，制定、完善项目投资审批流程，同时应注意考量企业自身抗风险能力，设置PPP项目投资红线，避免因项目资金过多投入、承担融资风险等情况而影响企业自身发展。

2. 团队建立、能力培养

牵头部门一般为PPP项目归口管理部门，该部门可自行或牵头组织企业投资管理部门负责PPP项目投资测算及投后管理，应针对PPP项目实践要求，培养、完善资本运作能力。

3. 资本运作要点

（1）投资评估

对于非经营性项目而言，政府向项目公司付费，对社会资本方投资回报有一定保证，评估时应考虑获取政府保障性文件，如通过纳入本级政府中长期一般公共预算的人大决议。对准经营性和经营性项目，应积极开展市场调研，掌握项目施工、运营成本，以便更好把握项目收入水平，降低回款风险。

（2）项目测算

在PPP项目测算时，建筑公司应重点关注项目资金的投入时点、退出时点、资金成本、施工成本、运营成本与收入、税务等，尽可能模拟真实的资本运作过程，从而确认项目投资价值。

（3）拓展融资通道

建筑企业需在日常积极拓展融资渠道，创新融资方式，针对项目实际资金需求，设计可实施性融资方案。

（4）投后管理要点

在项目施工建设阶段，PPP项目归口管理部门牵头定期与金融机构沟通，安排项目本年度资金拨款计划；"以投定施"，在资金使用最大化的同时注意与初步施工计划相匹配，实现方案的可实施性，如项目施工计划调整，PPP项目归口管理部门根据调整后的施工计划相应调整项目投资计划，并与金融机构重新商讨确定本年度资金拨款计划。

制定资金使用计划，严格规范资金的使用方向，不定时地进行检查与监督，掌握资金运作情况。

在项目竣工、运营阶段，PPP项目归口管理部门应对项目资金进行全面核算，包括项目施工建设阶段资金支付情况以及项目竣工、运营阶段资金收支情况，按照《贷款合同》约定时间有序偿还金融机构。

（5）涉税处理

目前在PPP项目实践中，还遇到很多实际问题，如营改增后概（预）算体系如何调整、政府补贴与购买服务税额如何计算等。系列配套政策亟待进一步明确、完善、细化。建设企业在前期投资测算及投后管理过程中应关注项目公司税务策划事宜。

(6) 退出机制

依据项目要求，合理设置股权退出机制，可有效解决资金期限错配、企业回报率与风险错配等问题，有望引入更多来源的资金参与，充分发挥不同社会资本的优势。

4. 灵活运用金融工具

由于建筑行业特性，大量资金投入PPP项目会在一定程度上增大建筑企业资金周转压力。因此，建筑企业应积极建立融资渠道和项目退出渠道，利用银行贷款、基金、股权回购、资产证券化、项目收益债等融资和退出方式，实现资本灵活运作，探索多元化PPP实践模式。例如资产证券化，可提高项目资产流动性。

(四) 培养资本运作能力的必要性分析

结合本小节梳理和思考，PPP项目普遍规模大，合作期长；社会资本方投入大，资金回收期长。建筑企业培养资本运作能力至关重要。

【案例四】

在笔者开展咨询服务过程中，有遇到某建筑企业只关注施工下浮率，认为施工收益已满足企业要求；未考虑运营成本与收入、资金计划、税务及项目公司日常管理成本等其他内容，也未与金融机构沟通融资成本，乐观认为金融机构将按照预期给予支持。在项目执行中，该建筑单位感到投资无法控制，融资推进缓慢，已影响项目运作进程。经协助综合测算，项目结束后项目公司可能将亏损千万，无法依照预期回收成本、获取收益。

五、运营管理能力

(一) 概念解析

PPP项目运营具有多样性，跨度大（跨行业多），收益（回报）不可确定性，超长期性，运营项目前期投入大，孵化时间长，长期由国有企业占运营主导地位，专业运营团队缺乏，跨专业运营团队更是稀缺等特点。

具有长期性、稳定性、专业性等特点，主要是对项目运营过程中的计划、组织、实施和控制，是与产品生产和服务创造密切相关的各项管理工作的总称，包括了运营组织构建、人力资源管理、运营成本管理以及具体业务管理等。一般政府方发起的基础设施及公用事业领域的新建、存量项目，常设计为BOT（建设—运营—移交）、

TOT（转让—运营—移交）、ROT（改建—运营—移交）等模式，授予社会资本方特许经营权。社会资本方将以项目公司为主体，承担项目运营管理工作。

国内大多数建筑企业对传统施工项目人才、技术和管理等方面有较好的能力，而对项目运营管理能力普遍欠缺。

（二）运营管理的分类

根据PPP项目运作模式的不同，可以分为以下三类：

1. 经营性项目

对于具有明确的收费基础，并且运营收益能够完全覆盖投资成本和合理收益的项目，可通过政府授予特许经营权，采用建设—运营—移交（BOT）、建设—移交—运营（BTO）、建设—拥有—运营—移交（BOOT）、转让—运营—移交（TOT）等模式。此类项目所需的社会资本方运营管理能力较强，相应运营风险也较高，如特许经营类涉及商业运营等项目。

2. 准经营性项目

对于运营收益不足以覆盖投资成本、需政府补助部分资金或资源的项目，此类项目典型特点是保本微利，根据项目运营的实际收益情况，政府方会给予项目公司一定的补偿。通过建立有效的监管机制，准经营项目充分发挥双方各自的优势，节约整个项目的建设和运营成本，同时提高公共服务的供给质量。此类项目所需的社会资本方运营管理能力较经营性项目次之，相应运营风险也属一般，如综合管廊、污水处理厂和轨道交通等项目。

3. 非经营性项目

对于缺乏使用者付费基础、主要依靠政府付费回收投资成本的项目，非盈利为目的的，可通过政府购买服务，采用建设—运营—移交（BOT）、委托运营（O&M）等模式。此类项目所需的社会资本方运营管理能力较弱，相应运营风险也较小。如市政道路、园林景观等项目。

（三）思路探讨

在此将运营板块建立及运作要点作以梳理，具体为：

1. 运营板块顶层设计

建筑企业依据自身发展战略，建立运营板块，建立或完善运作流程。

如具备自行运营能力，运营管理机构设置须合理，分工应明确，岗位职责须清晰。一般根据运营管理工作内容及工作性质，运营管理主要分为经营管理、维护管理，设置为如下职能体系，详见图7-5。

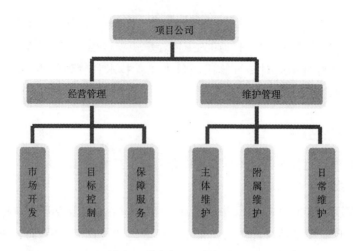

图 7-5　PPP 模式下建筑企业运营板块顶层设计示意图

2. 团队建立、能力培养

组建运营团队，扎实开展市场调研工作，对于运维养护领域，需了解项目所在地运维、养护成本及标准；对于运营领域，深入了解市场需求、成本与收入水平、政策支持等有效信息。积极提高团队人员运营能力，推动运营板块发展。

3. 整合、借力外部资源

建筑企业拓展运营管理能力需要投入时间进行前期调研、组建团队、实际操练、积累经验，面对 PPP 大好势头，也可以整合外部资源，与运营商组成社会资本方联合体，共同参与项目实践，或在项目运营管理阶段对外委托运营，实现合理的风险分担，充分体现专业的人做专业的事。

此部分内容将在本节"六、资源整合能力"中具体描述。

4. 关注核心要点

（1）人力资源管理

建筑企业参与 PPP 项目，运营管理核心首先是要解决人才问题，特别是自行运营项目所需经营和维护管理专业人才。人才的内部培养周期较长，可通过多种方式解决。一是紧缺型人才，可向市场招聘、吸收有经验的经营和维护管理专业人才，以点带面，培养出一批懂经营、会管理的人才，充实到 PPP 项目中。二是从企业长远出发，通过与高校合作，招收一批运营管理专业的大学生，实行定单式培养，储备 PPP 项目专业人才。三是培养 PPP 项目管理复合型领导人才，建筑企业的领导人才不能只精通施工技术，还要成为懂投融资、运营和维护等 PPP 运作全过程管理的领导人才。对领导人员的培养，可以通过将其派驻到 PPP 项目上进行，也可以进入高校进行相关专业的长短期培训，提升他们的综合管理和应用能力[10]。

(2) 运营成本管理

运营管理核心其次是要做好成本管理，及运营过程中的成本核算、分析、控制和考核工作，合理配置资源，提高成本管理水平，在满足产出要求的基础上，最大限度地挖掘降低成本的潜力，提升运营效益。对运营成本进行全面地分析，主要包括人员成本及满足生产经营需要其他成本。

(3) 业务管理

运营管理核心再次是业务管理，根据项目类型的不同，业务管理可分为自身业务与附加值业务的管理；社会资本方作为投资人对项目自身业务大多可以了解或与第三方合作了解，但对项目所挖掘的附加值汲取价值未能很好认识。如高速公路项目，我们通常所知收入包括通行费、广告收入、服务区收入，随着人们物质生活日益需求所带来的物流业的发达，可以将服务区与物流业联动，以获取更高的效益。目前已有部分地区服务区开展此类服务。

5. 盈利模式

在突出优质服务和产品质量的前提下，应充分利用项目产权及自身资源，拓宽业务领域，通过合资、合作等多种形式，推进产业协同和综合服务开发（包括项目周边土地开发、广告、观光旅游等附加值），增加项目收益。

(四) 培养运营管理能力的必要性分析

现阶段PPP模式核心原则之一是："绩效与收益相关联"。在项目运营阶段，建筑企业需以政府方绩效考核标准为导向，关注运营工作开展情况，设置运营目标，控制成本、积极提高服务水平。

依据财政部"全国PPP综合信息平台项目库"数据，截至2017年4月30日，已入库的市政工程、政府基础设施、城镇综合开发领域PPP项目总投资达5.6亿元，其他行业项目总投资达9.6万亿元，市场非常广阔，建筑企业需提升运营管理能力、把握PPP良机是不言而喻的。

【案例五】

准经营性体育中心PPP项目（BOT模式），作为建筑企业听到准经营性体育中心PPP项目，首先想到的是施工，未能深层次想到体育中心蕴藏着丰富的无形资产资源，在体育中心运营管理过程中，无形资产的开发利用是一项非常重要的业务，若经营得当，无形资产经营收入可以成为稳定的收入来源，也可减轻政府方财政负担，大大地拉近了与政府方合作门槛。如2011年，万事达卡国际组织（Master Worldwide）获得了北京五棵松体育馆的冠名权，五棵松体育馆更名为"万事达中心"；在欧美发达国家，超过70%的大型体育场馆均有商业冠名，冠名费是场馆的重要收入来源之一。

六、资源整合能力

(一) 概念解析

资源整合,就是企业根据市场需求,结合发展战略,对不同来源、不同层次、不同结构、不同内容的内外部资源进行梳理、选择、汲取、激活和有机融合,寻求资源配置与市场需求的最佳结合点,以突显企业的核心竞争力,最终提高客户服务水平,赢得客户、市场。

(二) PPP 实践所需资源探讨

PPP 项目所涉及行业众多,具有长期性和复杂性特征,每个阶段明显且周期长,但前后又连贯,建筑企业需拓展、积累、整合、优化外部资源,协助项目良好运作。建筑企业的内部资源是有限的,存在于企业外部的资源则是无限的,因此充分挖掘、发挥企业的外部资源将是快速提升企业核心竞争力的重要手段。资源整合是一个复杂的动态过程,对于 PPP 项目而言,更是如此。

1. 项目资源

在熟悉的行业、地区,通过比较完善的营销网络,筛选有价值的项目信息,进而开发为实际的项目来源,实现比较优势,从源头上提高获取风险可控、利益合理项目的可能性。

2. 金融机构 / 投资人

通常情况下,PPP 项目投资时间跨度长、资金需求量大,而建筑企业自有资金少、融资渠道相对较窄的普遍特性,决定了建筑企业仅凭自身资信能力,很难广泛参与 PPP 项目。为增加项目的参与度、成功性,建筑企业必须引入投资人和金融机构,尤其熟悉项目所在地以及行业特性的金融机构或者投资人参与项目投资,可以组成联合体共同竞标,也可以针对单体项目设计对称的金融工具,创新融资担保体系,在满足监管的同时,满足项目投资之需。

3. 运营服务商

建筑企业参与 PPP 项目,建设阶段的风险和收益,相对易控,但如果涉足准经营性 / 经营性的 PPP 项目,政府方通常采取缺口补贴的方式予以补偿,如养老院、体育场馆运营等,运营的好坏直接影响项目收益的方向。此时,建筑企业就急需补充响应的短板,以控制全生命周期的综合风险。专业的人做专业的事,共同创造超值。有分工,有合作,相关专业领域的组织组成合作联盟,工作质量和工作效率才比较高,投资收益才有保障。

4. 不同领域的建筑企业

在当今强调速度和规模的时代,只靠自身的营销体系和市场布局显然只会带来狭隘的意识和越来越慢的发展乃至倒退，相反，把企业外部既有共同的利益诉求又拥有独立经济利益的合作伙伴，尤其行业相同、业务互补的建筑企业，交换价值各得所需，整合成一个业务范围更为广阔的为客户服务的系统，市场才是无限可能的。

第四节　建筑企业 PPP 核心能力维护

一、发挥企业文化优势

企业文化是形成企业核心竞争力的深层次因素。

建筑企业需保持极具自身行业及企业特性的先进文化、匠人精神，保持全体员工共同认同的价值观，激励员工不断务实、精进，依据 PPP 实践需求，推进提升核心能力，获取项目并顺利推进，实现多方共赢，为社会公众提供良好的公共产品及服务。

二、动态把控企业 PPP 战略部署

建筑企业需在业务发展过程中动态把控 PPP 业务板块发展方向、目标，及时调整中长期发展目标及实施策略，支撑 PPP 核心能力发展。

三、完善、优化相关制度，建立高效管理机制

建筑企业需不断调整、完善业务流程，加强内部管控，保障各部门/各分子公司方向一致、紧密协作；优化管理制度，建立绩效等管理机制，细化指标，对参与人员进行指引和约束、激励。

四、加强团队建设，培养 PPP 专项人才

建筑企业需着力打造一个行为规范、分工明确、专业性足、执行力强的 PPP 实践团队，集合专业的人做专业的事，凝聚为企业核心实力，提升效率，最大程度实现预期目标。

五、增强创新能力,加大创新投入

面对与传统施工模式截然不同的 PPP 模式,建筑企业需积极探索、勇于创新。首先扭转思维,创新商业模式,从工程总承包商向社会资本方、投资人、综合服务商转变;创新盈利模式,考虑项目全生命周期的综合收益;创新建立风控模式,严格筛选、评估、有效把控项目风险;创新建立资本运作管理模式,实现资金全面计划与管理;创新融资模式,灵活运用金融工具,发挥杠杆作用;创新退出机制,推动完善 PPP 模式;创新资源整合路径,拓展企业业务领域。

PPP 实践方面的创新与探索、运用是建筑企业 PPP 核心能力的最终体现。

建筑企业发展 PPP 模式下的核心能力,首先需要管理思维的调整和转变。企业最高管理者需认清定位,推动企业从一个传统的建造者向项目全周期管理者的转变,从开展单一的建造业务向统筹建设、运营加资本运作的转变;建立、加强资本运作能力,打通"投、融、贷、管、退"关键环节;发展识别、评估、把控风险,实现风险分担;积累资源、合理配置,实现合作共赢。

面对核心能力的发展需要,建筑企业需自上而下,做好顶层设计,明确管理思维转变能力、全生命周期管理能力、风险管控能力、资本运作能力、运营管理能力、资源整合能力等"六大核心能力"体系的培养方向和方法,既要有想法,更要有办法,深入研究探索;制定相关流程与制度并落实,建立专业团队,参与到 PPP 项目实践之中去。

总之,管理思维转换是基石,全生命周期管理是手段,风险管控是保障,资本运作是核心,运营管理是新生命力,资源整合能力是支撑。建筑企业积极发展核心能力,将推动自身在新的 PPP 模式下的生存和永续发展。

参考文献

[1] 赵帆. 浅析我国外贸企业的核心竞争力 [J]. 商情,2012,50:259-259.

[2] 张修志,周霞. 谈我国企业核心能力的培育 [J]. 价值工程,2003,6:8-10.

[3] 闫志强. 企业核心竞争力相关理论研究综述 [J]. 现代商业,2011,2:63-63.

[4] 谭红军,霍国庆,郭传杰. 基于核心竞争力的科研组织战略定位 [J]. 科技管理研究,2006,10:7-10.

[5] 金星. 基于核心能力的企业成长研究 [J]. 中国外资,2010,2:143-145.

[6] 住房和城乡建设部计划财务与外事司,中国建筑业协会. 2016 年建筑业发展统计分析. 2017/5/3,http://www.mohurd.gov.cn/xytj/tjzljsxytjgb/xjxxqt/w02017052321346623070743428.pdf.

[7] 中国铁建股份有限公司. 2015 年中国建筑行业竞争格局及特征分析. 2015/4/17,http://www.boraid.cn/company_news/read_365671.html

[8] 中国建设报.建筑业正从"野蛮增长"向"理性繁荣".2016/7/22,http://www.sohu.com/a/107019178_221394.

[9] 莫吕群,刘扬.破解参与PPP的常见问题[J].施工企业管理,2017,341:94-96.

[10] 戴国华.建筑企业集团参与PPP项目风险管控的思考[J].财务与会计,2016,12:8-12.

第八章
PPP 模式与工程项目管理创新

第一节　新时期工程项目管理现状

一、工程管理发展特点

中国建筑业从新中国成立以来，尤其是从 20 世纪 80 年代后期，经过近 30 多年的改革创新，走过了辉煌的路程。从鲁布革经验到项目法施工的推广，从项目经理责任制的深入落实到责权利的一体化实施，从"三控、二管、一协调"到"低成本竞争，高品质管理"，从全过程一体化的管理模式到低碳经济高效运营的宏观战略，从粗放经营到精细化、信息化管理，从传统建造到绿色建造和建筑工业化，建筑业日新月异、跨越式发展，建筑业在国民经济中的地位也日渐凸显。

近几年，工程管理大量地创新技术、创新管理和经营理念，为众多同行企业开阔了视野，为进一步的管理提升提供了指导。项目管理成果显著，拓展了建筑企业项目管理的认识空间，更多地刺激了创新意识，改变了创新认识，推动了管理创新和技术创新的新突破。

综观国内省内的一些优秀建设项目，其工程管理特点可以概括为以下几个方面：

(1) 先进性。体现在项目管理工作的理念先进、技术手段先进、管理模式先进，在传统项目管理方法基础上，创新实施、大胆探索，做了很多有益、有效的探索，为项目管理理论的升华奠定了基础。众多项目通过改变组织方式、调整技术路径、应用新的管理技术等，使得项目管理层次和水平得到显著提升。

(2) 前瞻性。优秀的项目管理模式和方法为未来项目管理工作指明了方向，在很大程度上决定了未来的发展重心和趋向。如项目管理中超前的时间管理方法，科学合理的计划管理贯穿项目始终，和谐融洽的合作方式杜绝纠纷和索赔，加强管控、弱化索赔、现场标准化管理、资源管理策划等管理理念为项目管理工作提供了很好的范本和引导，形成了我们现在的职业健康和安全文明管理以及项目管理策划等管理模式。

(3) 趋向性。目前，项目管理制度改革、技术手段创新、实施环节优化、资源利用调整等管理理念层出不穷，大量项目管理工作所展示的管理方法、管理技术和管理理念又潜在地为建设工程项目的实施固化了模式，统一了思想。使得未来发展具有一致的趋向性，避免资源浪费，减少弯路，使得成熟、有效的经验性成果能够

(4) 示范性。一旦企业的项目管理模式成为优秀项目样本，就有助于企业之间相互借鉴、互通有无，极大地体现了示范和引领作用。为众多项目管理者指明了方向，提供了帮助，从而在全行业层次上为促进项目管理工作进步提供了平台和基础。如奥运场馆和配套设施项目经验，有效地引领了建筑行业项目管理工作的跨越式发展。尤其是绿色建造、资源管理、时间管理和全过程精细化管理等管理理念起到了很好的示范作用。

二、工程管理发展原则

随着知识、经济、信息的全球化，现代项目管理正在世界范围内逐步普及。中国正处于社会、经济、文化、科技的大变革时代，项目遍布每一个领域，项目管理正在成为驱动社会经济发展的新型生产力。中国特色项目管理的生命力在于国际化、本土化、专业化的"三化融合"所迸发出的智慧和能量。在经济新常态发展背景下，"三化融合"应成为工程项目管理创新必须遵循的基本原则。

(1) 坚持国际化方向。以 PMI、IPMA、ISO 等为代表的国际组织先后发布了《国际项目管理知识体系》、《国际项目管理专业资格认证标准》、《项目管理指南》等重要文献，这些文献是建立在长期的社会生产和管理实践的基础上，代表着国际项目管理的发展趋势，对于推动国际项目管理的实践应用和项目管理人才培养都产生了积极的影响。工程项目管理创新只有坚持国际化方向，才能更好地学习先进的项目管理技术和方法，顺应现代项目管理的发展潮流，提高项目管理水平。

(2) 基于本土化国情。现代项目管理的体系构架来自于大量项目实践的理论提炼，具有基本原理的普遍适用性。因此，在面向国际化加快我国工程项目管理的实践应用、理论研究时，应当立足于我国国情，充分考虑民族文化、思维模式、行为惯性等本土化的适应问题，紧密结合本国发展水平和实际情况，特别要注意总结多年来国内项目管理理论成果和实践经验。只有将项目管理基本原理与本土化国情相结合，工程项目管理创新才能产生建筑行业发展的实际效果。

(3) 反映专业化特色。在现代社会，从各种不同专业的角度，项目可以划分为多种类型，且项目的范围、经历的时间、难易程度、涉及的资源要素等差别很大，从而出现了专业化的项目管理。由于不同行业的专业技术要求不同，也使得项目管理的专业化特征存在差异。因此，能够反映出专业化特色的工程项目管理创新才具有现实的竞争力。

三、面临的挑战

党的十八大以来提出了一系列的目标、任务。习近平同志在党的十八届五中全会上提出的创新、协调、绿色、开放、共享"五大发展理念"。

这些政策的调整、战略目标的设定以及发展理念的明确，使建筑工程管理面临着一系列的挑战。

（1）增速下行的压力加大逐渐转变成上行压力。建筑业的规模增速与经济增长状况密切相关。"十二五"期间，当GDP从过去持续多年10%左右的高速增长换挡、回落为7%～8%左右的中高速增长时，建筑业的规模增速也必然会随之下行。这一变化趋势已经显现在"十二五"期间的增幅变动曲线上。增速下行趋势迫使建筑业企业改变片面追求高增长的规模扩张思路，转向提质增效、转型升级的集约发展方式。"十三五"期间，2016年工程承包合同金额37.4万亿元，是2012年的1.51倍；2013～2016年，全国建筑业企业签订合同额总量年均增长10.9%，年均增量达3.2万亿元；2016年建筑业总产值达19.4万亿元，是2012年的1.41倍。总体保持了较快增长态势，对建筑业转型升级又提出了新的要求。

（2）结构面临强制调整。在产业结构方面，第三产业逐步成为主体和支柱产业；需求结构方面，消费需求逐步成为需求的主导力量；城乡区域结构方面，城乡差距将逐步缩小；收入分配结构方面，居民收入所占比重上升。国民经济结构的优化调整以投资结构的变动为基本导向，投资结构的变动方向必然会反映出对建筑业结构的强制性调整。

（3）创新驱动能力较弱。在较长时间内，建筑业的高速增长依赖于高强度的固定资产投资驱动。由于中国经济增长的动力将从投资驱动和要素驱动逐步转向创新驱动，这就意味着建筑业规模增长的原有主要推动力将会逐步减小。对于以劳动密集型为特征的建筑业而言，本身所具有的依靠创新驱动发展的能力较弱，在短期内培育出创新能力并以此驱动建筑业持续稳定发展，具有一定的难度。

（4）制度的陈旧。随着建设工程项目管理模式的多形式、多层次创新发展，而与之相配套的我国现行的招投标管理制度已经远不能适应市场化、规范化的需要，某种程度上已严重阻碍了建设工程项目管理模式的发展与创新。

（5）多重风险更加显性化。多年来，中国经济发展过程中积累的一些不确定性风险，特别是楼市风险、地方债风险、金融风险等与建筑业关联度较大的多重潜在风险可能会渐渐浮出水面，一旦这些风险因素演变成为实际的危机事实，对建筑企业市场营销、施工生产的正常运行以及资金链将造成致命的影响。

第二节 新时期建设工程项目管理的发展趋势

目前,建筑业的发展又向国民经济纵深发展。十八大以来,建筑业企业圆满完成了一系列关系国计民生的基础设施工程项目的建设任务,确保了我国农田水利设施建设快速推进,交通路网建设继续提速,信息和能源等设施建设迈上更高台阶,改变了我国基础设施的原有面貌,为宽带中国提供了强有力的设施保障。十八大以来,我国累计新建、改建公路里程达 53.2 万 km;累计新建高铁投产里程超过 1.2 万 km,高速铁路运营里程已达 2.2 万 km,位居世界第一;新增光缆长度 1562 万 km,互联网普及率达到 53.2%,其中农村地区互联网普及率达到 33.1%;到 2016 年末,全国发电装机容量超过 16 亿 kW,是 2012 年末的 1.4 倍。

同时,我国建筑业着力开展城市地上地下设施、海绵城市建设,积极推进棚户区改造、城乡园林绿化和农村基础设施、卫生设施建设,改善城乡环境成果丰硕,助力城镇化建设,助力健康中国建设。2013~2016 年,共建成城镇保障性安居工程住房、棚户区改造和公租房 2485 万套,改造农村地区建档立卡贫困户危房 158 万户,人居环境实现了质的提升。随着城市居住条件和市政设施的进一步改善,我国城镇化建设稳步推进,2016 年年末我国常住人口城镇化率为 57.4%,比 2012 年末高 4.8 个百分点。

住宅开发也日渐加强,全国住宅建设规模跃上历史新台阶,2013~2016 年全国累计竣工住宅面积 74 亿 m^2。新建小区园林绿化率更高,配套学校、医院、商场及健身设施,群众生活的方便程度不断提高,小区管理更加有序,居住条件和环境质量不断提升,人民在住有所居中创造新生活。

2013 年以来,建筑业企业积极响应"一带一路"倡议,深度参与沿线国家和地区重大项目的规划和建设,成为落实"一带一路"战略的排头兵,用实实在在的工程项目成果,有力传播了中国真心实意促进合作、共谋发展的正能量和积极形象。

从不变价增速来看,2013~2016 年,建筑业增加值年均增长 8.0%,高于同期国内生产总值年均增速 0.8 个百分点;从现价总量看,2016 年,建筑业增加值达 49522 亿元,比 2012 年增加 1.3 万亿元,是其 1.35 倍;从占 GDP 的比重看,2013~2016 年,建筑业增加值占当年国内生产总值的比重均保持在 6.7% 以上。建筑业以健康平稳的发展,以及对大量关联产业的有效带动,有力地支撑了国民经济的高速增长。

2013~2016 年,全国建筑业企业年末从业人数逐年增长,年均增加 230 万人,

2016年达到5185万人,比2012年增加918万人。2016年,建筑业从业人员占全国就业人员的比重达6.7%,较2012年提高了1.1个百分点。在近年来经济下行、全社会就业压力较大的大背景下,建筑业吸纳富余劳动力,缓解全社会就业压力的效果明显,作用更加突出。

2016年,建筑业企业缴纳税金总额达6165亿元,比2012年增长40.5%,年均增速达8.9%,比全国税收收入快2.2个百分点;建筑业企业上缴税金占全国税收收入的比重达4.7%,比2012年上升0.3个百分点,成为国家特别是各级地方财政收入中稳定而重要的增长点。

2014年,国务院提出要大力推广政府和社会资本合作(PPP)模式,并下发《国务院关于创新重点领域投融资机制鼓励社会资本投资的指导意见》(国发〔2014〕60号)(简称《指导意见》)做出了全面部署,对建立健全政府和社会资本合作机制提出了明确要求。住房城乡建设部落实中央精神,高度重视相关工作,从体制机制创新的角度,将其作为关系稳增长、促改革、调结构、惠民生、防风险全局的一项重大任务。推进PPP模式与工程项目管理模式创新是认真贯彻落实国务院《关于创新重点领域投融资机制鼓励社会投资的指导意见》的实际行动,对于进一步促进我国工程建设项目组织实施方式改革,积极引导建筑业企业以投资带动工程总承包,不断提升工程项目管理创新水平,具有重要意义。PPP不是简单的融资手段,而是一种促进国民经济发展的全新管理理念。自20世纪90年代以来,PPP模式取得了很大进展,广泛适用于世界各地的公共管理领域。在欧洲尤其是英国,PPP适用的领域涉及交通运输、公共服务、燃料和能源、公共秩序、环境和卫生、娱乐和文化、教育和国防等。在大多数国家,PPP模式主要适用基础设施建设领域,包括收费公路、铁路、桥梁、地铁、轻轨系统、机场设施、隧道、电厂、电信设施、学校建筑、医院、监狱、污水和垃圾处理等。从区域看,欧洲的PPP市场最为发达。从国别看,英、澳、美、西班牙、德、法等发达国家PPP项目的规模和管理水平较高。PPP模式成功运营的必要条件有:公共部门谨慎审批项目、明确承诺的边界和机制、必要的激励和奖惩机制、确定合理的风险分担机制、营造必要的环境与机构支撑等。

目前我国建设工程项目推进PPP管理模式已呈现出了既规范又多样化的发展态势。从而,极大地推动了我国工程项目管理理论研究和实践应用的创新与跨越式发展。我国今后工程项目管理的发展趋势可以概括为"两个竞争"、"三个提升"、"四个走向"。

一、两个竞争

(1)以降低消耗为主的费用竞争转向技术领先、管理创新的竞争,随着建筑业生产方式的深层次变革，政府大力引导支持企业推行工程总承包和代建制的市场运作模式，进一步促进了企业向管理创新、技术领先的竞争延伸。政府主管部门对设计施工一体化的改革，致使施工图设计将逐步移位于施工企业，以初步设计（或方案设计）招标的总承包运作模式尤其是PPP管理模式是建筑业项目管理新阶段的典型体现。这就为企业优化设计方案，提高自主创新能力，更有针对性地采用新技术，减少浪费、节省投资，赢得项目效益的最大化拓展了广阔的空间。同时又极大地刺激了企业生产力进步，推动整个行业的技术创新和管理创新，增强建筑业运用层次和实施水平。

（2）市场准入以企业资质高低的竞争趋向于项目管理人员职业化水平高低和企业品牌能力的竞争。当前，建设单位愈来愈重视要什么样的人来担任工程的项目经理以及项目团队能否为其提供高水平的管理服务能力。不难看出，人才资源在市场竞争中，将越来越具有决定性的作用。建筑业要在国际市场竞争中取得主动，必须加快培养一批能够熟悉国内外市场、具有国际经营管理水平的国际化、职业化的企业家和职业经理人队伍。某种程度上，当今的市场竞争就是职业化的较量，企业管理的高端就是职业化建设的高标准和高水平。

同时，随着"品牌"理念的发展创新，市场的竞争还将趋向提高创建自主品牌能力。一般来讲，最初是以"名牌产品"的质量竞争，再高一点是质量加成本加人才的竞争，再到高层次的竞争就是质量、成本、人才再加资本运营的竞争。未来建筑市场的"品牌企业"的竞争，就是我们多年来倡导的以项目经理为核心形成三位一体的企业总承包能力、资本运营能力、自主创新能力提升的"高品质管理，低成本竞争"。

二、三个提升

（1）以项目经理责任制为核心，提升项目团队建设。项目经理责任制、项目成本核算制已成为广大企业在项目管理中普遍采用的基本生产管理形式。随着现代项目管理文化内涵建设的不断深化，建筑业企业已逐渐意识到，要保证每个工程项目的目标得以顺利实现，不仅要提高项目经理本人的职业素质，更重要的是提高项目经理部及全体人员的素质，形成以项目经理为核心的精干、高效、和谐、进取的项目管理团队。

（2）加强节能减排与环保、坚持高效运营提升项目综合效率。在当前经济危机的条件下，进一步加强建筑节能减排与环境保护工作就显得更为必要。无论是企业对项目的投标技术方案，还是技术管理实施过程中具体措施均应充分体现节水、节地、节材、节能和环境保护，以降低设备功耗，提高能源效益，广泛引入建筑节能技术，实现绿色建造和可持续发展。全面实现企业可持续发展，还必须重视项目建设过程的高效运营管理，通过创新模式，提升企业运用 BT、BOT、PPP 资本运营能力，通过运用高端管理、人才教育、制度建设、资源配置等提升来提高项目管理的综合效率；通过有效沟通、信息手段和考核评价来提升企业的社会效益。

（3）构建和谐、以人为本、加强和提升劳务管理。目前，建筑业实行项目管理中一个突出的问题是劳务层的管理较弱，其关键一点在于管理层与劳务层之间的配合机制以及劳务层的教育机制不够健全，这已成为项目管理深化升级的瓶颈，也是未来总包单位强化项目管理的重点。建筑业要做到集约化经营、专业化管理、产业化发展，就不得不重视劳务层建设，更不能回避劳务层的素质教育问题。从某种程度上讲，一个项目成也劳务、败也劳务。因此，加强劳务管理，注重现场和谐建设至关重要，作为总包单位要坚持以人为本，不断增进与劳务层的沟通，营造一种和谐的企业和项目氛围，以全面提高项目管理水平。

三、四个走向

（1）工程项目管理由传统模式逐渐过渡为基于信息技术的现代项目管理优化升级的新走向。信息技术已经成为实现现代项目管理与控制的保证。现代项目管理是一个大系统，各系统之间具有很强的关联性和制衡，需要使用和存储大量的信息，处理条件复杂的关系，并通过信息和网络技术实现多项目、跨专业管理，从定性到定量过程控制的转化，再到集成化管理。信息和网络技术的应用，为现代项目集成管理优化和创新发展提供了契机，有力地促进了现代项目管理的深化升级。

（2）项目管理以现场为主的施工管理逐渐过渡为以项目全寿命（过程）管理为趋势的新走向，PPP 模式成为政府公共设施投资项目的主要模式。当前经济发展进入新常态，在公共服务领域推广 PPP 模式，为国民经济持续发展培育增长新动力。建筑业推广 PPP 模式，将政府政策目标、社会目标与社会资本的运营效率、技术进步有机结合，促进社会资本竞争和创新，提升公共服务供给质量和效率，确保公共利益最大化。政府和社会资本在平等协商、依法合规、公开透明的基础上建立合作关系，充分发挥市场在资源配置中的决定性作用和更好发挥政府作用，确保项目"物有所值"，真正体现项目的全寿命管理。

（3）项目管理由不同主体的施工总承包逐渐过渡为以工程总承包管理为核心的新走向。2003 年建设部颁布了《关于培育发展工程总承包和工程项目管理企业的指导意见》和《建设项目工程总承包管理规范》，阐述了推行工程总承包的重要性和必要性，2017 年住房城乡建设部又对《建设项目工程总承包管理规范》进行了修订。

这对深化和调整我国勘察、设计、施工、监理企业的经营结构，加快中国建设工程项目管理与国际接轨产生了重要深远的意义，使得工程总承包管理逐渐成为市场模式的核心。

（4）项目管理从"三位一体"的文明管理逐渐过渡为以创新项目文化建设为标志的新走向。项目文化建设是企业文化建设在项目上落实的结果，是由"过程精品，标价分离，CI形象"的三位一体管理模式为内容创建"文明工地"活动，提升到项目文化建设这一更高的层次。项目文化是以品牌形象为外在表现，以创新理念为内在要求，以绿色施工为重点内容，以项目团队建设为主要对象的阵地文化。项目文化有三个特征：即，露天文化，具有形象宣传力；显形文化，不同行为主体的统一性；劳动文化，重在加强劳务管理和作业队伍建设。

第三节　工程项目管理模式的发展创新要求

为了贯彻落实党中央、国务院做出的战略部署，我们应当加快建筑业发展方式转变和项目生产力理论创新，促进项目管理与建筑企业转型升级，大力推进工程总承包和PPP模式，依靠科技创新提升项目管理水平，加强国际项目经理人才培养与建筑企业国际化，强化建筑工业化和信息化，这是建筑业发展的主要趋向。面对新的市场格局，在强化经营特色、开拓发展空间上压力增大。在改革管理机制、创新运作模式等方面需要冲破传统模式的束缚，激活生产要素。建筑业生产力的进步和生产方式的改进，要求建筑产品逐渐向科技型、低碳型、智能型和人文型转变，逐步完善建筑功能。

改革开放30多年来，中国经济建设取得了举世瞩目的辉煌成就。在经济总量上，自从2010年以来中国GDP总量继续保持世界第二大经济体的地位。与此同时，我国建筑业为国民经济发展、改善城乡面貌、大量吸收农村劳动力做出了巨大的贡献，成为国民经济名副其实的支柱产业。但是，过去30年，建筑业正是依靠投资拉动和低价劳动力发展的主要行业，企业结构失衡、行业产能过剩、经济效益下降、操作工人技能水平低下、资源消耗量大、生态破坏和环境污染等问题严重存在。其发展还没有真正转移到依靠集约化管理和技术进步与质量效益型的良性轨道上，因此，要高度关注新常态环境对建筑业未来发展走势的影响。

首先，当经济增速从过去10%左右的高速增长换挡、回落为7%~8%的中高速增长时，建筑业的规模增速也必然会下行，这一变化趋势已经显现在"十二五"期间的增幅变动曲线上，今后几年还将突显。其次，在产业结构方面，第三产业逐步成为产业主体；在需求结构方面，消费需求逐步成为需求主体；在城乡区域结构方面，城乡区域差距将逐步缩小；在收入分配结构方面，居民收入占比上升。国民经济结构的优化调整必然会反映在对建筑业结构的强制性调整。再次，中国经济将从要素驱动、投资驱动转向创新驱动。这种新动力驱动方式对于以劳动密集型为特征的建筑业而言，更加充满挑战性。

根据以上国民经济和建筑业新的发展形势要求，建设工程项目管理工作的发展创新，尤其是 PPP 模式项目管理工作创新可以归纳为"四个树立、四个坚持、三个改变、三个关键"。

一、四个树立

(1) 树立项目管理的综合经营理念。综合经营理念应重点体现在以人为本、和谐融洽、诚信共赢三个方面。

新的时期项目管理工作应强调以人为本的管理和经营理念，充分体现了关怀人、重视人、保护人，一切以人的利益为重，保障人身安全，保证人民利益，改善工作条件，治理工作环境。尊重人才能调动人，理解人才能利用人，关心人才能满足人。以人为本既是项目运行效率的提升，又是和谐环境的营造，同时还可以最大限度地实现管理工作的顺畅，全面提升项目管理层次。

和谐共赢就是要在项目管理中坚持利益一体化、目标一体化，坚持原则，从实质上消除分歧，摒弃传统的合作思想心态，健全合同管理观念，杜绝不正常和不正当索赔行为，充分体现中华民族互谅互让、和谐共处的传统美德。

创建和谐项目管理环境，其重点是现场和谐。管理层与劳务层之间的和谐，劳务层与劳务层之间的和谐是提升效率的关键。建筑业实行项目管理近 30 多年，可以说各方面、各层次管理已日渐成熟，管理人员素质、技术水平已基本到位。其关键一点在于管理层与劳务层之间的配合机制以及劳务层的教育机制，这是项目管理的难点，也是未来强化管理的重点之一。我们不能回避劳务层的素质问题，在某种层面上，安全事故、质量事故、聚众闹事等，不完全是由于管理的不到位，其实质在于现场教育跟不上，管理氛围不和谐和人员素质低下。因此，现场和谐建设至关重要，我们要充分发挥党政工团以及群众组织的作用，充分利用文体、卫生、教育等民间活动阵地。以人为本，实实在在地加强管理、增进沟通，营造一种和谐的企业和项目氛围，提升运营效率，着实提升项目管理人员素质。

(2) 树立项目管理的信息化管理理念。项目管理的信息化，其根本目标在于项目运作的优质、高效。高效既包括效率，同时也包括效益。项目运作的优质高效，一方面通过人才教育、制度建设、管理提升来提高个体、团体效率；另一方面通过有效沟通、信息手段和考核评价来提升运营、实施效率。高效率是低成本、高品质的基础，高效益是项目抵御风险、增强竞争实力和内涵拓展的基础，同时又是生产进步、管理提升的表现。高效率和高效益关键在于管理的信息化，信息化的具体体现就是互联网＋、BIM 技术。我们应当树立项目管理的信息化管理理念，把信息化建设作为项目管理上层次、上水平的重要工作来抓。

（3）树立安全文明和环境保护管理理念。项目管理工作应从思想意识和具体行动上充分体现以人为本，加大投入，改善条件，确保人的安全、舒适、健康。最大限度地增加人的满意度、凝聚人心，是提高项目实施水平的关键，也是衡量项目管理水平的标志之一。要在项目实施过程中加强安全保障，加大职业健康和安全文明投入，加强项目人文环境管理工作，应在目前现场文明和环境管理的基础上，将项目管理工作拓展为人文理念的塑造，实现现场环境、用地环境和地域环境的综合匹配。充分发挥制度、纪律和教育的作用，净化人的项目意志，统一人的项目行为，体现不同层次人员思想意识的高度一致，形成一套行之有效、科学合理的管理模式。既要强化现场、周边环境管理，又要加强地域环境的倒逼式管理工作。同时，更好地强化三维环境的科学表达，使得工程项目环境得到实质性改观，既客观、得体，又独树一帜，营造工程项目管理的亮丽风景。

（4）树立项目管理内涵和文化建设理念。在未来发展的环境条件下，项目管理工作应当转换工作重心，着重强化内涵建设，借助新常态的发展空间，抓好项目管理内涵建设，着力提高管理层次，为后续发展提供强有力的支撑。内涵建设应以制度建设为核心，理顺机制、健全制度、固化模式、塑造文化、彰显特色，逐步加强项目的组织建设和文化建设。

目前我们更多地强化项目管理的制度化和标准化，强调行为模式管理，使得作业标准、行为规范，更多地用被动的制约方式改变不良作业认识和实施行为，耗用大量的人力、物力。为了确保质量和安全不得不采用单纯的第三方管理模式，久而久之在项目实施中形成定式，把项目管理工作定位于初级的管理层次。加强项目管理内涵，就是要创新项目管理工作的行为管理，就是要在管理的思想意识和方法体系方面改变管理侧重，注重行为意识的加强和规范，通过实施过程和实施环节的模块化以及运行结果的同质化、标准化来固化行为意识，摒除、杜绝随机和侥幸，使得项目管理工作由强制式、被动式转化为自发式和主动式。项目行为管理方式的改变，将是项目管理层次提高的一大飞跃。

项目文化建设工作应本着"以人为本，和谐发展"的宗旨，着力形成规范化、制度化、法制化的文化体系。打造特色，彰显个性，积极引导，逐步推进。项目管理者应加强自身文化底蕴和内涵建设，重视项目文化，展现积极、奋进、和谐、创新的文化形象。充分认识到文化建设的重要性，既是企业自我形象的美好展示，又是内部管理有序的基础，同时也能促进质量、安全等工作的进步和完善。项目管理内涵建设和项目文化建设互为条件、相辅相成。

二、四个坚持

（1）坚持改革创新贯穿项目管理全过程。创新是项目管理的直接生产力。项目的技术创新、管理创新和经营创新是项目目标顺利实现的动力体现。我们既要重视科技创新，也要重视人文创新，没有新就没有发展，新是项目健康运行的动力所在。在新的项目管理发展阶段应当加强创新教育和创新激励，充分挖掘创新潜力，培育创新成果，展示创新实力。把新技术、新工艺、新方法、新思维、新理念、新模式科学开发，合理运用，促进项目管理潜在模式的深层次变革，极大地提升建筑业企业发展的动力，强化自身的核心竞争力。创新是社会发展、国民经济实力增强、行业可持续发展的前提和基础，也是建筑业生产方式变革的必然。在创新模式下，项目管理的重点主要体现在以下几个方面：

第一，项目管理观念的实质性改变。项目管理工作不再是单纯的现场管理、资源管理和基本目标管理，而应侧重于方法管理、能力提升管理和核心竞争力积淀管理，同时还应兼顾政府和企业管理职能中的人文环境管理和社会意识形态管理。从而使得项目管理工作既依托于项目本身，又服务于社会大众；既体现项目实施水平，又展现行业社会内涵；既提高自身层次，又提升行业整体水平。

第二，项目管理行为的原则性转变。创新项目管理，就应从具体的项目管理行为着手，应在传统的项目管理的计划、组织、实施、检查、处理等行为模式基础上更多地改变为行为意识的加强和规范、实施过程和环节的模块化以及运行结果的同质化和标准化，使得项目管理工作由更多的强制式和被动式管理转变为自发式和主动式管理，着力提高管理效率，改变管理效果。

第三，项目管理成果的百花齐放。创新项目管理，就应鼓励和挖掘不同表现形式和不同管理侧重的项目管理成果，应加强培植力度，使得项目管理成果在既定的方针、政策和管理模式下体现不同的形式，从而更好地适应不同地域、不同时期、不同项目的管理工作需要，做到共性要求和个性突出的有机结合，更好地引领建筑业项目管理工作可持续发展。

第四，项目管理理论的深化。在现有国内外项目管理理论的基础上，力争形成项目管理特有的方法论和管理观，既要体现全过程项目管理和专项（或特定过程）项目管理工作方法的区别，又要体现项目管理工作基本理论的唯一性和不同层面项目管理工作的有机结合，由更多的经验式管理上升到理论科学，由模块化管理物化为系统的管理定式，避免管理工作的随机性和盲从性。

（2）坚持合作主体之间协调发展，体现公平公正。项目管理工作应坚持合作主体之间公平公正、协调发展，应重点体现以下方面：

第一，协调各方利益，充分实现共赢。新的环境下，创新项目管理工作就应有效协调各方利益，项目管理工作不单纯居于一方考虑，而应从实质性问题出发，针对工程项目这一特定主体，遵循科学的运行规律，立足于把项目做精、做细、做实，以项目的优质带动不同需求，从而使得项目各方利益趋于一致，实现共赢。

第二，协调各项目标，改善管理效果。在项目管理工作中，创新目标管理机制，科学筹划，有机组织资源，真正做到技术、经济的高度融合，使得工期、质量、成本、安全、环境、文明和职业健康协调一致，从项目管理策划开始就应进行资源配置的总体协调，避免项目在实施过程中更多地出现专项治理和专门性工作，使得项目管理工作有条不紊，在实施过程中，弱化单一式的目标管理，强化总体协调运行。

（3）坚持精细化项目管理原则方法。在新的发展形势下，建设工程项目管理工作应充分体现社会责任的担当，这样才能得到社会的认可和公众的支持，才能体现自身的社会价值和经济存在，才能更有利于立足市场，健康发展。社会责任担当其核心在于做好分内的工作。因此，项目管理的重心在于工程质量和安全，在于环境保护，在于现场周边的融洽和服务。住房城乡建设部"五方主体质量责任终身制"其实是对项目管理工作承担社会责任的最基本要求，当然社会责任担当还体现在扶危济困、普惠大众，这只是其中一面，其更重要的还是质量、安全和环境，项目管理工作应予重点强化。

（4）坚持社会责任的合理担当。坚持社会责任的合理担当，就要加强工程项目的社会意识形态管理，就是要把项目管理工作融入社会各阶层的意识需求中，融入国民经济的综合运行中，融入时间和空间的变化规律中，用社会意识形态去塑造工程项目管理的意识形态，两个意识形态的对接和融合是项目管理理论和实践的升华。

三、三个改变

（1）面对新的建设方式，改变项目管理理念。面对新的建设方式，我们应当加强项目管理方法论的研究，突出项目管理方法论在项目管理工作中的核心地位，将目前的项目管理知识体系进行系统梳理，挖掘工程项目管理的潜在规律，从经验和通识层面上升到理论支撑。充分理清主体和个体之间、时间和空间之间、投入与产出之间的实质性关系。同时，进一步深化各层关系之间的相互影响、相互制约、相互促进的理论研究。系统项目管理理论，把握项目管理规律，由一般理论研究升级为方法论研究，用项目管理方法论去有效指导项目管理实践。

当前情况下，针对政府投资项目或以政府投资为主体的项目，应大力推行PPP模式。李克强总理多次在国务院常务会议上要求，要大力创新融资方式，积极推广PPP模式，汇聚社会力量增加公共服务供给。建筑业是国民经济的支柱产业，要率先认真贯彻落实《指导意见》，按照习近平总书记"谋事要实"的要求，建立健全相关工作机制，明确责任部门抓好项目的落实，制定好工作方案，细化工作任务，明确时间表、路线图，确保工作顺利推进。从国际国内经验看，重诺履约的市场环境，是顺利开展PPP的前提和保障。与真正的PPP项目相比，过去我国许多政企合作项目都是"形似而神不似"，一定程度上在于政府没有作为平等的参与者，缺少"契约精神"。比如，一些地方政府把社会资本"圈进来"之后，对所做承诺兑现不到位。因此，我们不能"走老路"，必须创新一种取信于民、取信于企的诚信监管机制，维护重诺履约的市场氛围。推广PPP模式有利于促进工程项目管理运行机制变革。在PPP模式下，建筑企业超越了原有的仅仅提供"建造产品建造服务"的项目管理模式，涉足以基础设施为代表的其他产业的实体经营管理模式。从"一次性的项目管理"走向"长期性组织的运营管理"，从注重面向单个项目管理更加注重面向项目群管理、项目组合管理，企业层面、项目层面的运行机制发生重大变化。借助于推广PPP模式，在实现建筑业企业战略转型的途径上，突破单一的工程承包经营形态，从低附加值区域不断向高利润区域转移。以施工环节为基点，进行业务结构调整，分别向产业的前向、后向链条上延伸，拓展建筑业企业的服务功能，不断开拓新型的经营业务领域，构建从项目前期策划、项目立项直至项目设计、采购、施工、运营管理与维护全过程覆盖的产业链体系，增强企业为业主提供综合服务的功能和一体化整体解决方案能力。

推广PPP模式，有利于促进建筑企业商业模式创新。国内建筑业是典型的劳动密集型竞争性产业，其生产组织方式也是传统的施工承包模式为主体形态。随着建筑业体制改革深化和市场经济成熟，一些具备较大的资金实力的工程总承包商和工程建设服务商已转型为产业发展商。在这个层次上实现产业资本与金融资本的相互融合，资本运营能力成为其核心能力。此外，随着经济实力、品牌形象、影响力的升级，产业发展商进而又转向城市发展商或运营商模式，城市发展商通过为城市提供集成规划、城市投融资、城市开发、城市建设方面的系统一体化服务，实现城市的可持续发展及综合竞争能力的提升。借助于推广PPP模式，落实和完善建筑业企业研发机制，更多参与重大科技项目实施，通过开发新工艺、新技术、新装备，发展新产品，增强自主创新能力，把发展低碳经济、循环经济作为未来建筑产业发展的重要课题。促使建筑业的发展真正转移到依靠集约化管理、技术进步和创新驱动发展的良性轨道上，推动我国建筑业发展方式转变和现代化的前进步伐。

要使PPP真正发挥优势，还需要政府和社会资本通力合作。就政府而言，重要的是做好科学规划、顶层设计和政府扶持；对企业而言，PPP模式不再局限于项目建设环节，而是贯穿项目"全生命周期"，要求企业不但要有良好的工程建设资质，还要有过硬的运营管理能力。因此，国内企业要向国际先进经验学习，改变以往"单打独斗"的做法，实现"集团作战"和"海陆空联动"，以"运营商"为中心，由运营商牵头，将设计院、工程建设企业、设备供应商、律师事务所等联合组成利益共同体，发挥各自优势，提高综合竞争实力。

（2）面对新的技术路径，改变项目管理模式。创新项目管理思想，应坚持强化技术引领的基本原则，在项目管理的全过程贯穿技术为主的工作方法，在项目实施中注重技术的改进、新技术开发和利用，充分体现技术进步是生产力进步的关键，全面推行BIM技术、信息化、智能化，积极探索和尝试工业化生产和装配式建造，创新管理方法，适应新的需要。应把技术进步作为衡量项目管理成效的一个重要方面。

积极推动装配式混凝土结构、钢结构和现代化木结构发展。新建公共建筑优先采用钢结构，景区、农村建筑推广采用现代木结构和轻钢结构。大力发展绿色建筑，开展绿色施工。完善与建筑产业现代化相适应的设计、构件生产、施工验收等标准，健全相关的市场准入、招投标、工程造价、质量监督、安全管理、竣工验收等管理制度，实现工程设计标准化、构件生产工厂化、施工装配化、装修一体化、管理信息化、应用智能化。完善技术支撑体系，加快装配式建筑结构体系、建筑部品技术体系发展成熟。完善模数协调、建筑部品协调等技术标准及装配式建筑设计、构配件生产、施工、质量检验检测等工程建设标准体系。结合中国制造、"互联网+"，推进建筑信息模型（BIM）、基于网络协同等信息技术在建筑产业现代化中的应用。发展产业化专用配套的新工艺、新材料和新设备。以技术研究中心、重点实验室为平台，加强关键共性技术研发。

（3）面对新的市场模式，改变项目管理重点。面对新的市场模式项目管理工作的重点应体现在以下几个方面：

第一，计划制定的科学。随着项目投资的增大，及项目规模和体量的增大，传统的计划管理模式应当改变。尤其针对资源计划和时间计划，应严格执行科学标准，以数据说话、用事实说话，避免臆断，造成项目实施的被动。第二，管理方法和手段的改进，应当普遍采用现代化的信息手段和技术方法实施项目，把信息化改造和技术投入作为项目管理工作的重点去抓。广泛应用互联网＋和 BIM 技术，有效利用软件平台，高效运作资源，实现信息、资源的互通互联。第三，加强人文素质教育。项目管理工作应以提高人员素质、规范人员行为、固化制度体系、加大教育培训力度，从人本角度规避项目运作中的不协调和不和谐。第四，加大技术投入。企业竞争，核心在于技术竞争，项目管理工作应当把核心技术的培育、塑造、综合和放大作为管理工作重心之一，以管理促技术，形成企业核心竞争力，更好地服务于项目。

此外，十八大以来，建筑行业积极贯彻落实党中央、国务院关于深化国有企业改革、优化资源配置的工作部署，打破地区、所有制的界限，采取联合、兼并、资产重组等形式，不断加快企业改革步伐，兼并重组取得重大突破。2016 年上半年，中国建筑工程总公司斥资 310 亿元收购中信股份地产及物业项目；下半年，中国中铁股份有限公司与中国中铁二局集团有限公司实施重大资产置换和非公开股份发行方案。通过改革重组，一批国有建筑企业延伸了产业链、提升了企业综合竞争力，拓展了更为广阔的发展空间。同时，我国建筑行业资质结构渐趋优化，高资质等级企业市场占有率不断提升，产业集中度进一步提高。2016 年，我国特、一级建筑业企业数量较 2012 年增长 21.1%，占全部建筑业企业个数比重为 12.4%，比 2012 年提高了 1.2 个百分点。特、一级建筑业企业签订合同额、完成建筑业总产值、房屋施工面积和从业人员数占全行业的比重分别达到 73.7%、64.6%、70.3% 和 53.2%，比 2012 年分别提高了 3.9 个、1.6 个、6.2 个和 6.1 个百分点，具有较高资质等级的建筑业企业对全行业的影响力进一步增强。

四、三个关键

（1）目标管理的关键是目标制定的科学。如何科学制定目标，首先应当严格程序管理，把握客观规律，合理使用定额，采用现代化的方法和手段，确定各项目指标；其次对各项指标应进行系统的论证，避免长官意志和拍脑袋。一个科学、合理、可操作、可实现的项目目标是项目管理工作能够顺利进行的前提和根本。目标一旦制定，在项目实施中应细化、分解目标，使得各项指标均能落到实处，把目标分解与管理工作系统搭配，做到有目标、有计划、有实施、有控制，这样才能使得项目管理工作更为有效。

（2）计划为纲的关键是计划制定的合理。计划为纲的关键在于计划制定的合理，一份管理计划的制定，需要经过策划、测算、平衡、修正、局部验证和综合评价多个环节。只有坚持科学的方法、严密的程序、严谨的工作原则，项目管理计划制定才能合理，才能更好地指导项目管理实施。当前，我们的项目管理原则是严格执行计划、尊重计划、兑现计划，杜绝频繁调整计划、计划成为一纸空文，只有这样，项目管理工作才能做到心中有数、水到渠成。

(3) 资源管理的关键是资源使用的节约。资源使用节约的核心是坚持绿色理念，始终强调四节一环保。在新的绿色理念要求下，项目管理工作应重点体现以下方面：

1) 始终坚持绿色项目管理理念，将绿色的实质性内涵贯穿于项目管理全过程。既要强化绿色意识，又要固化实施方法，从生产工艺、技术方法到资源使用以及循环、回收、再利用等方面均体现绿色建造理念，从人员实施行为到管理监控把关均体现环保、节能、高效、低耗的原则。

2) 项目管理成果充分体现绿色思想。改进传统工艺和实施方法，大力推广和应用新工艺、新材料、新技术和新设备，既满足建造绿色，又确保使用绿色，着力改变项目建设观念，塑造绿色项目品牌。

3) 将绿色原则作为项目管理的基本要求，坚持绿色标准，创新绿色方法，固化绿色模式，营造绿色氛围，从项目管理工作方法上，解决绿色问题，提升建设工程项目管理的高层次水平。

"四个树立、四个坚持、三个改变、三个关键"既是新时期中国工程项目管理发展的特点和理念，又是中国建筑业推行PPP模式，促进工程项目管理未来发展的趋势和方向，同时也是中国建筑业跨入国际先列、适应"走出去"和实施"一带一路"战略，走向辉煌的优势所在。

"一带一路"战略构想也带动了我国建筑业积极探索创新经营模式，从单一的劳务输出转向施工总承包、海外并购、海外置业、融投资带动总承包、联合体＋股权投资＋承包、联合体＋股权合作＋承包＋运营等多元化模式，承揽工程结构呈现多元化、多专业方向发展态势。中国建筑企业加快了海外经营品牌化、建设标准国际化和国际市场的本土化进程，通过多方、多层次的合作，提升了海外运营的综合竞争力，有效降低了"走出去"的风险。一批重大项目成为"一带一路"国际产能合作的标志性工程，如江苏正太集团承建的博茨瓦纳大学教学医院工程获得2015年中国建设工程鲁班奖，中铁大桥局集团有限公司承建的孟加拉国帕德玛大桥项目（主桥建设工程部分）成为中国企业承建的最大海外桥梁工程等。从中长期看，巴基斯坦瓜达尔港、肯尼亚蒙内铁路、马来西亚皇京港等建设项目的建设，将有效激活相关国家和地区的发展潜力，能够对区域经济带来较大的正向效应，产生良好的社会经济效益。建筑业用低调务实的合作态度和海外工程项目的优异口碑，成为我国推动"一带一路"合作建设的亮丽品牌，树立了中国企业的良好形象，向世界传播了中国推动全球经济合作与发展的正能量。

此外，推进PPP模式既是支持新型城镇化建设的重要手段，又是改进政府公共服务的重要举措，也是建筑业可持续发展的现实选择。

城镇化是现代化的必由之路，对全面建成小康社会、加快推进社会主义现代化具有重大意义。据有关方面估算，目前我国城镇化率为53.6%，如果把户籍人口及相应的公共服务因素考虑进去，又远低于这一比例，预计2020年城镇化率将达到60%，由此带来的投资需求约为42万亿元。原有城镇化建设主要依赖财政、土地的投融资体制弊端已显现，难以持续，亟须建立规范、透明的城市建设投融资机制。PPP模式抓住了有效解决城镇化融资需求这一关键环节，有利于吸引社会资本，拓宽城镇化融资渠道，形成多元化、可持续的资金投入机制。

推进国家治理体系和治理能力现代化，是十八届三中全会全面深化改革的总目标之一。从管理到治理，这是重大的理论创新，强调政府、市场、社会等多元主体之间的良性互动和各自定位，明确平等的责任义务。PPP模式能够将政府的战略规划、市场监管、公共服务与社会资本的管理效率、技术创新有机结合在一起，有助于厘清政府与市场边界，增强政府的法制意识、契约意识和市场意识，更好地履行公共职能，全面提升公共服务水平。

第四节　工程项目管理创新的思路

工程项目有两大基本特征：一是一次性；二是独特性。项目的一次性特征从基本概念上界定了项目管理区别于长期性组织的运营管理；项目独特性特征则表明，人们不可能面对两个完全相同的项目。在工程建设领域中的工程项目都是不一样的，因而都必须根据工程项目的特点和难点，制定最佳的、不同于以往实践经验的项目管理计划并付诸实施，从而实现项目目标。这个过程必然伴随着创新活动，工程项目管理活动必然是创新活动的管理过程。基于经济新常态对工程建设领域挑战的思考，同时，为了更好地推行PPP模式，应从以下几个角度着力推进工程项目管理创新。

一、以项目生产力理论创新指导项目管理实践

项目生产力理论是我国工程项目管理创新的理论基础，其本身也需与时俱进、不断发展。在经济新常态背景下，工程项目管理创新更需要项目生产力理论的基石作用。近年来广大建筑企业工程项目管理的创新经验，为项目生产力理论创新提供了丰富的实践基础。因此，要从发挥市场配置资源决定性作用的角度，系统研究项

目生产力理论对于推进建筑产业现代化的新内涵，深入探讨项目生产力理论对实现绿色建筑产品全寿命期管理的指导作用，着力探索项目生产力理论促进工程项目生产组织方式变革的范围、目标和路径。

十八大以来，建筑业企业深入实施国家创新驱动发展战略，以技术创新引领传统建筑产业的转型升级，一批重大建筑技术实现了突破，部分施工技术达到了世界领先水平，具有世界顶尖水准的工程项目不断涌现。

（1）强化研发，企业装备水平进一步提升。2016年，建筑业企业自有施工机械设备总功率突破3亿kW，动力装备率为5.9kW/人，比2012年提高了0.3kW/人。一批具有自主知识产权、居国际先进水平的建筑施工设备，如大型地铁盾构机、大型挖泥船等，打破了国外成套施工设备的垄断，成为我国地铁建设、海岛吹填等工程的推进利器。

（2）破解难题，部分建筑技术世界领先。十八大以来，建筑业施工技术水平实现了新跨越，高速、高寒、高原、重载铁路施工和特大桥隧建造技术迈入世界先进行列，离岸深水港建设关键技术、巨型河口航道整治技术、长河段航道系统治理以及大型机场工程等建设技术已经达到了世界领先水平。

（3）攻坚克难，世界顶尖水准的建设项目批量涌现。有标志着中国工程"速度"和"密度"、以"四纵四横"高铁主骨架为代表的高铁工程；有标志着中国工程"精度"和"跨度"、以港珠澳大桥为代表的中国桥梁工程；还有代表着中国工程"高度"的上海中心大厦、代表着中国工程"深度"的洋山深水港码头以及代表着中国工程"难度"的自主研发的三代核电技术"华龙一号"全球首堆示范工程——福清核电站5号机组等。这些超级工程的接踵落地和建成，成为彰显我国建筑业设计技术和施工实力的醒目标志。

中国建筑企业以新技术、新装备打造世界领先工程，国际地位快速提高。根据美国《工程新闻纪录》（ENR）发布的国际承包商250强榜单，2016年中国内地共有中国交通建设集团、中国建筑工程总公司等65家企业上榜，数量已连续两年居各国首位。其中，中国交通建设集团位列第三，成为国内首家跻身该榜单前三名的建筑业企业。而在ENR同期发布的全球承包商250强榜单中，共7家中国企业进入前十，中国建筑工程总公司、中国中铁股份有限公司、中国铁建股份有限公司、中国交通建设集团包揽了前四强，体现了中国企业在全球建筑市场的领军地位。

二、以项目管理模式创新推动企业发展提质增效

工程项目管理模式创新要高度重视先进的工程建设管理模式的引进和应用，在

EPC、PMC、BOT三大系列模式的基础上，不断创造新型的服务内容和服务方式，大力推行PPP模式。国际工程承包市场发展动态和工程建设规律表明，业主方更加青睐能够提供更全面、更高效、更广泛服务内容的工程承包商。因此，工程承包商必须适应建筑业与金融业、服务业相融合的趋势，建立项目策划、可行性研究、融资、工程设计、采购、施工、竣工、试运行的一体化集成服务体系，着力提升面向工程项目全寿命期的综合创新能力，赢得更加有利的市场竞争地位。通过加快转型升级，实现企业提质增效。

三、以项目资源组合方式创新提高产业竞争力

建筑产品的形成需要经过概念、规划、实施、结束等多个阶段，每一阶段有其对应的市场主体，每一阶段都需要对技术、人才、资金、设备等多种生产要素资源进行优化配置和组合。在一个开放的、全球化的市场空间中，资源的取得途径和组合方式是多种多样的，不同的方式会创造不同的效率和价值。因此，要从提高建筑产业国际化竞争力的角度，在全球范围内整合优势资源，在工程建设过程中积极引入生产要素与生产条件的最新组合方式、最佳配置方式，推动工程项目管理组织方式和过程控制的精益化。在建筑产品全产业链上进行上下游企业间的协同创新，以新型产业链形态打造新的产业竞争力，有效应对新常态的挑战。

四、以信息技术应用创新提升项目管理效率

在知识经济时代，信息化技术是提升项目管理效率强有力的助推器。近年来，以BIM、云计算、虚拟现实、移动技术、协同环境、大数据为代表的各种新兴的信息技术不断涌现，这些信息技术的应用对工程项目全寿命期管理的影响程度日益加剧，能够大幅度提高工程建设的全过程优化、集成效益、可施工性、安全性、专业协同性、目标动态控制精度和"智慧管理"程度。因此，要加大项目管理层面信息化技术应用的力度，通过工程项目管理的数字化、可视化、网络化和智能化，加快推进传统建筑业走向现代建筑业的步伐。

五、以利益形成机制创新构建合作共赢新范式

评价现代项目管理成功的标志是利益相关者的满意程度。对于现代工程项目，特别是日益涌现的大型复杂项目、项目群，项目全寿命期内具有不同价值取向的利

益主体增多，利益关系十分复杂。在一定条件下，这些利益相关者之间会产生较大的冲突和内耗，统筹兼顾不同阶层、不同群体之间利益的难度进一步加大，从而影响项目的实施效率和绩效，甚至导致项目失败。因此，要创造性地应用制度经济学、现代组织理论、合作竞争理论的原理，促进工程项目管理合作共赢、和谐发展新机制的形成，积极探索新常态下多种形式的利益共享、分配公平的实现方式。

"十三五"是我国经济社会转型的关键发展时期，是全面深化改革，全面依法治国建成小康社会、全面从严治党实现民族复兴中国梦的重要历史阶段。随着新型城镇化建设发展。基本建设规模仍将在较为适度的速度上持续增长。但总体上看，外部环境和内部环境有利于我国建筑业继续稳步健康发展。

首先从全球经济形势看：欧美建筑市场总体趋于稳定，中东地区基础设施建设处于全面恢复期，拉美和非洲大规模建设已步入上升期。同时国家对企业"走出去"投资建设的扶持力度也逐步加大，中国制造正在转型为中国创造，"中国施工"正在向"中国建设"方面转型，特别是"一带一路"开放新格局，将亚欧非三大洲连成一片，覆盖人口近 30 亿。"一带一路"战略的实施将中国开放格局推向新高度，这不但为我国经济发展创造有利条件，而且也为建筑业的发展提供了更为广阔的上升空间。

其次从我国新型城镇化建设需要看：党的十八届三中全会提出"新型城镇化、工业化、信息化、农业现代化和绿色化"，五化同步发展协同推进，今后相当长时间新型城镇化建设将随着我国现代化建设的进程成为建筑业在新的历史发展时期的首要任务。在《促进城镇化健康发展规划（2011—2020 年）》中构建以大中小城市和小城镇协调发展的"两横三纵"城镇化战略格局。涉及全国 20 多个城市群、180 多个地级以上城市和 1 万多个城镇的建设，每年将拉动 4 万亿元以上基本建设投资内需。因此，建筑业责任重大，使命光荣。把握内涵、立足实践，积极稳妥推进 PPP 是建筑业合作共赢发展新范式的大势所趋。

六、以文化建设和人才培养创新支撑项目管理软实力

项目文化是除人、财、物等生产要素之外重要的项目管理资源。工程项目管理的创新应通过项目文化建设创新，使项目文化成为新常态下驱动工程项目管理引领时代发展潮流的软实力。首先，要注重用共同的企业价值观、愿景和行为准则凝聚员工的心智；其次，要注重培育员工的敬业精神、进取精神、创新精神、奉献精神，融入项目团队建设之中；再次，要凸显劳动文化、安全文化、绿色文化的特质，使之融入项目的日常管理；最后，要把文化基因融入项目制度建设，强化项目部管理层与

操作层两个层次以项目文化为纽带的一体化管理。

为适应现代建筑业发展的需要，要不断改善建筑产业从业人员的整体智力结构，努力推动项目经理职业化、管理人员专业化、产业工人技能化。要结合建筑业工人队伍的实际情况，改进多元化的劳务用工方式，加强劳务分包作业层管理，创新劳务人员培养的长效机制，提高操作工人技能，打造适应新常态发展的建筑产业工人队伍。

第五节　工程项目管理模式创新与招投标制度

一、我国当前招投标市场的现状及原因分析

我国建设工程招投标制度已经实行多年，并取得了较大的发展与进步，尤其从2000年开始我国实施《招标投标法》以后，各地也相应制定了招标投标法规和实施细则，使招投标管理工作取得了稳步、有序、深入的发展，逐步形成了建设市场招投标的良好环境。但是由于我国建筑市场发育尚不完善，管理体制和法制不健全以及经验不足等原因，招投标制度在实际操作过程中还存在一系列问题，出现了许多不规范行为，主要体现在以下几个方面：

（1）项目业主行为不规范。主要表现为规避招标、串通招标、明招暗定、肢解发包工程、强迫中标人签订"阴阳合同"，以及投资资金不到位，拖欠工程款等问题。

（2）投标企业行为不规范。主要表现为投标企业诚信缺失，以弄虚作假和其他不正当手段骗取中标；行业自律性差，串标、商业贿赂围标、陪标现象时有发生；恶性竞争，低价竞标，中标后再以高价索赔、偷工减料等方式获利；违法层层转包、分包等。

（3）招标代理机构诚信度较差，行为不规范，服务意识不到位。不能严格执行法律法规，与业主、投标企业合谋搞虚假招标、肢解发包工程；代理机构超资质范围承接、挂靠代理业务；代理机构从业人员水平参差不齐，综合素质和业务水平有待进一步提高等。

招投标市场存在的严重问题，分析其深层次的原因有：

首先是法律法规体系不完善，执行不到位。我国目前招标投标相关的法律法规、规章以及管理办法等文件，分别由全国人大、国家相关部委、地方人大及政府各级行政主管部门来制定，由于各自角度和立场不同，同时受部门利益影响，造成实际上的多头立法、条块分割、部门垄断，甚至发生下位法与上位法冲突和抵触问题，

降低了法律的约束力。由于大量法律法规的制定和实施涉及了不同的执法主体和监管主体，并调整着不同的事项，共同对招投标活动进行规范，而实际情况是各方缺乏协调配合，致使执行不到位。

其次是缺乏统一监管体系，政府职能改革滞后。首先，我国招投标政府行政监管机构条块分割且部门职能交叉，无法形成统一的监管体系，致使政出多门、监管多门，加剧了市场的分割和垄断。例如土木工程招标投标监管由建设行政主管部门负责，设备招标投标监管由经济贸易行政主管部门负责，专业工程（水利、通信等）的投标招标监管由各专业行政部门负责。同时项目又分为重点建设项目和一般建设项目，重点建设项目招标一般由发改委负责。

再就是在政府投资项目施工招标投标中，政府承担着立法、监督管理和投资人三种角色，三种角色之间界限不清，致使正常的招投标市场秩序无法建立。因为政府掌握着市场准入、项目审批、价格管制、行政垄断、地区保护等过多的资源配置权，从而形成权力寻租，建设领域腐败多发。

四是招标代理市场秩序混乱，独立性和公正性不够。招标代理本是一种有偿的公正的行为，但现阶段在我国政府投资项目施工招投标中，招标代理的这一特征难以充分体现。由于招标代理机构受招标人委托，其行为具有服务性和有偿性的特点决定了招标代理机构容易受招标人影响，失去独立性和公正性。项目业主的利益取向和所掌握的权力，使招标代理人往往以业主的意愿为原则而不是以公平竞争为原则，帮助业主完成符合法规程序的招投标运作，使业主中意的中标人合法地中标。而投标人面对残酷的竞争，为了生存不得不采用许多不正当竞争方式。因此，从深层分析，现阶段围标、串标、陪标等现象的形成，与招标代理机构的不规范行为有着密切的关系。

五是信用体系建设不完善。全社会诚信氛围差，是招投标环节诸多问题的重要原因。我国目前还没有建立起与社会主义市场经济相适应的信用体系，缺乏有效约束信用缺失行为的完善的法律法规制度，使得招投标市场中信用缺失行为和投机行为有机可乘。目前招投标相关方不诚信得不到应有的惩罚，守信成本高，失信成本低且利润大，造成一些企业违约不讲信用的收益远比付出的代价大，导致守信的市场主体被迫退出市场或者放弃守信原则。

综上所述，为了更好地推行PPP管理模式，建设工程招投标制度改革势在必行。

二、需招投标管理制度改革的必要性

（一）招投标市场的不规范行为严重影响了建设工程项目的组织实施

肢解工程、围标、串标、最低价中标、阴阳合同、恶意竞标等招投标市场的不规范行为,严重破坏市场公平竞争秩序,给工程项目的组织实施造成了极大的难度。一些企业为了中标,不惜报低价,中标后一旦发现价格报亏了,就停工或拖延工期,采取偷工减料或高价索赔等方式,以及通过加快工程进度缩短工期来弥补损失或获得盈利,这些做法对工程质量、安全生产以及工程按期完工均带来了巨大的隐患,严重影响了建设工程项目的组织实施,也阻碍了建设项目管理模式的发展与创新。

(二)现行招投标管理方式不利于工程总承包和 PPP 模式的发展

目前我国大部分工程建设项目的设计、施工是分别招标的,同时规定投标人不能同时投标设计、施工,这种分阶段招标的管理方式,在很大程度上阻碍了一批具有实力的公司能够更好地参与到工程中来,人为地在设计与施工环节之间设立了一条鸿沟,使设计与施工双方缺乏有效的沟通,严重遏制了设计、施工企业之间共同创新的权利和动力,阻碍了工程总承包和 PPP 模式的发展。

(三)在目前的招投标市场中,代建制的推行受制约

代建制中的代建模式目前主要有政府专业代建公司模式(上海模式)、政府专业管理机构模式(深圳模式)、项目管理公司竞争代建模式(北京模式)等三种。"代建制"打破了现行政府投资体制中"投资、建设、管理、使用"四位一体的管理模式,使建、管、用分开,规范和加强了政府投资项目管理。但在当前的招投标市场中,由于投资人、监管者、业主、代建单位各方职责定位不清,特别是代建单位的法律地位不明确,致使代建工作常常受到多方干扰,代建制推行难度加大。

三、加快招投标管理改革的措施建议

为了维护建筑市场的繁荣,推进建设工程项目管理模式的发展与创新,要立足当前、面向长远,寻求根治工程招投标领域存在问题的治标治本之策。为此,提出如下建议:

(一)加强法制建设,完善制度法规体系

一是构建统一的法制体系。对政府制定和出台的招投标相关的法规、规章及规范性文件等进行清理,理顺《招标投标法》与其他各法规、部门规章之间的关系,构建统一的招投标法制体系。同时,尽快制定《招标投标法》实施细则,增强《招标投标法》的可操作性。

二是改革现行的招投标管理制度,促进工程总承包的发展。为了适应工程总承

包建设模式的要求，促进总承包市场的发育，要研究制定工程总承包的招投标管理办法，明确要求凡政府投资项目和具备条件的重点项目，都必须进行施工图设计和施工一并进行招标。要用法规形式明确工程总承包模式，特别要对业主肢解建设工程的行为进行明确的规范。

三是根据建设市场出现的新情况，调整完善相关的规章制度。如进一步推行无标底招标制度，建立中标价评审制度，实行招投标工程的后评价制度等。

（二）转变政府职能，创新监管机制

一是加快投资体制改革步伐。国务院《关于投资体制改革的决定》提出，要鼓励社会投资。在政府投资项目中，要通过吸引社会资本，并结合我国国情积极大力推行EPC、PMC、BT、BOT、BOOT等国际上通行的工程承包管理模式和PPP模式。要总结试点经验，加快推行和完善非经营性政府投资项目代建制，对经营性项目实行项目法人招标制，实现政府投资项目的投资人和招标人的分离。由于代建制模式带来了委托代理等法律关系的复杂性，因此，建议通过立法明确政府、业主、代建单位之间的权利、义务，并加强对代建合同的监管，以利于代建制模式的推行。

二是取消招标代理中介机构，设立专门从事招标的执行机构。针对目前招标代理机构的不规范行为，要严格招标代理机构的市场准入，实行政府资格管理和行业自律相结合，培育独立、客观、公正、规范的招标代理服务市场。对于招标代理机构违规操作，违反职业道德规范的，要视情节轻重给予相应处罚，直至取消政府投资项目的招标代理资格，清除出政府项目招投标市场。

要在总结国内各省市和部门建设有形市场经验教训的基础上，进一步明确工程交易中心的法律地位，拓展职能，在此基础上组建专门从事政府投资项目招标的执行机构。

三是建立有效制衡的监管体系，落实招投标投诉处理机制。当前要完善招投标部际联席机制，加强部门间交流合作，综合运用法律、经济和必要的行政手段，提高政府在招投标市场中的监督管理能力和服务水平。同时，强化对政府投资项目施工招投标全过程的监督执法，做好举报投诉的调查处理。

（三）建立长效机制，约束和规范市场各主体行为

一是推进诚信体系建设。建立健全工程建设市场信用体系，是规范招投标活动的治本之策之一。要进一步加强招投标信用体系建设，更好的发挥诚信机制作用，逐渐在行政许可、市场准入、招标投标、资质管理、工程担保与保险、表彰评优等工作中，积极利用已公布的诚信行为信息，加大"四库一平台"完善建设和规范运

行力度，依法对守信行为给予激励和支持，对失信行为给予惩戒，逐步健全有效的诚信奖惩机制。

二是加快推行工程担保和保险制度。建立和推行工程担保和保险制度是规避、转移工程风险的重要手段。在政府投资项目招投标中强制推行工程担保和保险制度，有利于促使建设市场形成优胜劣汰的良性竞争机制，为业主选择合格的承包人创造条件。要在以往试点的基础上，制定出台相关的指导意见，引导工程担保和保险市场的健康发展。

面对我国经济发展"新常态"的新形势及信息技术迅猛发展和全球价值链深化带来的新一轮经济全球化，要求我们从贯彻落实"四个全面"的战略高度，提高对"新常态"的认知，坚持以党的十八大和三中全会精神为指导，深化改革，保持定力，坚定前行，破除机制障碍，实施创新驱动，提升发展质量，优化经济结构，转换发展动力。要强调思路之变，把握主动之机。要看到新常态既是挑战又是机遇，经济减速一定程度上给我们提供了克服依靠扩张规模发展，做好结构调整的空间，使我们腾出时间从内部管理抓起，苦练内功，内生动力。要坚持多措并举，加快推动和实施创新驱动发展战略。这就要求建筑业采取更加有效的措施为企业营造创新环境，培植创新土壤，释放创新活力，使创新力度和深度融合于建筑业改革发展的全过程，让各项改革措施接地气落实处，从而主动地适应新常态引领"新常态"。切实推进政府职能转变，促进有效市场公平竞争。有为政府发挥作用，激励企业创新发展动力，保护生态环境，提升绿色建造能力，注重自主品牌建设，诚信守法经营，积极务实推进建筑产业现代化。这是建筑业在"新常态"背景下，促进持续健康发展的新引擎。

第九章
PPP 模式与建筑企业人才结构优化

第一节　建筑企业对 PPP 模式发展的认知

一、PPP 模式是我国建筑企业面临的新领域

PPP 模式是指政府与企业之间，为了合作建设城市基础设施项目，或是为了提供某种公共物品和服务，以特许权协议为基础，彼此之间形成一种伙伴式的合作关系，并通过签署合同来明确双方的权利和义务，以确保合作的顺利完成，最终使合作各方达到比预期单独行动更为有利的结果。政企合营模式（PPP），以其政府参与全过程经营的特点受到国内外广泛关注。PPP 模式将部分政府责任以特许经营权方式转移给社会主体（企业），政府与社会主体建立起"利益共享、风险共担、全程合作"的共同体关系，政府的财政负担减轻，社会主体的投资风险减小。在我国社会主义市场经济的当前阶段，过度依靠政府来独立运作公共基础设施建设项目，不可避免地会遇到国外政府早已碰到过的种种问题。在我国基础设施建设领域引入 PPP 模式，具有极其重要的现实意义，开始为 PPP 模式在我国的发展加大了国家政策层面、法律法规层面的支持力度。PPP 模式操作流程见图 9-1。

PPP 模式具有以下三个特点：

一是 PPP 为一种新型的项目融资模式。PPP 融资是以项目为主体的融资活动，是项目融资的一种实现形式，主要根据项目的预期收益、资产以及政府扶持的力度而不是项目投资人或发起人的资信来安排融资。项目经营的直接收益和通过政府扶持所转化的效益是偿还贷款的资金来源，项目公司的资产和政府给予的有限承诺是贷款的安全保障。

二是 PPP 融资模式因社会资本参与项目利于提高效率、降低风险。政府的公共部门与企业以特许权协议为基础进行全程合作，双方共同对项目运行的整个周期负责。PPP 融资模式的操作规则使企业能够参与到城市轨道交通项目的确认、设计和可行性研究等前期工作中来，这不仅降低了企业的投资风险，而且能将企业的管理方法与技术引入项目中来，还能有效地实现对项目建设与运行的控制，从而有利于降低项目建设投资的风险，较好地保障国家与企业各方的利益。

三是 PPP 模式在一定条件下保证社会资本"有利可图"。企业投资目标是寻求既能够还贷又有投资回报的项目，无利可图的基础设施项目是吸引不到社会资本的。而采取 PPP 模式，政府可以给予社会投资者相应的政策扶持作为补偿，如税收优惠、

第九章 PPP模式与建筑企业人才结构优化

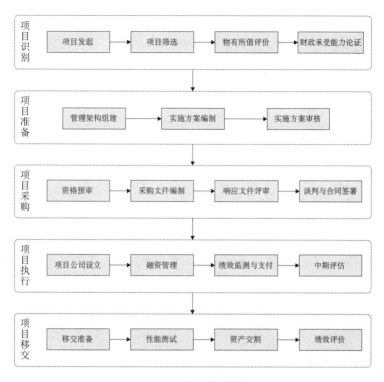

图9-1 PPP模式项目操作流程

贷款担保、给予企业沿线土地优先开发权等。通过优惠政策提高社会资本投资城市基础设施的积极性。不但能节省政府的投资,还可以将项目的一部分风险转移给企业,从而减轻政府的风险。同时双方可以形成互利的长期目标,更好地为社会和公众提供服务。

二、PPP模式在西方国家积累了成熟的应用经验

西方发达国家率先在利用国际及国内民间私人资本进行公共基础设施建设。1992年英国最早应用PPP模式,英国75%的政府管理者认为PPP模式下的工程达到和超过价格与质量关系的要求,可节省17%的资金。80%的工程项目按规定工期完成,常规招标项目按期完成的只有30%;20%未按期完成的、拖延时间最长没有超过4个月。同时,80%的工程耗资均在预算之内,一般传统招标方式只能达到25%;20%超过预算的是因为政府提出调整工程方案。按照英国的经验,适于PPP模式的工程包括:交通、卫生、公共安全、教育、公共不动产管理。智利为平衡基础设施投资和公用事业急需改善的背景下于1994年引进PPP模式,结果是提高了基础设施现代化程度,并获得充足资金投资到社会发展计划,年投资规模由模式实施以

前的 3 亿美元增加到 17 亿美元。葡萄牙自 1997～2006 年的 10 年间推动了 PPP 模式，首先应用在公路网的建设上，公路里程比原来增加一倍，还在实施包括医院的建设和运营、修建铁路和城市地铁。巴西于 2004 年 12 月通过"公私合营（PPP）模式"法案，该法对国家管理部门执行 PPP 模式下的工程招投标和签订工程合同做出具体的规定。

需要注意的是，PPP 作为传统交付模式的一种补充，仅在能够更好地实现物有所值的情况下才得以使用，在公共投资中的比例只占一小部分。即便是 PPP 运用较为成熟的英国、澳大利亚等国家，PPP 投资占公共投资的比例也不超过 15%。澳大利亚有约 50% 的基础设施由私营部门交付，但只有 10%～15% 是通过 PPP 方式提供。根据 PWF 的 1985～2011 年数据，全球基础设施 PPP 价值为 7751 亿美元，其中，欧洲处于领先地位，大约占全球 PPP 名义价值的 45.6%，接下来是亚洲和澳大利亚，所占份额为 24.2%，墨西哥、拉丁美洲和加勒比海地区三者合计占 11.4%。美国和加拿大所占的份额分别是 8.8%、5.8%，非洲和中东地区 PPP 价值为 315 亿美元，占全球份额的 4.1%。

三、PPP 模式在我国基础设施等领域快速发展

党的十八届三中全会作出"允许社会资本通过特许经营等方式参与城市基础设施投资和运营"的决定。2014 年 12 月以来，国务院及所属相关部委陆续出台与推进 PPP 模式相关的政策措施，拓宽城镇化建设融资渠道，促进政府职能加快转变，完善财政投入及管理方式，尽快形成有利于促进政府和社会资本合作模式（PPP）发展的制度体系。截至 2017 年 4 月，全国入库项目 12287 个，总投资额 14.6 万亿元。项目数和投资额较去年年末相比，净增项目 1027 个、投资额 1.06 万亿元，增长率分别为 9.12%、7.93%；比去年同期相比，净增项目 4566 个、投资额 5.78 万亿元，增长率分别为 59.14%、66.13%。PPP 已覆盖能源、交通、水利、环保、市政、农业、旅游、医疗卫生、教育、文化、体育等 19 个主要经济社会领域，绿色低碳和社会类项目稳步增加，系统集约项目增多，公共服务有效供给质量和效率显著提高，全国统一的 PPP 大市场格局初步形成。具体见图 9-2～图 9-4。

四、PPP 模式在基础设施领域与其他社会资本模式的比较

20 多年来，我国对国际上多种项目融资的模式进行尝试和引进，如 BOT（建造—经营—移交）、BOOT（建造—拥有—经营—移交）、BOO(建造—拥有—经营)、BT（建

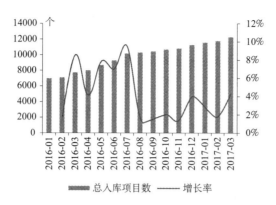

图 9-2 财政部项目库入库 PPP 项目数及增速

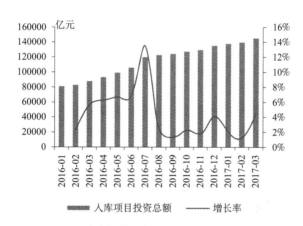

图 9-3 财政部项目库入库 PPP 投资额及增速

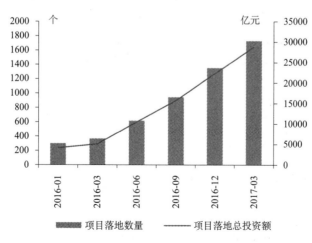

图 9-4 财政部项目库入库落地 PPP 项目数及投资额

造—移交）等有十几种之多，不看括号里的中文注释，被洋字码搞得眼花缭乱。由于国际上没有对这些模式统一定义，所以不要说一般人，就是有些专业人士有时也会搞不清楚。以最早的 BOT 为例，世界银行的定义是：政府给某些公司新项目建设的特许权，私营合伙人和某国际财团愿意自己融资，建设某项基础设施，并在一定时期经营该设施，然后将设施交给政府部门或其他公共机构。通俗点说，BOT 就是指地方政府通过特许经营协议，授权私营企业（含外商）进行项目的融资、设计、建造、经营和维护，在规定的特许期向该项目的使用者收取适当费用，由此回收该项目的各类成本并获得合理的回报，待特许期满后把项目无偿移交给政府。而 BT 模式就显得更直接，企业获得政府的授权后出资（包括贷款）为政府建设项目，项目建成后移交给政府使用，政府在约定的时间内（如三年）向企业支付投资建设及相关费用进行回购。以最早其中一种 BT 为例，有的建筑企业反映效益还不错，而多数企业则在做政府项目上栽了跟头，由于项目资金是事后支付（一般通过财政分期拨款或土地补偿），许多地方政府不顾本级财政的实力，采取"用明天的钱干今天的事，用别人的钱干自己的事"的理念，只顾及本届政府的"政绩"，干得好就升迁，至于谁还钱，怎么还钱，根本不考虑，拿政府的诚信当儿戏。结果不仅造成了天文数字的地方债务，也坑苦了一些做 BT 项目的企业，最终 2012 年底 BT 模式被中央有关部门叫停。也正因为 BT 项目模式在我国走了样，使得有些上当的企业"一朝被蛇咬，十年怕井绳"，所以 PPP 模式在我国初始阶段就存在着"体制内热、体制外冷"的现象。

具体参见表 9-1 及图 9-5。

PPP 模式与其他社会资本模式比较　　　　　表 9-1

项目	新建	在建	已建
轨道交通	公共私营合作制	股权融资或债权融资＋委托运营	融资租赁、资产证券化、股权转让
城市道路	建设—移交（BT）		
综合交通枢纽	交通枢纽和经营性开发项目一体化捆绑建设		
污水处理	建设—经营—移交（BOT）模式	委托运营或移交—经营—移交（TOT）	委托运营或移交—经营—移交（TOT）
固废处置	公共私营合作制（PPP）、股权合作等	移交—经营—移交（TOT）模式	移交—经营—移交（TOT）模式
镇域供热	建设—经营—移交（BOT）		

第九章　PPP模式与建筑企业人才结构优化

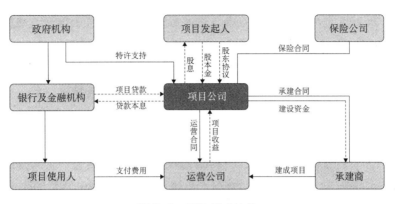

图 9-5　PPP 模式结构

五、PPP 模式过去在全国领域的成功案例

我国改革开放以后，特别是国务院 1987 年在全国建筑业广泛推行鲁布革项目法施工经验以来，由一批港商进入了中国内地高速公路建设领域，以合资企业的形式，与多个省市政府合作，运用国外资本，采用 BOT（建设 - 运营 - 转让）模式，并很快在全国各主要城市掀起高潮，并延伸到自来水、地铁、新城开发、开发区建设、燃气、路桥等领域。

【案例一】北京地铁 4 号线在国内首次采用 PPP 模式，将工程的所有投资建设任务以 7∶3 的基础比例划分为 A、B 两部分，A 部分包括洞体、车站等土建工程的投资建设，由政府投资方负责；B 部分包括车辆、信号等设备资产的投资、运营和维护，吸引社会投资组建的 PPP 项目公司来完成。政府部门与 PPP 公司签订特许经营协议，要根据 PPP 项目公司所提供服务的质量、效益等指标，对企业进行考核。在项目成长期，政府将其投资所形成的资产，以无偿或象征性的价格租赁给 PPP 项目公司，为其实现正常投资收益提供保障；在项目成熟期，为收回部分政府投资，同时避免 PPP 项目公司产生超额利润，将通过调整租金（为简便起见，其后在执行过程中采用了固定租金方式）的形式令政府投资公司参与收益的分配；在项目特许期结束后，PPP 项目公司无偿将项目全部资产移交给政府或续签经营合同（图 9-6）。

【案例二】深圳地铁 4 号线由港铁公司获得运营及沿线开发权。根据深圳市政府和港铁公司签署的协议，港铁公司在深圳成立项目公司，以 BOT 方式（实为今天的 PPP 模式）投资建设全长约 16km、总投资约 60 亿元的 4 号线二期工程。同时，深圳市政府将已于 2004 年底建成通车的全长 4.5km 的 4 号线一期工程在二期工程通车前（2007 年）租赁给港铁深圳公司，4 号线二期通车之日始，4 号线全线将由香港地铁公司成立的项目公司统一运营，该公司拥有 30 年的特许经营权。此外，香港地铁还获得4号线沿线290万 m² 建筑面积的物业开发权。在整个建设和经营期内，项目香港地铁公司绝对控股，自主经营、自负盈亏，运营期满，全部资产无偿移交深圳市政府。

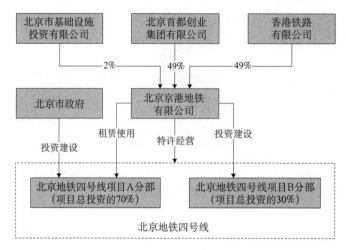

图9-6　国内PPP项目第一单：北京地铁4号线PPP项目

资料来源：济邦咨询，兴业证券研究所

第二节　建筑企业面对PPP发展的人才需求

一、建筑企业面对PPP模式发展人才结构严重失衡

（一）建筑企业领导层决策能力适应PPP发展面临风险

我国传统的建筑企业在工程建设施工过程管控能力、资质等方面具有优势，但面对PPP模式项目在前期决策咨询和后期运营能力相对较弱，尤其是运营管理上没有经验或经验严重不足。PPP模式完全颠覆以往工程总承包模式或工程建设的投资与运营模式，广泛采用项目特许经营权的方式进行结构融资，对企业领导决策层人员提出更高要求。2017年2月据不完全统计全国有特级资质企业398家、一级资质及以下资质企业十多万家，这些传统建筑企业在过去二十年来只有少数做过BT、BOT、EPC等模式项目，极少数央企和地方骨干大企业近几年才做过PPP模式项目并处于运营阶段，对于全国绝大多数建筑企业来说PPP模式仍然停留在认识过程。因此，建筑企业面对从中央到县各级政府推行PPP模式大发展"风起云涌"的势头，那些缺乏经验、根本没有经验的企业领导层应该"严肃对待、慎重决策"参与PPP

承包模式工程，以防止一些地方政府因房地产财政滑坡，少数地方政府在不具备条件的情况下拿政府的诚信当儿戏，只顾及本届政府的形象工程、政绩工程"业绩"，进而掀起新一轮的"PPP模式工程热潮"，让一些非理性建筑企业领导层盲目决策、盲目跟进买单。在项目建设和经营中可能出现投资决策失误所带来的风险，由于某些投资的主要负责人和单位在投资时盲目选择方案，只是把PPP模式当作融资的工具，而不是以提升项目的运作效率和工程质量、为社会提供更便捷的服务为终极目标。这些不良因素的存在都可能导致项目的经营不善，从而影响良好的资金回报。此外，在中国建筑业随着"一带一路"倡议走出国门、寻觅发展的大环境大趋势里，除那些积累了一些国际工程承包经验的企业外，还有很多没有积累海外承包工程经验的企业正在准备走向世界，这些企业领导层要注重"修炼武功、决策准确"，从源头管控好风险。

（二）建筑企业面对PPP模式严重缺乏专业人才

全国建设领域从中央企业到地方各层级、不同所有制企业来看，建筑企业面对PPP模式项目所必须的专业人才缺乏或严重缺乏是一个普遍现象。由于传统建筑企业缺乏工程咨询、设计、法律、金融、财务、运营管理等专业人才，缺乏足够的知识储备，那么PPP模式给建筑企业必将带来巨大的挑战。一是在PPP模式下，建筑企业由传统的只承担施工类项目的企业运营模式，转向于投资类项目，那么项目的风险点、核心观念控制点以及企业应该具备的核心竞争力都发生了根本的变化；二是建筑施工项目周期多为两三年，而PPP项目持续时间则为10～30年，建筑企业往往只擅长建设施工，不擅长作为投资方运营管控整个全过程，而如何设立项目、管理融资渠道、确定管理方式及维护后期长达几十年的运营，对于建筑企业都是极大挑战；三是政府的法律制度和管理机制不健全，自从PPP模式在内陆得到较为广泛的推广和应用以后，国家出台了系列政策加以支持，但是在这些政策中某些条款由于与现实中的具体情况有落差表现得不够科学，所以难以施行。作为PPP模式"特许经营法"立法已经历几年的起草和商榷仍没尘埃落定；四是政府和企业经营和管理理念分歧，在经营统一建设项目时，政府和企业可能会有不同的经营和管理理念，从而在项目的施工实践等过程中产生分歧。企业作为社会公众权利的维护者，以为人民服务为办事原则，在基础设施建设中可能会偏向于从公众利益的角度出发。而企业则是盈利机构，他们在项目运营中有很大的私利观念；五是政府和企业地位的严重不平等，更为明显的是企业和政府在运用PPP模式进行项目的经营时，双方的地位出现严重的不平等。政府部门在许多普通群众和企业经营者的心目中，还站在官位的神坛上，而且政府所掌握的监督职能会给企业带来束缚，某些政府官员可能会不正当的利用职权，从而阻碍企业正常经营的顺利开展；六是央行和财政部目前在研究PPP项目资产证券化的相关支持政策，内容包括PPP资产证券化需满足的条件以及配套的监管机制等内容。市场预计未来10年纳入政府预算管理的优质PPP投资规模在17多万亿元，建筑企业未来还必须有足够的知识能力应对PPP潜力巨大的资产证券化市场。

二、建筑企业面对PPP模式发展缺乏实践经验

（一）建筑企业多数没有PPP项目实践经验容易入歧途

目前，全国建设领域传统的施工总承包项目市场竞争异常激烈与建筑企业面对PPP项目大发展无所适从的矛盾日益突出。一方面，从中央到地方入库PPP项目个数及投资额增加快，国务院各部委频繁地推出各种政策，各级政府财政金融口都有PPP中心。尽管如此，全国约50%项目始终停留在初始阶段无法推进。2017年上半年PPP项目库总规模13.8万亿元，这意味着其中约7万亿元项目可能始终难以落地。如果再计入发改委PPP存量项目规模，最终无缘落地的PPP项目规模将超7万亿元（图9-7）。另一方面，全国多数建筑企业没有满足PPP项目必需的人才、没有做PPP项目的实战经验，如果是一个投资10亿元的项目，3亿元的资本金，计算社会资本回报率，应该以3亿元的资本金为标的进行计算。假如这部分资金相对合理的回报率是8%，那么，如果按照投资10亿元来计算回报率，这样一来，用3亿元资本金撬动7亿元的银行贷款，如果银行贷款的资金成本是6%，那么资本金的投资回报率就非常高，政府付费项目财政支出更多如何承担，建筑企业如果没有知识储备就难以化解各种风险。

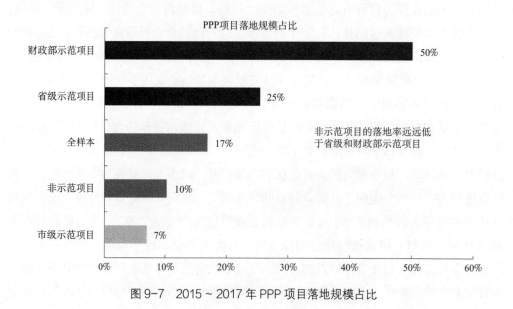

图9-7　2015～2017年PPP项目落地规模占比

（二）建筑企业少部分有 PPP 项目实战经验的仍需提高

1980 年 4 月，邓小平同志指出，建筑业是可以为国家增加收入、增加积累的一个重要产业部门。小平同志的谈话确立了建筑业作为国民经济支柱产业的地位，为建筑业的改革和发展指明了方向。自此，建筑业作为城市改革的突破口，率先进行全行业的改革。1984 年 9 月，国务院发布了《关于改革建筑业和基本建设管理体制若干问题的暂行规定》，决定在建筑业开展招标投标、用工制度、工资制度和工程质量监督办法等一系列改革。三十年来一少部分中央和地方先行者企业，坚持以市场为导向的经营理念，长期从事作为国家基础产业的施工管理，随着市场发展的延伸，不断探索资本运营架构下的 BOT、BT、EPC 等多种经济模式，并在国际通行总承包模式领域中进行积极探索。由于国内市场机制的不够规范以及各种不可预测因素的影响，在这其中虽有不少成功的经验可供借鉴，但失败的教训同样需要汲取。近年来，尽管 PPP 模式的运行周期比较长以及所涉及的相关问题的复杂程度远远超过前者，这些企业统筹谋划，勇于积极探索 PPP 项目的实践方法，以企业内部相关业务板块一流的运营、管理经验，以现场运行组织管理经验的生产、项目日常运营管理的人才队伍，进而推进 PPP 模式健康有序发展，尽管这些 PPP 项目仍然处于运营期，必将成为推动企业发展的强大引擎。

【案例三】2008 年奥运主会场国家体育场即"鸟巢"工程，由北京市政府作为招标人，面向全世界公开招标项目法人，北京市政府公开招标的项目法人与市政府出资人北京市国资公司共同组建项目公司，负责国家体育场的投资、建设、运营，并于 2008 年将一座完好的体育场无偿地移交给北京市政府。北京城建集团与中信集团和美国金州控股集团以优势互补、强强联合，按 BOT 模式（实为今天的 PPP 模式）运作组成项目联合体中标，项目联合体与北京市政府的出资人国资公司共同成立了"国家体育场有限公司"，该公司股东单位及出资比例为：北京国资公司 58%、中信集团及下属国安岳强公司 27.3%、北京城建集团 12.6%、美国金州集团 2.1%，由北京城建集团负责施工总承包及全部采购工作。"鸟巢"等奥运工程投标的成功，探索了资本运作与施工相结合、以投融资带动工程总承包的新路子。

三、建筑企业面对国外 PPP 项目规避风险能力不足

根据我国对外承包工程年报数据，2016 年我国对外承包工程完成营业额 1594 亿美元，同比增长 3.5%；新签合同额 2440 亿美元，同比增长 16.2%。截至 2016 年底，我国对外承包工程已累计完成营业额 1.2 万亿美元，新签合同额 1.7 万亿美元。2016

年以来，全球经济增长依然缓慢，非洲及拉美等资源型国家财政收入减少，基建投资增长乏力，贸易保护主义抬头，内外竞争加剧，国际承包工程市场整体表现低迷。

我国对外承包工程行业需要紧跟国家"一带一路"建设和国际产能合作指引，需要继续加大市场开拓力度，确保行业整体稳步发展。从我国部分建筑企业走出国门二十多年来的经验教训看，取得了巨大的成绩，也付出过高昂的代价。在"一带一路"倡议早期发展阶段，基础设施互联互通是先导，这些设施对所在国家是基本的公共产品公共服务，但对国际投资者是一个商业投资项目。所以说，PPP模式将会是"一带一路"沿线国家包括基础设施在内的公共产品公共服务国际合作的主流形式，给相对落后项目国输入的不仅是资金，还有新的发展理念、管理模式、技术和人才等。比如中国建筑企业"组团"参与缅甸皎漂特别经济区深水港、工业园的PPP项目，就是希望通过基础设施建设和产业项目联动实现一箭双雕，解决了基础设施供给不足，同时解决了后续经济发展及投资回报来源。

总的来讲，根据我国过去对外承包工程出现的深刻教训，将来做国际PPP项目必须注意规避的四类主要风险：一是政治风险，包含战争和内乱、没收外资、拒付债务、法规变化、制裁与禁运、对外关系、污染及安全规则约束；二是经济风险，包含延迟付款、利率波动、通货膨胀、换汇控制、税率增加、汇率波动、分包商违约、经济萎缩；三是施工风险，包含地质条件、材料设备供应、工程变更、工商事故、内部罢工、技术规范、自然条件；四是管理风险，包含应变能力、合同管理、人才管理、施工管理、能源管理。

第三节 建筑企业适应PPP发展的人才优化措施

一、建立适应企业战略发展的人才培养机制体制格局

（一）企业发展战略决定人才资源聚集层次

近三十年来，由于每年数十万高校毕业生加入建设大军、由于国家整体科技进步带来的建筑材料和建设机械的革命，使建筑企业如虎添翼，为调整企业结构、优化资源配置创造了客观条件，促使全国12万多家特、一、二、三级资质企业按照市场规则，迅速向工程总承包、专业分包、劳务分包的生存空间发展。促使一批中央和地方骨干建设企业快速成长为以技术和管理输出为发展方向、从事工业与民用建筑、市政工程、轨道交通、水利水电、隧道桥梁、房地产开发、设计咨询等业务的

智力型综合企业集团。尤其是已跻身于"中国企业500强"、"世界企业500强"、"国际大承包商"、"企业已经上市"、"PPP模式实践者"、"一带一路先行者"之列的建筑企业,这些部分建筑企业的发展战略近十年来已经定位于"城市建设综合运营商",在投融资、设计、开发、施工、园林绿化、置业管理、资本管理、运营管理已经基本形成了PPP模式项目所必需的、初步的产业链人才资源库。以中建总公司、中国中铁、中铁建、中交集团等为代表的中央企业,以及各省(市、区)的骨干国有建筑企业,还有一批已经做强做优做大的民营建筑企业,在过去从事BOT、BOOT、BOO、BT、EPC、PPP项目模式的实践中,积累了丰富的经验教训,这些建筑企业是现在和将来推行PPP项目落地的主力军。当前,有一部分企业内部成立了PPP研究中心、PPP管理职能部门、投融资资本管理类公司、企业职工干部学(院)校增设PPP模式专业课程等举措,这无疑对企业自身进一步做强做优做大、带动其他建筑企业更好发展产生重大影响。

(二)建立与PPP模式相适应的体制及人才培训模式

我国建设领域部分企业过去20年来,潜心探索实践过BOT、BOOT、BOO、BT、EPC资本模式,既有成功经验也有深刻教训。近几年来,随着党中央、国务院对PPP模式的大力倡议引导推进,以中央和地方骨干建筑企业为主力军,又正在积极探索实践着PPP项目模式,具有一定规模的人才资源结构基础。为此,应建立完善或增设与PPP模式相适应的资本融资、法律法务、运营管理等组织机构,增强PPP模式决策和管理能力。

企业在PPP人才培养应采用"立足自培"方法,以逐步满足企业PPP业务发展对人才多元化的需求,大量的人才需要建筑企业"自培",可以设立PPP人才管理库,将有潜力的人才纳入库中,并派遣这些人员到相关的PPP项目学习锻炼,强化理论知识水平和实践操作技能,为后续PPP项目的全面推广实施培养优秀管理人才,除此之外,还可以根据人才的专业特性开展转岗培训,不断适应和满足PPP项目的发展需求。PPP项目的深入推进,需要大力培养适合企业转型需要的创新型高层次人才,强化高技能人才队伍建设,加紧实现人才成长的"无缝对接"。以人才队伍作强大后盾,抢滩登陆PPP项目市场。以人才转型驱动企业转型,这才是人才在PPP项目大潮中击楫勇进的方向。

【案例四】中国铁建十八局投资公司副总经理王××介绍,传统的建筑企业和一些专业的运营公司相比,工程建设技术和资质等方面有优势,后期运营能力相对较弱,主要是运营管理上的经验不足。为了提升能力,解决PPP人才之困,2016年初就组织了一次100多名中层以上领导及业务骨干来北京参加PPP模式实战操作高级研修班学习。中国铁建十八局除了积极组织 PPP 学习培训，自己培养 PPP 人才，还通过参股、收购等手段增强运营力量，规划将基础设施类 PPP 项目占铁路外市场项目的比例提高到 60%。

（三）推进适应 PPP 模式产业链人才资源协同共享

优势建筑企业要发挥全产业链优势，根据 PPP 项目特点，创新思维模式，跨系统、跨板块选拔、培养优秀人才，满足 PPP 项目和企业提质增效发展需求。坚持总量控制，着力提高人力资源供求在数量、质量、结构方面的匹配度，重点引进支撑企业核心业务的成熟人才、高端人才以及企业重大工程、重点项目的紧缺人才；加强人才梯队培育。加大自有人才的培养力度，着力高端引领，积极推荐企业优秀人才参评国家及省（市、区）百千万人才、突出贡献专家等高端人才。重视中青年 PPP 人才队伍建设，有步骤地积极开展"百人千人万人计划"，发现、培养并储备一支业务能力过硬的中青年骨干人才梯队。依托 PPP 大项目，积累培养和锻炼一批懂管理、会经营、会运营的复合型人才。抓好企业 PPP 杰出项目经理和系统业务评选，依托 PPP 项目建立完善的人才激励机制。积极推进岗职位标准化建设试点，努力探索员工职业发展通道，注重人才价值创造。创新培训方式，充分运用企业内部职业学校构建"知识、实践"合一的学习模式，形成企业 PPP 培训项目的标准化管理制度。着重抓好项目经理等关键岗位及专业技能岗位的专项培训，开展好高等院校新员工入职教育。

二、建筑企业可引进紧缺人才或联合互补培养人才

（一）开展好企校、企协等合作培训 PPP 人才培训模式

对全国多数建筑企业而言，过去既没有实践过 BOT、BT、EPC 等资本模式项目，近几年也没有涉及参与 PPP 项目，长期以来始终单一地从事传统的施工总承包、专业承包、劳务分包业务，人才现有存量不足和专业面单一等问题突出。要突破 PPP 模式的人才瓶颈，别无捷径，主要途径只有走"企业与学校、企业与协会或 PPP 专业培训机构"合作的路子来充实 PPP 人才队伍。

一是做好"企业与学校"联合培训工作。高校对于中长期人才培养具有重要作用，最大特点就是有很多知识的储备和积累，学科比较齐全，教师专业基础比较好，对专业方面比较熟悉和敏感，通过深入实践再学习，容易把 PPP 实践的东西拿来解构和分析，然后通过理论来完善它。同时，高校教师比较专注，对政府政策出台的过程和它的背景理解得比较好，对于 PPP 这种实践、理论、政策相结合的事情会完成得更好，从而可以助力建筑企业在 PPP 人才培养上起比较大的作用。

二是走"企业与协会或 PPP 专业培训机构"合作的路子。相关协会或 PPP 专业培训机构接触政府 PPP 项目主管部门、优势建筑企业、高等院校密切频繁，了解、理解、解读政府 PPP 政策快速准确，与 PPP 模式实践无缝对接能力强、实效快，企业派人参与协会或 PPP 专业培训机构，短期培训用不了太多时间，企业员工原有的专业技能加上 PPP 理论知识很快就可以跟实践结合起来，很快成长成熟一批 PPP 项目人才建设者。

三是企业注意与 PPP 专业咨询机构做好合作。PPP 项目的全生命周期涉及法律、金融、工程管理、投资管理等不同的领域，需要在不同机构的共同协作下才能完成。一方面由于我国全面、系统地推行 PPP 也就两年左右的时间，大多数地方政府尚未设立专门的职能机构，也没有完善的协调机制，相关政府工作人员对 PPP 的了解和把握普遍还不深入，缺乏通晓法律、经济、金融、工程管理等知识的综合性人才。另一方面全国多数建筑业企业习惯了过去粗放式管理，综合性、复合型、管理型人才更是寥寥无几，导致企业刚刚进入面对 PPP 模式一筹莫展，PPP 项目人才供给更是严重不足。根据中央和地方已经从事几年或多个 PPP 模式项目的建筑企业经验，建筑企业在进入 PPP 项目初创阶段与 PPP 专业咨询机构做好合作是必要的，PPP 专业咨询机构对国家和地方政府相关法规的理解、对 PPP 项目涉及的合同及天时地利人和方方面面的流程有较大优势，这样能够避免企业少走弯路。

（二）结合企业承接 PPP 项目需求注意引进专业人才

随着 PPP 模式飞速发展，这为企业拓展投资平台提供了广阔的舞台，使企业可以在城市基础设施建设方面拥有了更多的投资项目，可以在更广的投资范围内进行业务经营。由于三年前基础设施建设是由政府占据主导位置，企业只是施工环节的执行者，但是 PPP 模式让企业得以在这个领域投资管理。同时，也为企业拓展了获利空间，企业在工程利益分红中的比例大大提高，不仅可以增加自身在经营建筑项目过程中的利润，还可以保持企业的利润长期稳定发展，有利于企业的长期经营战略的制定和长久利益实现。全国建设领域随着传统的工程总承包、专业分包、劳务分包业务日益减少、市场竞争形势不可逆转，一部分中央企业 PPP 项目规模已经占据年度经营额的 60%左右，全国不同规模、层级、体制的建筑企业以后多数都会去承接 PPP 项目。人才困境遇到的难题也如成长的烦恼摆在 PPP 人的案头，亟待破局。建筑企业与任何一个高速发展的行业类似，人才都是带路者，也是践行者。有关 PPP 人才如何打破短缺困局，很多业内先行者都一直在思索并践行着。企业引进人才是充实自身 PPP 人才库的一个重要渠道，至于引进人才的多少、专业需求、轻重缓急，企业尤其是中小型企业必须结合发展战略定位"量体裁衣、量力而行"。

（三）做好企业跨专业、跨层级之间联合互补培养人才

伴随PPP项目合同额和产值占比的提高，建筑企业的整体战略与管理体系也将发生重大转型。顺应一体化和多元化的转型模式，以构建服务型企业为目标，建筑企业的"深化改革、调整转型、创新发展、提质增效"有了更深的内涵。PPP模式下的战略转型、组织转型、管理升级和核心能力构建，不是一种管理改进，而是建筑业企业从战略发展到运营模式、从顶层架构到全流程体系的深度变革。PPP模式对建筑企业而言，不仅仅是获取项目方式的转变，企业应该争取"从战略发展规划高度清晰思路构建核心竞争力、从治理结构和组织建设层面提高团队综合经营效率、从机制建设和管理体系完善流程提升经营效益"效果，最终实现企业可持续发展。要通过不断承接PPP模式实现企业可持续发展，就必须打破PPP人才短缺困局，做好企业跨专业、跨层级之间联合互补培养人才。

一是做好跨专业、强弱企业之间联合互补培养人才工作。改革开放三十年来，我国建筑企业从单一的国有或集体公有体制逐步形成了多元化体制，很多今天优势企业的成长都有通过强弱联合互补而从小到大、从弱到强的历程，部分特级建筑资质企业十年前就是一个小包工队，是伴随着大企业成长起来的。同样，在PPP模式项目风起云涌的时代，那些从来没有尝试过BOT、BT、EPC资本模式项目，也没有实践承接过PPP项目的建筑企业，通过一定资本或者其他形式与PPP模式实践的优势企业联合，经过几年或几个PPP模式项目锻炼提高优化人才结构和管理能力，同样逐步成长为PPP模式优势建筑企业。

二是做好建筑企业集团内部跨层级、跨专业之间联合互补培养人才工作。多年来，全国从中央到地方的骨干企业以行政、经济两个手段，将内部不同层级、不同专业的独立法人企业按一盘棋思想管理应对新生事物，过去对待BOT、BT、EPC等资本模式项目如此，今天对待PPP项目更是如此。充分发挥集团内部分工在投融资、设计、开发、施工、园林绿化、物业管理、运营管理产业链人才资源的优势，有利于促进内部多家企业规避风险、人才成长、效益增长、企业可持续发展。

三、建筑企业应注重在项目实战中锻炼优化PPP人才

（一）企业在决策阶段必须把好PPP项目入市风险关

国家财政部2017年上半年PPP项目库总规模13.8万亿，只有约7万亿PPP项目规模落地。这些没有落地的劣势PPP项目投资高、回报慢、现金流不足，大量的PPP项目是经济欠发达地区，这些项目缺乏规模经济，再加上其信用等级较低、金

融环境基础薄弱，对社会资金的吸引力不足。还有就是 PPP 配套法规与政策体系不健全，一些地方政府的契约诚信不足，行政体制、财政体制与投融资体制的改革，在国家层面上与 PPP 有关的法规仍较为缺乏，PPP 涉及财政、投资项目管理、招投标、融资、价格管理和公共服务等各个部门缺乏协调性，前期对成本和收益的误判会导致 PPP 项目出现合作方利益分配不达预期的风险。因此，企业领导层决策时面对一个 PPP 项目，必须组织 PPP 投融资事业部及投融资、设计、营销、运营、法律商务相关部门反复论证，主要围绕"PPP 项目个体本身、金融环境、地理条件、法规针对性"进行风险分析，提高企业决策能力，提高企业 PPP 人才各专业能力，提高企业抗风险能力。例如：北京 ×× 集团过去从入市国家体育场即"鸟巢"及近几年参与多个省市的 PPP 项目入市实践，为降低风险明确禁止所属全资控股子公司直接承接 PPP 项目。

（二）企业注重在 PPP 项目实践中锻炼聚集人才

近年来，在国家财政部 PPP 项目库中确有一些很好的适合大型建筑企业入市项目，这些好项目具有规模大、涉及产业链多、环境条件好，有利于建筑企业集团发挥内部产业链优势、各专业优势，对于做大做强企业有助推作用，对 PPP 各专业人才有不可替代的实战锻炼效果。例如：北京 ×× 集团刚刚与安徽省黄山市签订政企战略协议，本 PPP 项目包括"轨道交通设计施工、房地产开发、古村镇改造、市政道路、旅游景点酒店升级"等内容，正好契合该集团企业具有"投融资、设计、开发、施工、园林绿化、物业管理、运营管理"产业链需求。该企业同时与北京市密云区签订的政企战略协议，针对云雾山—古北口一线建设的 PPP 项目，其规模内容与黄山市 PPP 项目十分雷同。总之，中央和地方骨干建筑企业通过 PPP 项目的承接锻炼，有利于内部 PPP 人才的快速锻炼聚集，也有利于带动其他中小型建筑企业加盟提高。

【案例五】北京城建集团承接的安徽省安庆市外环北路是全国首个纯公益类市政道路 PPP 项目，是财政部第二批 PPP 项目库项目，项目运作方式为 DBFOT，即设计优化－建设－融资－运营－移交。回报机制为政府付费，分为可用性服务费和运维绩效服务费（图 9-8）。合同期限为 13 年，分建设期和运营期，建设期两年，运营期 11 年。建设单位为安徽京建投资建设有限公司，是由政府授权的出资方安庆市城投公司和中标的社会资本方北京城建设计发展集团共同组建，施工单位为中标的社会资本方北京城建设计发展集团。工程位于安庆市东北部，是贯穿西北－东南的城市主干路，建设内容主要包括道路工程、桥涵工程、立交工程、管线工程、交通工程、照明工程及绿化工程等。道路设计全长 14.93km，含桥梁 13 座，桥隧比为 28.7%，项目总投资 20 亿元人民币。道路等级为城市主干路，设计速度 60km/h，设计标准轴载重为 BZZ-100，荷载等级为城市 -A 级。北京城建根据本项目特点，选派经验丰富、具有设计经历或从事过监理的管理人员成立项目公司管理团队。根据投标承诺派了施工总承包管理经验丰富的人员组建项目部，并选派施工经验丰富的管理人员成立各项目分部，高峰期管理人员达 240 余人，依靠先进的管理模式和高效的管理措施，2015 年 6 月~2016 年 9 月提前 8 个月完成（图 9-9）。

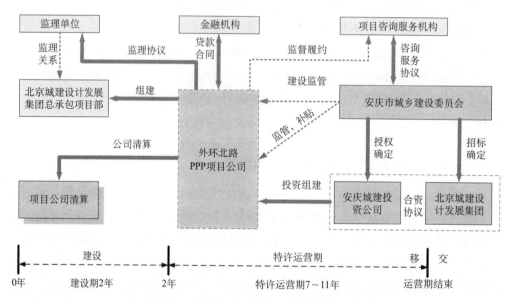

图 9-8　北京城建集团－安庆市 PPP 项目合作框架

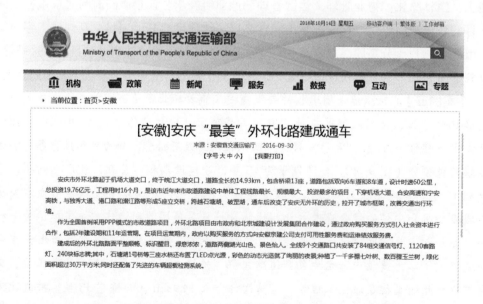

图 9-9　国家交通运输部官网报道北京城建集团 PPP 项目信息

2016年10月以来，国家发改委和安徽省领导多次到现场视察指导，接待全国各省市考察团260余次。被人民日报评价为"一条开先河的路"，被光明网誉为安庆"最美风景路"，被中央电视台誉为"安庆模式"和"安庆速度"。本项目还具有以下特点和社会启示：

首先，创新了"政府购买服务"方式，并将付费义务纳入跨年度财政预算，注重政府履约能力。由政府通过向项目公司支付可用性服务费的方式购买项目可用性（符合验收标准的公共资产），以及支付运维绩效服务费的方式购买项目公司为维持项目可用性所需的运营维护服务（符合绩效要求的公共服务）。安庆市人大常委会在PPP项目协议签署前通过决议，将该等可用性服务费和运营绩效服务费纳入跨年度的财政预算，并要求市政府加强项目建设与资金管理，定期向市人大常委会报告工程进展、资金使用情况。注重政府方履约保障，给社会资本和金融机构等主要利益相关方吃了"定心丸"，是本项目成功实施的关键因素之一。

其次，体现了可量化的绩效考核指标及激励相容机制设计。本项目从全生命周期成本考虑，分别设置了可落地的可用性绩效考核指标、运维绩效指标以及移交绩效指标。市住建委从质量、工期、环境保护、安全生产等方面设置可用性绩效指标，将其作为竣工验收的重要标准；同时，从四个层级十七个方面设置了三十八项运维绩效指标，在运营维护期内，项目实施机构主要通过常规考核和临时考核的方式对项目公司服务绩效水平进行考核，并将考核结果与运维绩效付费支付挂钩，当然，建设期内项目建设质量的优劣将直接影响社会资本在运营维护期的成本高低，以有效激励社会资本从项目全生命周期成本统筹考虑本项目的建设、运营维护及移交等；通过移交绩效标准的设计，督促项目公司善始善终。

最后，为政府选择合作伙伴提供了更为开阔的操作思路。为平衡政府和社会资本不同的利益诉求，项目组在设计竞价方式时给予社会资本的一定的自主选择权，在可用性服务费支付年限方面，社会资本可根据自身风险承受能力、回报要求等因素自主选择可用性服务费支付年限（7～11年均可，当然如果某一社会资本选择适用较短期限时，则在投标文件评审时，该社会资本的本项得分会相对较低）及采购文件规定的年支付比例上限之内的支付比例。此举创新了国内PPP项目的报价方式，并充分尊重了各社会资本的投资偏好。同时，为了实现各年财政付费规模的平滑，在评标细则中对可用性服务费年支付比例设计了专门的评分机制，引导社会资本理性报价。

（三）企业通过PPP项目实践要注重人才及核心竞争力双扩张

为推动PPP模式在本企业的健康有序发展，在集团内注册成立资本管理公司、PPP管理部门或PPP研究中心，搭建起政府、企业、专家间的交流平台，更加有效助推 PPP 模式项目落地及其实施，这些就是建立健全适应企业战略的人才培养机制体制有效方法。建筑企业在初期规避风险后每决策入市一个 PPP 项目，必须全力组织投融资、营销、设计、施工、运营、法律商务等相关专业全力以赴，围绕 PPP 项目实施过程的金融环境、施工条件、法规针对性进行风险分析及有效控制，做到"每入市一个 PPP 项目锻炼一批人才、当入市若干个 PPP 项目后优化储备提高一批人才"。只有经过这样循环往复地入市 PPP 模式项目锻炼，才能在实践中快速培养、聚集、优化人才，真正做到"PPP 人才素质、PPP 项目核心竞争力"双扩张。

【案例六】2017 年 4 月，北京市属企业首个 PPP 研究中心——北京城建集团 PPP 研究中心正式挂牌成立（图 9-10），旨在促进政府、企业、金融三方面的专业交流与合作，搭建政府、专业咨询机构、金融机构以及实际参与企业四个层面参与的 PPP 智库平台，对 PPP 项目信息进行动态分享与分析，对 PPP 项目的风险进行识别与防范，对 PPP 优质资源进行互补结合，有效促进基础设施 PPP 项目的发展与落地。北京城建集团以该中心为平台，以国家 PPP 模式发展政策要求和市场需求为导向，整合产业链优势资源，以合作共赢为根本，以资源优势互补为条件，以 PPP 大数据为中心，共同开展领域创新与交流合作，打造跨界专业交流研讨平台。北京城建集团的这些决策和举措，有力地助推了 PPP、EPC、TOD 工程提速发展，安徽安庆外环北路 PPP 项目通车以后，青海德令哈现代有轨电车 EPC 项目启动，苹果园交通枢纽 TOD 项目开工。新承接了北京新机场－草桥轨道线、遵义凤新快线、昆明地铁 4

图 9-10　北京城建集团 PPP 研究中心成立仪式

号线、滇中空港大道等PPP项目落地。北京城建集团近年来，积极探索并实践了一批有代表性的PPP项目，充分发挥集团和设计发展集团两个资本平台优势，通过与政府合作，从前期的投资规划到后期的建设运营，打造了上下游联动的完整产业链，合作双方呈现出巨大产业聚合效益。代表性的项目有：国家体育场（鸟巢）、国家体育馆、奥运村、北京地铁亦庄线、北京梅市口路、河北邯郸站前广场、安庆外环北路、哈尔滨地下管廊、南宁市那考河流域治理、湖州经济技术开发区基础设施等多项PPP项目，为集团在投融资板块的发展开启了新领域。

第十章

PPP模式与建筑企业风险管控策略

本章以建筑企业为对象，研究其参与 PPP 模式将遇到的风险，通过理论、文献和实证研究，从风险内容及特点、风险识别、风险分析与评估、风险控制及应对四个环节，研究 PPP 模式下建筑企业的风险管理。

第一节　建筑企业 PPP 模式风险内容及特点

通过调研发现，PPP 项目风险结合了一般风险和自身特殊性风险两者的特点，风险因素多且复杂。一般风险总体上独立于相关项目，可能出现在项目生命周期的任何时候，相比之下，项目特定风险直接受到参与方的影响，在特定情况下，可以为不同项目阶段分别评估项目特定风险。Barbara Weber 和 Hans Wilhelm Alfen[1]认为一般风险分为市场风险、利率风险、汇率风险、环境风险、不可抗力风险、政治风险、法律风险，项目特定风险分为建设完工风险、技术风险、融资风险、联合体风险、运营风险、变现风险、信用风险。

一、建筑企业 PPP 项目风险内容

本书认为建筑企业 PPP 项目风险是指建筑企业参与 PPP 项目建设从立项到项目移交的各个阶段将遇到的风险。Darrin Grimsey 和 MK. Lewis[2]对风险进行了详细的分类，他们指出 PPP 在建设运营过程中主要面临的风险有技术风险、建设风险、运营风险、税收风险、财务风险、不可抗力、政策风险、环境风险以及项目延期风险。

本章参考了大量 PPP 项目的案例和文献的基础上，分析和总结了建筑企业 PPP 项目的风险因素，包括政治风险、市场风险、技术风险、信用风险、金融风险、建设及完工风险、运营风险及不可抗力风险。同时这些风险又在项目建设的不同阶段产生不同的影响，根据项目的时间进程将项目建设划分为建设前期阶段、建设阶段、运营阶段，并针对建筑企业，分析各阶段会遇到的风险种类及内容，如表 10-1 所示。

建筑企业 PPP 模式风险内容　　　　表 10-1

主体	阶段	风险	风险描述
建筑企业	建设前期阶段	金融风险	货币的兑换汇率、货币的价值升降问题会带来一定风险，因为货币汇率一直处于变化中，货币价值无法确定

续表

主体	阶段	风险	风险描述
建筑企业	建设前期阶段	信用风险	主要指在双方相互约定好的情况下，其中一方突然违约，不能履行或者不愿意履行合同后产生的损失风险
		政治风险	主要体现在国家方面，比如政治、经济、技术文化等方面。政府关于经济的政策都会对融资主体产生影响，比如融资条件的变化、政策性资金的融资政策等
	建设阶段	金融风险	由于资金未能及时到位或者缺乏资金的资助而导致的项目延期情况
		技术风险	因技术存在着问题而导致项目不能准时完成或者是没有达到预期的效果的情况。表现在两个方面：一是技术的设计到位安全合理科学与否以及项目进行中的监督力度不够，后期评估未到位，从而导致项目风险出现；二是建设施工方面，项目在实施建设的过程中由于技术的不合格导致工程不能继续或者重新完成而耽误工作时间
		建设及完工风险	指项目无法按时完工、延期完工或者完工后无法达到预期标准的风险
		政治风险	正在进行的工程因为政策法律法规的调整而不能按照预期很好的完成
		不可抗力风险	正进行的项目因为突然发生的没有办法解决的问题而有所损失出现项目投资风险。如自然灾害、局域动乱等
	运营阶段	金融风险	主要表现在项目运营收入水平较低，无法满足项目公司偿还融资本息、项目公司股东分红及项目公司日常运营费用支出等
		运营风险	由于管理上存在问题给项目的预期回报带来影响。主要包括：管理人员缺少相关经验，没有足够的能力准确捕捉市场信息；技术、质量不过关始终是潜在威胁，例如设施不配套，生产技术落后，负责生产的技术员工经验缺乏导致的生产原料虚耗；生产过程中不爱护设备事后没有及时维护导致设备提早损坏；管理有缺陷容易使工作气氛不和谐；生产和管理工作跟不上法律法规及国家政策调整幅度
		市场风险	由于市场情况不稳定导致的费用上升或盈利降低。包含商品售价降低使得收益减少；收费结构有缺陷使得资金需要很长时间才能回收；竞争激烈使得市场占有率下降；国家政策和法律法规调整而使产品或服务尺度上调；成本增加等
		不可抗力风险	指由于人力物力财力之外等无法克服抵抗的原因导致的因素，包括自然灾害、政治形势不稳定等

以上分析的是项目建设各阶段会遇到的各种风险，接下来着重介绍经过调研发现的各阶段需要重点注意的风险。

（一）建筑企业在建设前期阶段应重点注意的风险

建筑企业作为项目主办人，在这阶段的主要工作是机会识别、投资决策、组合联营体、投标、谈判与签订合同、组建项目公司、项目融资及项目建设前的其他准备。

较之整个项目过程，项目前期是风险管理最为重要也是影响最大的一个阶段，是实际花费最少却决定了项目的绝大比例支出的阶段。前期阶段要重点关注财务风险和法律风险。对于财务风险，要评估资金组织和调度风险，重点关注资金的预计到位率，同时根据项目的收益能力和企业偿债能力预先制定偿债计划；由于利率波动等而导致企业筹资成本加大的风险也要格外关注。此外，还必须严格控制负债规模；形成现金流的基本安排计划和监控机制。要按照项目预期未来收益、现金流量、财务状况及投资计划等，通过量化形势，准确编制现金流量预算。根据应收款项、建立短期财务预警系统，评估现金流是否平衡，周期性反映项目现金流动情况；重点评估在正常情况下的项目收益，同时注意通过工程量核算、索赔补偿等方式抵消低价策略对收益的影响。

对于法律风险，要重点加强预签合同的合规性审查。通过对项目的合规性审查，避免由于未遵守国家法律法规导致的法律制裁、财务损失或声誉损失。同时利用合同明确各方责任义务，特别应该把私营部门的利益和公共部门结合在一起，签订清晰明确的特许权授予协议。签署协议时应该审慎地对项目定义清晰，权责分明，以避免将来的争议。而在合同签订后的实施过程中，各参与者之间的合同和协议将是出现冲突时最好的约束。同时，所有各方严格遵照合同，以合同精神和合作姿态作为对项目未知风险的解释对整个项目的成功十分重要，在项目全寿命周期中以应将提高效率和降低费用作为共同的目标，以实现多赢。

（二）建筑企业在建设阶段应重点注意的风险

在建筑企业作为投资主体参与的 PPP 项目中，建筑企业拥有主要的决策权，加之自身的主营业务优势，将是在项目建设阶段最有技术说服力和管理掌控力的投资者。

通常情况下在建设阶段，建筑企业将在完全追索的状态下，承担项目的完工风险。在发展中国家，当地工业技术水平和管理水平相对落后是造成项目完工风险的重要因素。完工的标志一般是指商业完工，商业完工的标准的包含一系列经专家确定的技术经济指标，如一定时期内的运营水平，一定时期内平均的现金流量水平，技术上完工等。完工风险是特许经营项目运作至今最常见且可能对项目造成巨大影响的主要核心风险之一，投资者、放贷者及政府都极为重视。在通常的大型基础设施项目中，能在预算期内完工是不常见的，正是因为此，贷款资金提供者通常要求投资者承诺，在项目达到商业完工前，对贷款资金实行完全追索或提供较高的担保。为了应对这些风险，必要的备用资本金、成熟的技术、政府的担保、各类违约罚金和履约担保等都是必要的。

大多数完工风险的控制都是站在并非是建筑企业的主办人的角度说的，都谈到采用竞争的方式选择有经验的承包商，采用固定总价合同或者交钥匙合同，用进度款约束承包商以促使其完成，主办人给予承包商完工担保等，这些在本研究的假设中，都是完全没有意义或意义甚微的。在本研究中，总承包作为项目主办人，因股权出资使其对项目的开发、建设、运营成功与否有直接的经济利益关系，也是项目的最终受益人，所以应该想方设法地倚靠自身实力利用自身优势来使项目按照预定的计划完成。当项目具有相当的复杂度而使建筑企业不能完善管理或由于企业自身业务不允许或其他方面的需求，建筑企业可以选择合适的项目管理顾问，这是转移风险的一个方式。例如鸟巢项目，投资者邀请了法国的 VINCE 下属公司与 BYB 公司，以顾问之责签订了项目管理协议。这种情形下承包商少了工程建设管理的繁琐与细节，且可掌控整个项目建设的主要控制点。但这往往必须承担高额的咨询费，需要损益权衡。

在这过程中，除完工风险的基本类型外，建筑企业还需要注意潜在的、现行的、持续的环境破坏，考古和历史文物的保护等，这些都是一个有经验的大型建筑企业所应该已经具备的能力。

（三）建筑企业在运营阶段应重点注意的风险

在这阶段，建筑企业通常是以项目主办人的身份，参与项目公司与运营商之间运营及设施管理的合同谈判、授予、管理。在管理层面上做一定范围的决策，而并不参与具体的项目经营管理活动。

运营阶段同样是 PPP 项目非常关键的一个时期，需要重点注意的是项目面临的生产风险和市场风险，即最可能面临运营成本增大和收益不足的风险。运营成本增大或因运营阶段劳动力、能源和物价成本增加；或面临部分因为成本增加而不能提供规定标准服务的风险，从而造成所获支付的减少，因为政府或公众不会为不合格的服务付费；或因为运营商的经验欠缺或不可靠的管理所带来的成本增加。同时还有项目社会、经济需求不足，预期现金流减少，影响项目收益甚至还贷的收益不足风险。项目的生产风险是（试）生产阶段存在的技术、资源储量、能源和原材料供应、生产经营、劳动力状况等风险因素的总称，是属于与生产经营管理直接有关的风险中的一种核心风险，是在生产经营过程中无法避免而且必须承担的风险，属于可控制的风险。所以，作为主办人的建筑企业应该知道如何去管理和控制该风险，这将直接关系项目是否能够按照预定的计划正常运转，是否具有足够的现金流量支付生产费用和偿还债务。市场风险是项目的生产经营由于受到超出企业控制范围的经济环境变化而遭受到损失的一中环境风险。是企业在很大程度上无法准确预测，且无法控制的。因为 PPP 项目经常是将建造新设施与运营该设施结合在一起，而所有成本，包括日常运用费和已完成未投入使用期间的实际发生费用，均需通过项目收益来支付,因此这就意味着收益的增加必须能够应付额外的开支。因此,运营阶段的生产风险和市场风险同时极大地关系着项目的收益,直接主导着项目的成败。

二、建筑企业 PPP 模式风险特点

PPP 模式下的项目建设及运营周期长、参与方多、经济风险和技术风险大等特点决定了 PPP 项目在整个实施过程中存在着更多的不确定因素。因此,PPP 模式的运作模式、组织架构及其他特殊性和基础设施项目自身的特性,决定了 PPP 项目风险不仅具有一般项目风险特征,同时又呈现出它本身自有的特殊性,即阶段性和复杂性。

(一)多样性

PPP 项目参与方众多,涉及政府部门,私人部门还有相关的其他建设部门,基于一系列的合同、协议,涉及的权利与义务关系复杂,决定了其风险因素的多样性。项目中涉及的政治、自然等外部环境及多种经济活动的影响也导致了 PPP 项目潜在风险因素的广泛性。另外,项目的利益相关者众多,其的对项目期望收益表现形式和衡量方式均有不同,从而导致同一风险对不同利益相关者的影响方式和作用形式也具有多样性。

(二)偶然性

没有人能够准确预言项目风险事件在何时何地何处发生,因为它的发生都是偶然的。虽然人们通过长期实践及统计分析,发现了部分事物的发生规律,能够做到部分风险的事前控制,但是由于风险因素的多样性,不能准确预期风险的发生。因此,项目风险具有随机性,这一特性导致 PPP 模式融资风险存在着很大的偶然性。

(三)高不确定性

由于 PPP 项目的融资模式多样、投资结构多样、公私合作方式多样导致 PPP 项目组合方式的多样。项目本身所具有的客观因素的不同也导致不同类型的 PPP 项目的风险表现不尽相同。PPP 项目风险表现形式的多样性决定了风险的不确定性高。PPP 项目在中国实践的时间还不是很长,成功案例也屈指可数,由于没有固定的模式可循,每一个 PPP 项目都是创新性项目,这就决定了 PPP 模式风险具有更高的不确定性。

(四)阶段性

PPP 项目风险的阶段性是指项目风险的发展伴随项目的建设时序呈现明显的阶

段性,这些阶段都有明确的界限、里程碑和风险征兆。阶段性特点表现为:项目在不同运作阶段具有不同的主要风险集。PPP 项目建设程序的不同阶段,项目风险的大小呈现明显的阶段性。例如,在基础设施项目建设初期,投入大量的资金用于购买建设材料、工程设备,支付施工费用,贷款利息同时。资金成本,此时随着资金的不断投入,项目的风险也随之增加。项目建设中后期,贷款能否偿还,质量是否达标,工程能否顺利完工,工程费用是否超支等问题使得项目风险达到很高的程度。PPP 项目所面临的主要风险的种类也随时间的推移发生变化,有的风险贯穿项目始终,而有的风险只存在于项目的特定阶段。比如,政策风险、法律风险等始终贯穿整个生命周期,质量风险、完工风险主要发生在项目建设阶段,经济风险、市场风险主要发生在项目运营阶段。

(五)渐进性

绝大部分的项目风险虽然具备偶然性,但不是突然爆发的,是随着外界环境、实施条件和自身规律一步一步逐渐发展起来的。项目的外部条件和内部条件在渐变的环境下逐步发生变化时,项目风险性质、发生概率大小、损失严重程度也会随之改变。

第二节 建筑企业 PPP 模式项目的风险识别

对于建筑企业来说,既作为投资人,又作为承包人,将面临项目准备阶段、项目施工阶段和项目运营阶段的多重风险,并且都会影响到项目的成功与否。PPP 项目收益巨大,但如今的 PPP 项目投资数额动辄数十亿元甚至上百亿元,对于建筑企业来说,一旦产生差错,产生的影响是难以估量的。通过承包商对 PPP 工程的风险认知调查指出 20 世纪 90 年代时第一轮 PPP 工程失败的原因,主要是由于合同双方缺乏风险意识,强调大多数承包商虽熟悉和了解 PPP 工程的设计和施工,但仍然对融资和运营阶段不了解,缺乏市场和经济风险的意识[3]。PPP 项目的风险管理应该是风险识别、风险评估、风险监控和风险应对多个环节组成的动态的、不断循环反复过程,选择科学的风险识别方法以及遵循科学的风险识别流程是相当重要的。

建筑企业为了规避风险,实现利益最大化,需要在实施前要做好合理的规划,并进行细致而周密的分析,特别是对 PPP 项目实施过程可能出现的风险进行专业管理。风险识别、风险评估、风险控制是风险管理的三个主要步骤,在风险管理过程中依次进行。

因此，明确风险的来源以及对风险进行识别是实现 PPP 项目风险管理的基础，是风险管理的第一步，通常采用一种或多种风险识别方法组合，系统地识别项目的风险因素。

一、PPP 模式项目的风险来源

风险来自于不确定性，由于 PPP 项目要素及环节众多，各个要素和环节都存在着各种不确定性。总结而言，PPP 项目中比较重要的不确定性主要来自于各环节人的行为举止、物质因素的变化以及项目环境，也就是人、物、环境这三方面[4]。

项目中相关的人的行为所具有的不确定性比较大，其中包含了许多因素，例如有人的决策行为的不确定性，管理方面的、操作或者是作业行为方面的不确定性等。由于人的参与导致项目活动的不确定性更加明显，因为人自身的思想及行为上具有一定的非规律性，增加了项目活动的不确定性，所以对于人的行为的研究至关重要。

物的因素主要包括项目建设中的设备设施，以及设备在不同情况下的损坏等情况。此外，PPP 项目中的各种法律规定、各种 PPP 操作模式、可以使用的金融工具等项目用到的各种固定的操作依据也是"物"的因素的范畴。

环境方面的不确定性主要体现在两个方面，一个是外部空间的硬环境，例如自然环境中出现的雨、雪、风等自然环境；另一个方面是项目环境，主要是指项目所处的政治、经济、人文、技术等环境情况。由于多种因素造成的不确定性组合在一起，就产生了项目风险。

风险的发生存在着一个导火点，这个导火点就是一系列的风险事件。也即风险事件的发生其实就是风险发生并发挥作用的过程。每个风险点一旦发生，都会产生一些消极影响，都会给项目带来一定的经济损失，最重要的是风险会延迟 PPP 项目的运行，时间就会在此基础上逐渐叠加，完成目标的时限也会随之改变。不同类型的风险因素、与风险有关的事件以及风险可能产生的后果具有一定的关联性。

二、PPP 模式项目的风险识别方法

风险识别就是在风险事故发生之前，对项目潜在的风险因素进行系统地、连续地识别和归类，并分析风险事故发生的潜在原因的过程[5]。

风险识别的途径是根据有关历史资料定性识别的，一般要借助于一些方法或工具，包括风险核对表法、故障树法、德尔菲法、因果分析图法、头脑风暴法、工作分解结构、流程图法等。

（一）风险核对表法

风险核对表法是项目风险识别时用来记录和整理历史资料的常用工具。该方法首先需要通过总结承包商的历史资料、项目管理者的实际工作经验，将相似项目可能面临的风险因素按一定的逻辑顺序一一罗列出来，绘制成一张用于风险识别的核对表。运用风险核对表法进行风险识别时，只需要在将历史工程项目与当前工程项目的建设特性、建设环境等进行比较的基础上，一一判别当前项目是否存在风险检查表中所列的或类似的风险。项目风险核对表是根据大量的历史资料和实践经验总结得到的。柯永建博士在其专著中[6]，通过文献查阅和相关工程人员访谈识别了PPP项目失败案例的重要风险，通过问卷调查分析识别了分担存在歧义及不明确的风险，通过已有分担比较识别了分担不一致的风险，并采用德尔菲法进行补充，最终得到的PPP项目风险清单，具有较强的参考性。

（二）专家调查法

头脑风暴法与德尔菲法都属于专家调查法。专家调查法的调查对象均是所研究领域范围内的专家，利用他们丰富的实践经验，分别收集并总结整理他们的意见，对相关工程项目可能存在的风险因素及其属性进行分析和评估。

头脑风暴法是以专家的创造性思维来获取新思想、新观点的直观识别和预测方法。头脑风暴法常常采取会议的形式，通过各专家智慧火花之间的碰撞来产生创造性思想，其目的是补充风险的数量。

德尔菲法是由美国最重要军事战略研究机构兰德公司首先提出并使用的。德尔菲法实质上是一种匿名反馈函询法。组织者首先拟定主观性问题或设计客观性问卷，通过信函直接向专家进行咨询并多次反馈，当专家的意见趋于一致时，将其作为最终的参考意见。德尔菲法是一种系统分析方法，是意见和判断领域的有限延伸。

（三）故障树法

故障树法的分析思路是从结果出发，通过演绎推理寻找引发事故障的风险因素。在风险识别中，故障树分析可以用来查明项目的风险因素，并能够计算风险发生的概率，同时可以制定相应的风险控制方案。

（四）因果分析图法

因果分析图法，也称鱼刺图，是常见的用于识别项目风险的图解技术。它将项目的最终目标绘成"鱼刺"的主干，将影响项目目标实现的风险因素绘成"鱼刺"

的分支,再继续将下一级别的风险因素绘成更低级别的分支。这样可以直观展示出风险因素从何处产生、风险因素之间的关系以及各级风险因素如何导致特定的问题或结果的发生。

(五)工作分解结构

工作分解结构(Work Breakdown Structure,简称 WBS)是一种自上到下的方法,就是把一个工程项目按一定的原则分解,单位工程分解为单项工程,单项工程分解为分部分项工程,再分解成各个工作包,从而得到工程项目最具体的管理对象。WBS 总是处于计划过程的中心,是制定进度计划、资源需求、成本预算和采购计划等的重要基础。在风险识别中,就可以运用项目 WBS 的成果,针对分解得到的每一项工作,对其可能发生的风险进行风险识别、评价和管理。

(六)流程图法

流程图法是将施工项目的全过程,按其内在的逻辑关系制成流程,针对流程中的关键环节和薄弱环节进行调查和分析,找出风险存在的原因,发现潜在的风险威胁,分析风险发生后可能造成的损失和对施工项目全过程造成的影响有多大等。

除此之外,常用的风险识别方法还有敏感性分析法,事故树分析法,常识、经验和判断,试验或试验结果等。这些方法都有各自的优缺点,适用范围也不同,如表 10-2 所示。

PPP 模式项目风险识别方法对比表 表 10-2

方法	优点	缺点	适用范围
核对表法	风险识别工作较为简单,容易掌握	对单个风险的来源描述不足,没有揭示出风险来源之间的相互依赖关系,对指明重要风险的指导力度不足	常见,一般的风险
流程图	即可以识别非技术风险,也可以识别技术风险	耗费大量时间,不能描述细节,可能遗漏一些风险,缺乏定量分析	识别非技术风险,也适用与识别技术风险
德尔菲法	能充分发挥各位专家的作用,集思广益、准确性高,能把各位专家的分歧表达出来,取各家之长、避各家之短	分析结果易受组织者、参与者的主观因素影响,容易偏于保守,新思想的产生过程比较复杂,花费时间较长,费用较大	大型工程
头脑风暴法	可以避免忽略不常见的风险	对成员要求比较高	问题比较单纯、目的比较明确的情况

续表

方法	优点	缺点	适用范围
因果分析图法	便于找出风险及风险因素之间的关系，不容易遗漏风险	需要管理者有丰富的工程经验，耗费时间	比较大型的项目
故障树	可以比较全面的分析所有故障原因，比较形象化，有利于风险管理措施的制定	应用于大的系统时，容易产生遗漏和错误	经验较少时的风险识别
工作分解结构	由于项目范围、进度和成本管理等方面也要使用工作分解结构，在风险识别中利用这个已有的现成工具并不会增加额外的工作量	对于大的项目，分解过于复杂、繁琐	中小型工程

另外，在选择风险识别方法时应该注意以下两个方面：

首先，任何一个建设项目，可能遇到各种不同性质的风险，因此，采用唯一的识别方法是不可取的，必须把几种方法结合起来，相互补充，项目的风险管理人员应尽量向有关业务部门的专业人士征求意见以求得对项目风险的全面了解。风险因素随着项目的进展是会不断发生变化，一次大规模的风险识别工作完成后，经过一段时间又会产生新的风险。因此，必须制定一个连续的风险识别计划。

其次，风险识别的方法必须考虑其相应的成本，讲究经济上的合理，对于影响项目系统目标比较明显的风险，需要花较大的精力、用多种方法进行识别，以其做到最大程度地掌握情况，但对于影响小的风险因素如果花费较大的费用来进行识别就失去经济意义。

三、PPP 模式项目的风险识别流程

风险识别是风险管理的第一步。所以，风险识别工作质量的好坏直接影响到后续工作的进行，需要按照科学的流程进行，才能保证风险识别工作的科学性。具体流程如图 10-1 所示。

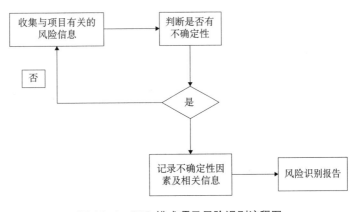

图 10-1　PPP 模式项目风险识别流程图

四、PPP 模式下建筑企业的风险识别

风险存在于项目的很多地方，并且都会影响到项目的成功与否。按照 PPP 流程划分，PPP 项目包含一些具体的子项目，风险评估的时候，每个子项目风险因素的特征与性质是不尽相同的，甚至同一个风险因素在不同的子项目中所呈现出来的风险特征都是千变万化的。所以在具体分析中必须采取辩证的态度对它们进行实事求是而不是经验型的区分。

关于 PPP 模式下项目的风险，国内外众多学者在不同程度和不同层面进行了研究。从文献来看风险类型的划分主要是基于风险来源、空间层级、行业类别和项目阶段等视角。

（一）风险来源视角下的风险分类

A. Ng 等[7]根据风险与项目间的联系将风险划分为一般风险和项目风险，使项目参与方能够根据不同的情况选择不同的风险应对措施。叶秀东[8]在总结铁路建设项目投资风险类型时，将风险划分为核心风险（即可控制的风险）和环境风险（即外部环境引起的风险）。对于这种风险类型的划分，项目参与方能够根据划分知道哪些风险可以控制以提前采取措施，同时明确由外部环境引起的风险，提醒项目参与方应积极改变环境避免此类风险的发生。张萍等[9]在研究城市基础设施 PPP 模式下融资风险水平度量时，将一系列风险分为系统风险和非系统风险。就其实质而言，一般风险和项目风险、系统风险和非系统风险与核心风险和环境风险是相同的，都是基于风险是来源于内部可控还是外部环境影响而不可控的角度。

（二）空间层级视角下的风险分类

目前关于风险类型最主要的划分方式是从宏观、中观、微观 3 个层次来划分风险，如 Li Bing 等[10]。王雪青等[11]、柯永健[12]在研究 PPP 项目风险分担方式时都采取了这种风险划分方式。刘英[13]在研究 PPP 模式下大型体育场馆建设风险分担与分配方式时也利用这种分担方式，基于宏观、中观、微观层次提出了 PPP 模式下大型体育场馆建设风险因素的分类目录。李妍等[14]在新型城镇化背景下的 PPP 项目风险评价体系的构建研究中同样采用了这样的划分方式。

（三）行业类别视角下的风险分类

柯永健等[6]从政治、建造、法律、经营、市场收益、财经和其他方面对风险类型进行划分并确定了承担主体，这种风险类型的划分相比 Li 更加细致，项目主体更

易于确定承担主体;Heravi[15]同样进行了类似的划分,即政治、金融、市场、法律、运营和维护、组织和协调、不可抗力,这种划分法能够使项目主体有针对性地应对不同的风险。比如政治法律方面的风险一般由政府承担,建造、经营、市场收益、财经等方面的风险一般由私人部门承担或者双方共同承担。Wei Zhang[16]进行了更加细致的分类,即政治、经济和社会环境、自然环境、第三方侵权、工程决策和准备、支付、监管、完工和移交过程、协调和关系,这对于不熟悉项目的参与主体而言能够快速识别风险。王海鑫等[17]将风险分为政治法律风险、建设风险、运营风险、环境风险,使项目主体能够快速地区分风险类型。

(四)基于项目阶段的风险分类

Ghorbani等[18]按阶段将风险划分为:开发阶段、运营阶段和全生命阶段,每个阶段存在不同的风险种类以及种类下的风险因素。这种划分方法使得项目各个阶段的风险更加明确,但阶段划分相对比较粗糙,开发阶段的范围太广,风险因素太多,应该更进一步深化研究。田萤[19]在研究PPP模式下准经营性基础设施项目的风险分担时按生命周期理论将风险划分为项目前期风险、建设期风险、运营期风险、贯穿全生命周期的风险,但没有将各阶段的风险进行详细系统的整理。聂明等[20]也对PPP项目不同阶段的风险进行了划分,具体分为前期风险、实施期风险、特许运营期风险、非特许运营期风险。

此外,有许多学者并没有明确将风险进行划分,只是把PPP模式下基础设施项目中的风险进行了归纳总结。如邓小鹏等[21]在研究风险分担方式时把风险归纳为43种类型,但没有进行明确的划分;胡振[22]把风险分为23种一级风险及44种二级风险;亓霞[23]则通过实际案例分析得出导致项目失败的16个主要风险因素,虽然不适用于所有的项目但在促进实证分析方面具有重要作用;Marques[24]研究了主要风险最小化方法但未具体分类。

上述学者关于风险类型划分主要基于两点:一是内容导向,主要把类似的风险划分为一类;二是阶段导向,根据项目的不同阶段划分风险。不管以哪种角度划分,对于项目主体都是有借鉴意义的。这些研究在一定程度上为项目各参与方(包括建筑企业)识别风险、应对风险发挥了重要作用。

以往PPP模式研究中,人们总是以考虑政府部门的利益为重心,忽略对建筑企业的风险研究。对建筑企业来说,他们面临着比政府更多且更大的挑战。所以,以建筑企业为主体进行PPP项目风险研究对于从事PPP项目的建筑企业进行风险防范尤为必要。此外,由于建筑企业操作PPP项目的身份为社会投资人,因此,PPP项目风险因素识别的过程其实就是建筑企业PPP项目风险因素识别的过程。下面将主要介绍各子项目（融资、建设、运营）风险因素识别过程来阐述建筑企业 PPP 项目的风险识别。

1. 融资子项目

融资环节是 PPP 项目落地决定性的环节，PPP 项目的落地过程实际就是政府资本，包括政府争取的各类项目补贴、政府组建项目公司的注册资本金等，吸引社会资本，包括各投资机构、施工企业等，一同组建项目公司引入金融资本，也即各金融机构资金介入项目投资建设的过程。因此，融资出现风险，也就意味着项目无资金可投，或者资金成本过高导致社会投资人运营压力增大或者出现项目亏损的现象。因此，融资子项目风险因素识别至关重要。融资子项目的风险因素主要包括融资资金的价值风险、金融机构信用风险（也即履约风险）及融资政策的变化风险。

(1) 货币风险。当今经济社会，全球性的经济及金融危机爆发的频率越发明显，比货币的兑换汇率、货币的价值升降问题成为货币选择的首要考虑问题。货币的使用定然会带来一定风险，因为货币汇率一直处于变化中，货币价值无法确定。如果产生通货膨胀，那么成本必然会随之上升。可以采用波动利率及固定利率的方式进行融资。

(2) 信用风险。信用风险主要指在双方相互约定好的情况下，其中一方突然违约，不能履行或者不愿意履行合同后产生的损失风险。信用风险会存在于每一个子项目之中，投资人选择好项目之后，会去银行或贷款组织开展融资工作、投资人融资无法完成以及对贷款暂时无法偿还，都会影响后续项目投融资工作的正常开展。

(3) 政治风险。政治风险主要体现在国家方面，比如政治、经济、技术文化等方面。政府关于经济的政策都会对融资主体产生影响，比如融资条件的变化、政策性资金的融资政策等。

2. 建设子项目

应该说，PPP 项目投资的过程很大程度上是其项目建设的过程。项目建设的进程直接决定了项目投资进展的快慢。项目建设子项目的风险识别主要包括建设资金风险、施工技术风险、建设管理风险、政策法律风险及不可抗力风险等。

(1) 资金风险。资金风险是指由于资金未能及时到位或者缺乏资金的资助而导致的项目延期情况。融资子项目的风险有可能继续影响到项目建设阶段，导致项目建设资金大缺位，当然，建设资金的缺位不完全取决于融资子项目，政府补贴资金的到位风险也是原因之一。

(2) 技术风险。技术风险主要是因为技术存在着问题而导致项目不能准时完成或者是没有达到预期的效果的情况。主要是表现在两个方面：一个方面是技术的设计到位安全合理科学与否以及项目进行中的监督力度不够，后期评估方法不正确或者评估未到位，从而导致项目风险出现。此外，设计单位不负责任，对于项目设施的设计没能达到要求，导致工程完成日期拖后，工程漏洞多，资源浪费等；另一个方面是建设施工方面，主要是项目在实施建设的过程中由于技术的不合格而导致工程不能继续或者重新完成而耽误工作时间。因为技术水平不高或者承包方偷工减料导致项目完成时间不断延长及因为环境因素、资金不足等问题时刻存在，所以建设风险会随时发生。

（3）管理风险。管理风险是指在施工过程中，因不合理管理造成资金利用率低，从而影响工程进度等不良后果，这主要包括四方面的内容：其一，在立项时忽视预期风险，没有建立相应的风险管理体系，从而在风险来临之际只能紧急对应，容易出现一系列的问题；其二，建设单位不注重法人意识，虽然在外部有一定的保障体制，但是其内部的管理体制仍尚待完善；其三，现在设立的监管组织中的工作人员能力有限，监管效果难以达到预期，对施工方的各方面要求不到位；其四，质量监督体系不够完善并且操作难度大，防患意识不够等。

（4）政策法律风险。政策法律风险指的是正在进行的工程因为政策法律法规的调整而不能按照预期很好地完成。

（5）不可抗力风险。不可抗力风险是在正进行的项目因为突然发生的没有办法解决的问题而有所损失出现项目投资风险。如自然灾害、局域动乱等。

3. 生产运营子项目

PPP 项目在经过资金筹划、项目施工建设之后，项目随之进入运营阶段，项目运营的开展其实是 PPP 项目的最终结果。生产运营的质量和效率直接影响到前期投融资资金的回收以及预期效果是否顺利实现，因此，项目运营至关重要。生产运营子项目风险是在为社会供给产品或提供服务时导致费用上升、盈利降低的全部可能原因，比如说市场不稳定、自然灾害、法律法规变化等。

（1）资金风险。主要表现在项目运营收入水平较低，无法满足项目公司偿还融资本息、项目公司股东分红及项目公司日常运营费用支出等。应该说 PPP 项目进入运营期后，项目公司能否按照预计的规模获取稳步增长的项目收益直接决定了项目公司的生存以及项目的成败。项目公司进入运营期后，一切的工作重点都应该围绕增收来开展各项工作。

（2）管理风险。指由于管理上存在问题给项目的预期回报带来影响。主要的管理不善包括：管理人员缺少相关经验，没有足够的能力准确捕捉市场信息；技术、质量不过关始终是潜在威胁，例如设施不配套，生产技术落后；负责生产的技术员工经验缺乏导致的生产原料虚耗；生产过程中不爱护设备事后没有及时维护导致设备提早损坏；管理有缺陷容易使工作气氛不和谐；生产和管理工作跟不上法律法规及国家政策调整幅度。涉及项目公司内外的管理工作，都是项目收入的保障。防治管理风险很大程度上可以防范收益风险从而保障收益性。

(3) 市场风险。指由于市场情况不稳定导致的费用上升或盈利降低。包含商品售价降低使得收益减少；收费结构有缺陷使得资金需要很长时间才能回收；竞争激烈使得市场占有率下降；国家政策和法律法规调整而使产品或服务尺度上调；成本增加等。

(4) 不可抗力风险。是指由于人力物力财力之外等无法克服抵抗的原因导致的因素，包括自然灾害、政治形势不稳定等。

对风险的看法态度及处理方法的不同，都会对风险类型的定义有不同的解释。根源的差异性必然导致风险类型的千差万别，因此所呈现出来的结果也不尽相同。但在很多风险之间存在相互制约和相互影响的关系。同等级的风险在不同的环境中，可能产生的结果也有所差异。

根据 PPP 项目三个子项目的风险识别，结合文献资料的研究和相关数据显示，利用科学的研究方法识别风险等级，通过世界各国有关 PPP 项目风险的典型案例，结合风险的多种表示形式，可以总结出 PPP 项目在一定期限中出现频率高的风险类型，也即可分为环境风险、金融风险、市场风险、管理风险和自然灾害风险五类：第一种是环境风险，因为国家的法律、政府的行政法规和相关政策不完善或者变化，而产生的对项目产生的风险；第二种是金融风险，是由于金融市场不规律的波动而形成的影响；第三种是市场风险，市场具有变化性、价值量、供求关系、内部和外部的竞争都能影响市场发展；第四种是管理风险，领导人员和管理小组的工作人员经验能力不足带来的风险；第五种是自然灾害风险，也称为不可抗力的风险，自然灾害具有不可预知性，它所造成的极大破坏，人类也只能做最大程度的补救，不可能达到完全地杜绝避免。详细展示如表 10-3 所示。

PPP 项目风险因素表　　　　　　　　　　表 10-3

风险类别	风险因素
环境风险	融资阶段的政策变动
	建设阶段的政策变动
	生产运营阶段的政策变动
	法律法规不完善
金融风险	融资阶段的金融风险
	建设阶段的金融风险
	生产运营阶段的金融风险

续表

风险类别	风险因素
技术风险	设计失误
	施工失误
	生产工艺不满足要求
	建设、生产技术人员素质与经验
	产品质量不达标
市场风险	辅助配套设施的完备程度
	生产设备的使用效率
	管理人员的素质
	超价格或需求变动
管理风险	建设主体内部管理不善
	施工过程中质量管理不到位
	生产运营主体财务管理不善
	管理人员素质与经验
不可抗力风险	洪水、地震等自然灾害
	政府动荡等社会灾害

综合来看，PPP模式风险因素还是比较繁多，有些还具有隐藏性。根据上述的风险因素内容而言，PPP项目参与的主客体因素越多，越有可能形成一定规模的风险。关于如何处理风险所产生的后果，社会资本与政府可以形成风险共担的责任划分机制，同时也可对外寻求购买商业保险解决。

无论政府部门与非政府部门协商以后最后担负的风险因素结果如何，建筑企业作为PPP项目的共同投资者身份都应当首先识别出PPP项目各子项目以及双方自身的预期风险，然后针对已确认的风险进行评估，核算人力、物力、财力等方面的成本，权衡各方面条件，在风险评估的基础上，制定风险控制措施。

第三节 建筑企业PPP模式项目的风险分析与评估

在对PPP项目风险识别的基础上，对于以建筑企业为代表的社会资本而言，解决了项目风险在数量和种类的归集问题。由于 PPP 项目往往投资额巨大、参与方众多、建设周期长、风险因素复杂多变，不仅造成 PPP 项目融资前期谈判时间旷日持久和费用较高，同时由于风险管理不善导致最终失败的项目也不乏其例，如印度大博电厂项目、英法海底隧道项目等，而风险评价分析不当导致对项目的风险损失值估计不当无疑是其中一个重要的原因。对 PPP 项目风险因素的识别的目的是杜绝未知风险的发生以及制定相对应的防范措施，而这之前需要对众多的风险点进行科学的评估分析，以期风险防范措施在分清风险主次、强弱的基础上提升效率。

一、PPP 模式项目的风险评估方法

风险评估是指对已识别的 PPP 项目风险进行分析判断、建立数学建模，以获得风险对项目影响程度，是实现将风险定量化的依据，也是采取有效风险管理措施的主要依据。风险评估方法的选择主要以风险的类型和特点为依据，与风险所在主体没有直接关系，即风险评估方法对于风险的定量化分析是通用的。在查阅大量相关资料和请教有关教授、专家的基础上，对各个风险评估方法有了比较深的研究。现归纳以下几种风险评估方法，具体方法如表 10-4 所示。

PPP 项目风险评估方法及优缺点对比表　　　　表 10-4

风险评估方法	优点	缺点	适用情况
层次分析法	能够将难以量化的风险按照对项目的影响大小进行排序	结论依赖专家的知识和经验	适用于评估单项风险，或者与其他方法相结合
模糊综合评估法	对不能清晰表达的过程建立数学模型	计算复杂	适用于大型项目
盈亏平衡分析法	能够判断在不确定因素作用下适应能力和风险承受能力	对资料的准确性和精度要求高	适用于项目的短期费用效益分析与经济风险分析
物元评估法	对一些边界模糊、难以量化的因素定量化分析	计算量相对较大	适用于对多因素的复杂问题进行分层次、多方面分析评估。
影像图法	可以清晰地表示变量之间的相关性	对风险之间的影响关系进行分析或假设，计算量大	适用于不太复杂的项目
蒙特卡洛模拟法	采用计算机模拟效率较高，程序结构简单，模拟过程灵活	各因素之间的相互关系不易计算，若选择不合适的模式来描述，会造成模式风险；需要观测样本	适用于风险因素之间的关联性不大，模型可靠，风险因素复杂、不易量化的项目

在对 PPP 项目风险评估的处理上，多采用定量评估以实现建筑企业对 PPP 项目风险精确应对。

PPP 项目的风险定量评估是指在风险识别的基础上，运用一定的风险分析方法，计算出风险因素发生的概率、损失程度，并结合其他因素综合考虑，得出项目的总体风险大小，从而为后续风险控制提供依据。下面将具体介绍比较目前较流行的几种定量评估方法的优缺点和适用范围。

（一）敏感性分析法

敏感性分析是指在构造项目风险变量（如建造成本、收入等）关于目标变量（如 NPV 等经济效益指标）的数学模型基础上，假定在保持其他风险变量不变的前提下，分析其中一个风险变量变化一定范围时对目标变量的影响程度，计算各个风险变量对于目标变量的敏感系数和临界点并据以排序，从而找出敏感因子并作为重点风险管理对象。它是一种应用广泛、成熟的风险分析方法，包括单因素敏感性分析和多因素敏感性分析。

（二）决策树法

决策树法的基本思路是利用决策树将不同的风险因素分解开来，以目标变量（如 NPV 指标）为决策点出发，逐项计算方案枝即各风险因子所有概率组合下的目标变量的期望值，并画出概率分布图，从而进行项目风险的评估和方案比选。这种方法以足够有效的数据作支撑，计算量随风险变量个数及不同概率取值呈指数变化，较适用于风险变量较少且变化不多的情况，否则工作量将较大。

（三）模糊综合评价法

PPP 项目涉及众多风险因素，如政局不稳定、建设成本超支等，各风险的影响因素本身就具有模糊性，难以量化，因此学术界积极地将模糊数学应用到 PPP 项目融资的风险评估中，代表学者有：张星、陈敬武等。归纳起来，模糊综合评价法是基于某些事物类属标准不明确，而不能确切归类的模糊现象的假设，利用隶属度及模糊推理的概念对风险事件进行排序，以改进的模糊综合评价法为基础，采用层次分析法（Analytic Hierarchy Process，AHP）构建风险因素递阶层次结构并据其确定各风险因素指标的权重，同时综合专家经验对各风险因素影响程度进行打分评价，然后从计算最末级层次的模糊评判结果开始，根据最初确定的风险因素递阶层次结构进行逐级模糊运算，如此反复直至计算出总目标层的模糊评判结果，最终可获得项目各个层级风险的大小以及整体风险水平。它是一种能将难以量化的诸如政局稳定性、法规变化等风险因素定量化分析的有效方法，而这正是其他方法无可比拟的优点。

（四）蒙特卡洛模拟法

蒙特卡洛模拟法由法国数学家John·Ron·Neuman创立并推广到科学研究中，由于该方法与轮盘掷色子等赌博原理类同，所以采用欧洲著名的赌城摩纳哥首都Monte Carlo命名，是一种以统计学中的中心极限定理为原理，以输入变量（随机变量）和输出变量之间的数学模型为基础，借助计算机辅助按照给定输入随机变量的概率分布产生大量的随机数，通过足够多次数的模型运算，进而获取大量的输出变量的数据及其分布函数的计算机模拟技术。实际应用中可用 Excel 或 Crystal Ball 软件操作（水晶球软件）。国内不少学者对其在基础设施项目中的应用进行了积极的探索，如孙建平、林君晓等。

在工程项目风险分析中，当被用于描述工程项目风险发生概率或风险损失的数学公式或方程包含一些非初等的分布函数时，往往问题变得较为复杂，因而难以得到解析解。应用MC方法的主要优点在于：只要能正确用数学式描述项目风险发生的概率，原则上说总可找到解，当在计算机上做多次试验后，其解将会取得满意的精度，是实务中一种常用的风险量化方法。

（五）VAR方法

VAR（Value at risk，风险价值法）是指在正常的市场条件下，给定置信水平（也即可靠度，取决于评价者风险偏好）下某一持有期间内某个投资组合的最大可能损失。可表示为 Prob $(\Delta P > Var) = 1-c$。其中：ΔP 为投资组合在持有期 Δt 内的损失，Var值为置信水平 c 下处于风险中的价值。也就是说，如果某项投资在99%的置信水平下的Var值为5万美元，那么可理解为能以99%的概率保证该投资最大损失不会超过5万美元。

采用VAR方法的最大优点在于，通过VAR值的计算，可以直观地了解到某项投资在给定置信度下可能发生的最大损失，给我们评估PPP项目金融风险时提供了一种有益的参考。其不足之处在于：一是无论采用哪种方法，都是建立在一定的假设条件之上，比如实际中应用方差—协方差法常假设投资组合服从正态分布，不同分布假设必然会带来评价结果上的偏差；二是无论使用历史模拟法还是Monte-Carlo模拟法时都蕴含着一个假设"历史会重演"，据以历史数据推断未来某时的VAR值，当市场风险波动剧烈时，VAR值失效；三是将其应用于PPP项目风险评估中时只能针对项目面临的金融市场风险（如汇率、利率等）而其他风险评估则需要其他方法的配合，同时在我国应用还很不成熟。

结合前述介绍可知，敏感性分析、决策树法和蒙特卡洛模拟法是实务中广泛使用的项目风险定量评估方法，从风险二维评价来看，其中敏感性分析只能获取项目风险评价结果不能估计其发生概率；决策树法能获取项目损失发生值及概率，但风险因子复杂多变时工作繁琐；蒙特卡洛模拟法借助于计算机仿真模拟通过随机抽样同样能获取项目风险损失及发生概率，且结果准确度较高，排除了人为干扰。而模糊评价法借助于模糊数学语言能将难以量化的风险因子实现量化分析，能综合评估项目风险大小，这正是其他方法无可比拟的优势。VAR 方法能有效评估金融市场风险，可作为其他项目风险评估方法的补充。

综上，几种风险定量评估方法各有千秋，实务中应遵循可操作性、可理解性、客观数据可获取性等原则灵活选用一种或多种方法组合应用，比如在项目可行性研究时可在定性分析基础上应用敏感性分析、决策树等方法进行初步风险评估，在项目谈判阶段可灵活选用模糊综合评价法、蒙特卡洛模拟法以及 VAR 法等进行详细深入的风险评估，从而为后续风险管理提供可靠依据。

二、PPP 模式项目的风险评估流程

风险评估是风险管理工作中最实质性的一步。是把各个风险指标量化处理的过程，在整个风险管理工作中是最重要的一步，需要有具体的流程和步骤。具体流程如图 10-2 所示。

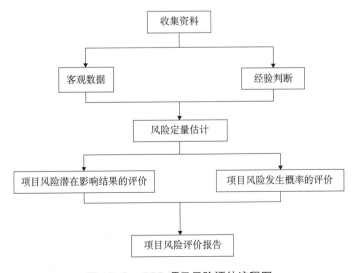

图 10-2　PPP 项目风险评估流程图

第四节　建筑企业 PPP 模式项目的风险控制及应对

为了满足当下 PPP 实施所要求的一体化经营模式，建筑企业必须具备更多的能力。对建筑企业来说，他们面临着比政府更多且更大的挑战。对于建筑施工企业来说，为更好地开展 PPP 业务和项目，需要明确自己的职责，对风险进行控制并制定行之有效的风险应对策略。只有这样才能很大程度上防范风险，获得利润。

风险控制是指在项目风险管理中，对未知的风险进行回避、掌控、隔离、转移、驱散以及改造等手段进行管理。在风险控制的措施和方案的选择问题上要依据实际概况来确定，同时还需要根据历史记录来合理选择解决方案，还要借鉴相关人员的经验、领导者的个人经验以及领域内一些成功的案例等。在众多的风险控制措施中，首先要一一进行权衡，在比较之后选择最合适、性价比最高的一项措施即可。此外，不管采取哪一种解决措施来应对风险，都可能引发相关联的次生风险，这就需要决策者科学理性地作出最佳选择。

一、PPP 模式项目建筑企业风险控制方法

风险控制是指在项目风险管理中，对未知的风险进行回避、掌控、隔离、转移、驱散以及改造等手段进行管理。在实际处理过程中，针对风险采取控制手段之前，首先要明确不同的风险因素更适宜哪种解决方式。风险控制主要途径有下列三种：

（1）抹除或尽可能地减少可能造成损失的条件或诱因；

（2）当风险无法革除，并且被降低到了主体能承担的水准时，需要订购对应的商业保险，从而减轻损失；

（3）对于一些重要性较强的风险因素，要放在优先处理的位置，进而采取相应措施进行规避。

在掌握了风险特性，并明确了风险自身的特征后，要针对性地采取应对措施。由文献可知，风险的损失具有可防控的特点，这主要得益于风险的如下特性：

（1）风险具有特定的根源；

（2）风险具有普遍特性；

（3）风险概率具有互斥特性；

（4）风险损失可通过概率测算；

(5) 风险可以被分割；

(6) 有些风险具有可利用性。

综合各种文献来看，不同书刊文献针对降低风险的措施是不尽相同的，对各种多样的方法进行归纳整理后，我们可以大致地列举出如下几类：风险忽略、风险回避、风险减免、风险转移、分散承担、风险分割、保留压力、风险改造等。

（一）风险分担

由于 PPP 项目是由社会资本与政府共同出资组建项目公司来共同开展项目投资建设工作，因此，PPP 项目风险可以按参与主体进行风险划分，将风险责任到具体的参与主体。在风险分担分配是要考虑风险能否被掌控、哪一个主体有能力将项目的风险削弱到最低、能否获取到最大化的项目效益，倘若某个主体能满足以上这些衡量指标，那么这个主体才能承接这一风险，具体分析要素如下：

(1) 确定关键风险因素；

(2) 各方的风险承担能力；

(3) 风险在谁的控制范围内；

(4) 由谁处理风险对整个项目最为经济有效；

(5) 谁可以享有处理风险的最大收益；

(6) 若风险发生，损失将由谁负责。

由于项目的承担者往往不是某一单个的主体，为了有效削弱主体的风险承担比重，不同的部门有都不同的责任，具体情况如表 10-5 所示。

PPP 模式项目风险分担表　　　　　表 10-5

风险类型	风险来源	风险承担者
国家风险		
法律变更	建设期间	建设承包商
	运营期	项目公司、政府补贴
政治冲突	特许权中断或取消	政府
	过期或政局动荡	保险公司、项目公司、投资者
完工风险	招标说明的错误	政府
	设计承包商的错误	设计承包商

续表

风险类型	风险来源	风险承担者
	法律、法规变更、确定延迟	项目公司、投资者
	承包商之间缺乏协调	建设承包商
生产运营风险		
运营成本超支	项目公司要求变更	项目公司、投资者
运营延迟或中断	运营方的错误（管理者）	运营方
	政府延迟授权或更新确定	政府
服务质量问题	运营方的错误	运营方
	项目公司错误	项目公司、投资者
资产风险	技术过时	项目公司
	终止	项目公司
	残余转移价值	政府，承担维护职责的赔偿
	由私人供应方引起的合同违约	私人供应方
	其他	项目公司、投资者
市场风险		
税收与汇率变更	收入流问题	项目公司、投资者
需求变化	需求减少	项目公司、投资者
金融风险		
利息率	套期保值不够的波动	项目公司、政府
通货膨胀	支付不足	项目公司、政府
	不能更新认可，差别税收，进口限制	政府
不可抗力	不可抗力事件组合风险	
	跟随银行，债权人和制度上的贷方的股权投资者	政府

在明确风险分担之后，在双方签署的法律文件上给予明确。

（二）风险转移

危机转移的措施之一是对所进行的项目买保险，这种措施是无法在签署文件时将危机转嫁到保险公司，主要针对不可抗力的危机，例如以下几种保险类别：

建筑项目所有险——在进度中所遇到的房屋、装置及检测中的破损和毁灭。资金全部的保险——当它在具有法律效应的文件中写出财产担任意外损失的赔偿外,针对一些伤害性的事件或事物,受害方有权利得到一定的赔偿金;机器损坏的保险——实际工作过程中,已完成了安装的器械工具,可能会受到人为或无意的损坏,某些物理性质的损害使得原有的器械工具无法复原而带来的损害;营业中断险——包括财产一切险以及器械损坏险等,主要针对实际生活里由于突发性事故,造成项目无法进行而带来的损失。

第三者责任险——指代的是施工过程里,由于意外事故而给工人带来的人身或财产损害;不可防控险、雇主责任险以及政治风险保险这几种不同类型的保险,在生活中要按照实际概况进行选择性购买。

(三)风险预防

减免风险的方式大致有以下几种:

(1)设立专门的风险控制部门,安排专门的人员对整个方案项目进行督促,并给予科学性的指导、分析;

(2)安排项目方案的团队成员接受专业化培训;

(3)预先确定好风险的波及范围、可能引起的因素以及持续时间等。

针对建筑企业而言,PPP项目的风险控制在方法论上应该遵循风险分担、风险转移及风险防范的思路方法。在具体的PPP项目风险控制方面,还要具体问题具体分析,毕竟PPP项目的操作模式、参与主体、项目类型等千差万别。

二、建筑企业PPP模式项目风险应对建议

在中国经济新常态下,PPP模式除了能够化解政府债务问题,促进政府强化预算改革之外,通过私营部门提供公共服务获取相应的收益、政府补贴的方式达成公私合作的长期契约关系,还可以加大基础设施投资,完善公共产品、公共服务的提供方式,整合社会资源,激发社会投资活力,促进经济转型升级。与我国以往主要推行的BT、BOT等方式相比,当前推行的PPP模式由单纯的融资模式向综合管理模式递进,是由短期目标变为中长期合作的新模式。

本课题在调研和研究的基础上,对PPP模式下的项目风险评估、控制分析之后,在上述方法继续适用的基础上,对建筑企业应对PPP模式的风险提出有以下对策:

(1)由于建筑企业代表一定类型的社会资本,在PPP项目施工建设阶段对风险的识别、评估及控制具备一定的经验,但是对于项目管理及运营、项目投融资等就

存在一定的劣势。因此，当参与 PPP 项目时，一定要针对项目所存在的风险原因进行全面的辨别分析，最终以此为参考依据与政府进行合理分配，从而从源头上制定好风险控制机制。

（2）在与政府共同出资组建项目公司时，建筑企业作为必须要控股的社会资本方要承担项目的投资失败的责任，因此，建筑企业必须在对项目投融资及运营风险评估之后，根据自身的权益条件，要合理判断出自身在项目公司的股份比例，合理的股份比例可以在降低项目风险的前提下最大限度地帮助企业获取收益。

（3）由于 PPP 项目涉及项目投融资、项目运营等专业环节，因此，建筑企业在参与 PPP 项目时，要积极探索吸引专业的投资运营机构及金融机构以联合体的身份一同参与项目的投资，最大程度地增加 PPP 项目的参与方，优势互补，风险更大程度地被分割承担，这样有利于建筑企业降低承担的风险。

（4）处理融资与管理的关系

融资不只是整个过程中的一个阶段、一个途径、一个手段、一个目的，更应该是一个管理模式。

（5）处理好政府与市场的关系

政府由原来的公共服务的唯一提供者转变为 PPP 项目的合作者与监督者，是契约一方。

（6）处理好短期与长期的关系

长期相对短期来说，不论项目运行还是管理更为复杂。

（7）处理好进入渠道与退出机制的关系

项目引入有较高的市场化程度、稳定的需求、灵活的价格调整机制和使用者付费。

（8）处理好效益与公益的关系

政府的诉求是公益性，社会投资人考虑的是效益，二者均要平衡双方需求。

三、建筑企业 PPP 模式项目风险应对措施

近年来，政府部门不断力推 PPP 模式。政府部门和建筑企业作为 PPP 模式的两大主体，也面临着随之而来的一系列风险。在 PPP 模式的潮流下，建筑企业面对着从传统的只负责建造施工中站出来，参与到投资、建设、经营的整个过程中，以促进企业的转型升级和结构优化的局面，这对于企业的长期发展是有利的。为了满足当下 PPP 实施所要求的一体化经营模式，建筑企业必须具备更多的能力。对建筑企业来说，他们面临着比政府更多且更大的挑战。对于建筑施工企业来说，为更好地开展 PPP 业务和项目，需要明确自己的职责，制定行之有效的风险应对策略。只有

这样才能很大程度上防范风险，获得利润。

建筑企业参与 PPP 项目，在完成项目风险分析与评价后，应根据风险分析结果制定相应的风险应对措施。PPP 项目风险应对策略有以下几个方面：做好企业顶层设计，加快战略调整；强化项目可行性研究，科学决策项目；充分运用 PPP 规则，合理分担风险；强强联合合作各方，分散投资风险；拓宽产融结合模式，化解融资风险；发挥资金杠杆作用，带动施工承包；重视项目施工管理，降低施工风险；培养专业人才队伍，预防经营风险等。

（一）做好企业顶层设计，加快战略调整

一是企业战略调整应适应 PPP 项目模式。建筑企业参与 PPP 项目，将拓宽企业上下游产业，由原来单一建筑承包商向投资商、建筑承包商和运营商等多重角色转变；经营业务由原来仅获取施工业务收入向获取投资收入、施工业务收入和运营收入等多元收入转变；员工也将由原来满足工程项目施工、管理、技术需要，向 PPP 项目模式下的投资、融资、施工、运营管理等人才转变。因此，建筑企业在制定"十三五"战略规划或更长远的规划中，必须调整企业战略思路，在业务模式、装备、人才等方面做好远期规划，定位要准，才有利于战略实施。二是企业层面设计要创新。采用 PPP 项目模式涉及集团体系、机制、组织结构、业务协调、融资模式等方方面面。如建筑企业要在体系上成立财务公司、信托公司、产业基金等融资平台，满足 PPP 项目前期资金运作需求，也可以发挥协调效应，推动项目的实施。三是适应灵活多样模式。PPP 模式不是唯一的，如有的 PPP 模式分成两部分，一部分是建设施工，采用 BT 模式，另一部分是运营维护，采用 PPP 模式；还有 BOT+EPC+ 股权等 PPP 组织模式。因此，建筑企业在战略调整上要顺应市场变化，这样企业才能拿到市场份额。四是控制投资风险。目前我国的 PPP 模式法律法规还不健全，运作经验还很欠缺，为控制投资风险，在今后一段时间内，建筑企业可以抱团取暖，成立建筑企业集团。建筑企业集团应规定成员企业只能承揽信息、跟踪项目，投资 PPP 项目应由集团总部为主、成员企业为辅。

（二）强化项目可行性研究，科学决策项目

一是慎选 PPP 项目。目前 PPP 项目较多，但实质实施的并不多。对企业来讲，优选 PPP 项目至关重要。财政部 2014~2015 年分两批公布了 206 个政府和社会资本合作示范项目，总投资规模约 8389 亿元，涉及交通、新能源汽车、地下综合管廊等多个领域。建筑企业应从降低风险角度出发，从财政部公布的项目中择优选择参与合作项目，同时，要及时关注财政部"政府和社会资本合作综合信息平台"，了解和掌握相关 PPP 项目和相关规章。二是重视并做好 PPP 项目的可行性研究。PPP 项

目的可行性研究是防范投资风险的关键环节，可行性研究必须在深入调查研究的基础上，对项目背景、项目概况、建设模式、市场需求、合作方意向、融资方案、投资效益和风险分析等八个方面进行认真研判。特别对项目风险应认真细致研究，对可能发生的风险因素进行识别，对每一个项目都要作出详尽的风险评估，不留死角，切实找出各种风险点，确定规避风险的措施和手段，在此基础上形成项目初步的可行性研究报告。三是确保项目可行性报告的质量。项目初步的可行性报告必须征求企业风险管理和法律事务部门的意见，必要时可向外部风险管理机构进行咨询，也可通过内外部专家进行打分，确保可行性研究报告的深度、准确度和可靠性，在此基础上，形成正式的项目可行性报告。四是严格履行决策程序。科学决策PPP项目，把好项目投资源头关口，对于市场需求分析存在缺陷、融资方案未能达成意向、投资效益还可以但现金流较差、风险分析不全面以及重大风险未能有应对策略的项目等，要慎重决策，防止项目上马后，给企业造成重大损失。

（三）充分运用PPP规则，合理分担风险

PPP项目的风险分担应该遵守三条主要原则：对风险最有控制力的一方控制相应的风险；承担的风险程度与所得回报相匹配；承担的风险是一个动态过程且要有上限。如本应由社会资本合作方承担的风险交由政府承担，这样的PPP项目模式很难维持下去；如让社会资本合作方承担项目全部风险，一旦风险发生，社会资本合作方将很难应对，必然导致公共服务质量效率降低。因此，平衡、合理分担成本，可以取长补短，相互补充、协同管理，减少防范风险的成本，达到运用PPP项目模式实现最优公共服务的目的。一般来讲，PPP项目中市场变动、汇率、经济政策的变化等方面的风险由政府承担，项目的投资管理、施工管理、技术管理、债务偿还、运营管理等方面的风险由社会资本合作方承担，而项目的社会环境、自然环境、投资效益、市场环境、资产转移和纠纷的发生等方面的风险由各主体共同承担。如城市排水和污水处理PPP建设项目运营后，因片区的工厂和居民生活收费达不到社会资本合作方预期基本收益，政府可以根据合作协议对其项目提供最高不超过一定额度的运营补贴。这种方式还经常运用到高速公路、城市桥梁和隧道PPP项目中，如因车流量达不到预期而由政府提供车流量运营补贴。同样，建筑企业作为社会资本合作方，在负责项目征地拆迁、施工等过程中，工程造价超概算等风险主要由企业来承担，这样必然推动建筑企业强化自身管理，精打细算，控制成本支出。因此，建筑企业在与政府谈判过程中，除本应由政府承担的PPP风险外，还应坚持因政府原因增加的安全、环保等额外成本以及由于重大设计变更等引起的工程造价超支等风险由政府承担。一个典型的PPP项目风险分担流程如图10-3所示。

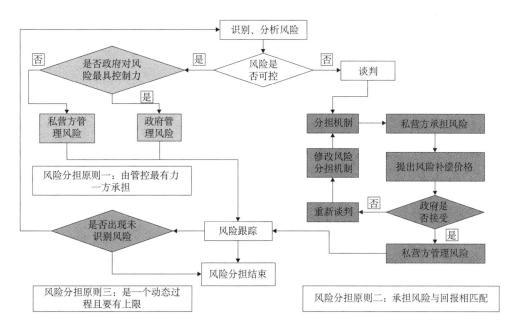

图 10-3　典型的 PPP 项目风险分担流程图

（四）强强联合合作各方，分散投资风险

目前大部分地方政府的 PPP 项目由政府所属的投资公司负责项目运作，由投资公司作为政府出资代表公开招标遴选社会资本合作方，参与 PPP 项目投资、建设和运营。因此，建筑企业可采取强强联合的方式，优选诚实守信合作方，发挥各自优势，达到分散投资风险的目的。一是优选投资公司。建筑企业要主动与资金实力强、有投资管理和运营方面经验、规模大的政府出资设立的投资公司加强沟通协调，与其签订《PPP 项目合作意向书》，诚实守信参与城市基础设施建设。二是优选社会资本其他合作方。建筑企业参与 PPP 项目最主要目的之一是获得项目施工总承包权，带动主业持续健康发展。项目实施离不开设计单位，所以建筑企业要加强与设计信誉好、设计人才多、规模大、经验丰富的大型设计公司沟通联系，吸收其出资入股到 SPV 中，这样既能优化设计方案、保证设计质量，又能有效衔接设计与施工中的相关业务，保证施工得以顺利实施。同时，对一些在桥梁、隧道和港口建设等方面专业优势比较明显的大型建筑企业也可作为社会资本参与方吸收到 SPV 中，这样可以优势互补，分散施工风险。

（五）拓宽产融结合模式，化解融资风险

建筑企业要想投资规模大的 PPP 项目，必须实施产融结合，利用对外融资带动产业发展。一是要主动承接 PPP 项目，只要企业能中标经济发展前景好的项目，就

不用担心金融机构和非金融机构不放款，因为在国家经济下行压力存在的情况下，金融机构和非金融机构资金都比较充裕，他们也在优选项目。二是加强与金融机构、非金融机构和规模大的投资公司的沟通，企业与地方政府签订合作协议后，要主动及时将项目向其推介，通过产融结合使建筑企业有活干、银行或保险公司有钱赚，实现双赢。三是在合作方式上，PPP项目投资额较大、周期长，所以，建筑企业要利用集团优势，以SPV作为融资主体，包括政府、企业在内的其他合作方提供信誉担保，通过组建银团融资模式，保证项目建设和项目初期运营所需资金；也可引进金融机构、非金融机构和大型民营企业投资入股到SPV中，共同分担融资风险。如国家体育场"鸟巢"PPP项目，就是由北京市政府授权北京市国有资产经营有限责任公司作为SPV的一方当事人，履行总投资58%的出资责任。其余42%由私营（企业）部门即中信集团65%、北京城建集团30%、美国金州控股集团有限公司5%联合体进行融资。公共部门和私营（企业）部门共同组建SPV负责本项目的融资、建造、运营、维护，并在30年特许经营权期满后交给北京市政府。这就是典型的产融结合实施PPP模式的案例。

（六）发挥资金杠杆作用，带动施工承包

仅由建筑企业内部自有资金解决PPP项目资金需求是不现实的，还需要借鉴政府发起成立产业基金的模式，吸引更多的金融资本和社会资本，拉动资金效应，即发挥资金杠杆的作用。如2015年，财政部联合中国建设银行股份有限公司等10家机构，共同发起设立中国政府和社会资本合作（PPP）融资支持基金，基金总规模1800亿元，作为社会资本方重点支持公共服务领域PPP项目发展，提高项目融资的可获得性。湖北省由省财政出资400亿元设立湖北省长江经济带产业基金（母基金），"母基金"组建以后，再通过向金融机构、大型国有企业、知名投资机构等定向筹集1600亿元，对"母基金"的资本再放大，最终达到财政出资资金10倍左右的放大效应。建筑企业也可根据企业内部资金状况，设立一定额度的产业引导基金，再通过向银行、信托、保险等金融和非金融机构和有实力的投资公司筹集资金，利用资金杠杆原理，放大资金效应。通过规范的基金运作，实现在PPP项目甄选和资本运营等方面更加精准、更加专业、更加贴近市场，建筑企业也将从更多的PPP项目上得到更多的施工总承包合同订单，实现建筑企业主业跨越式发展。

（七）重视项目施工管理，降低施工风险

按照专业人做专业事的要求，施工过程中的风险一般由承接项目施工任务的建筑企业承担。施工过程中的风险包括项目质量、安全、技术、环保、工期等方面的

风险。这些风险的发生可能延长交付项目运营时间，可能会增加项目工程造价，严重的将会使项目被叫停。因此，建筑企业必须重视项目施工管理，做好以下工作：一是项目施工前，应对项目全过程施工安全防控重点进行统一策划，编制安全生产策划书，所有进场作业人员必须按要求接受安全教育培训。项目施工过程要做好安全防护、设备安全检查、应急救援等工作，杜绝发生违反安全操作规程的行为。二是根据项目质量目标及顾客需要，确定项目质量目标，编制质量计划、创优规划等质量管理文件，工序施工前，应对作业层进行书面交底或培训，并严格执行"三检制"、"工程首件制"。工程隐蔽前必须会同监理人员进行验收，经签认后方可施工；分部分项工程完成后，必须进行质量检验评定；上一道工序检验不合格，不得进行下一道工序施工。要强化材料物资进场的检查，对检验质量不达标的材料，严禁使用，同时坚决杜绝偷工减料行为。三是应进行环境因素识别评价，并对重要环境因素进行控制和监测。对易引起环境污染事件的重要环境因素，制定专项应急预案，配备必要的应急材料和设备，适时进行演练、评审和改进。对风景区、临水施工区或其他特殊施工环境编制专项水土保持方案。四是在施工组织设计方面要做好施工部署、方案比选、施工顺序、工期安排、关键工序的工艺设计以及重点的辅助施工设施设计，通过优化方案节约工程造价。五是项目进度管理应在确保安全、质量的基础上，以均衡生产为原则，以各项管理措施为保证手段，以实现合同工期为最终目标，实行施工全过程的动态控制。如发生月进度或重要节点进度延误时，企业应按预警等级划分及时发出相应级别预警信号，进行重点监控与检查，并制定切实整改补救措施，保证项目工期的实现。同时在分包工程、资金策划等方面也要强化管控，只有这样，才能将施工过程中的风险降到最低。

（八）培养专业人才队伍，预防经营风险

PPP项目具有复杂性、专业性、长期性特点，建筑企业参与PPP项目，必须具备项目投融资、法务、项目运营和项目维护的专业人才。但人才培养周期长，需要通过多种途径去实现。一是对短期亟需的专业人才，可向社会公开招聘，通过引进成熟的投融资专业和项目运营管理人员，以点带面，培养出一批懂经营、会管理的人才，充实到PPP项目中。二是从企业长远出发，通过与高校合作，招收一批投融资和运营管理等专业的大学生，实行定单式培养，储备PPP项目专业人才。三是培养PPP项目管理复合型领导人才，建筑企业的领导人才不能只精通施工技术，还要成为懂投融资、运营和维护等PPP运作全过程管理的领导人才。对领导人员的培养，可以通过将其派驻到PPP项目上进行，也可以委托高校进行相关专业的长短期培训，提升其综合管理和应用能力。

综上所述，目前我国 PPP 模式的推进还处于探索阶段，对 PPP 的认识有待进一步深化，PPP 项目运作还有待规范，相关法律法规还不健全，建筑企业参与 PPP 项目的建设风险有些很难规避和防控。这就需要政府加快完善 PPP 相关政策和制度，探索财政资金支持 PPP 项目的有效形式，进一步提高政府的合作意识，破除 PPP 项目市场地方保护主义，为 PPP 项目落地等创造良好的市场环境，同时，建筑企业要练好内功，强化 PPP 风险管理和防范意识，坚持量力而行的原则，结合企业实际，慎重选择和参与 PPP 项目，才能保持企业健康发展。

参考文献

[1] Barbara Weber. Hans Wilhelm Alfen. Infrastructure as an asset class：investment strategies, project finance and PPP[M]. 北京：机械工业出版社,2016.

[2] Darrin Grimesy. Mervyn K.Lewis. Evaluation. The risks of public private partnerships for infrastructure projects[J].International Journal of Project Management,20（2002）.107-108.

[3] 李洁，邹小伟. 承包商对 PPP 工程的风险认知调查 [J]. 建筑经济,2008,（08）：30-34.

[4] 谢庆森，王秉权. 安全人机工程 [M]. 天津：天津大学出版社,1999.

[5] 邱苑华. 现代项目风险管理方法与实践 [M]. 北京：科学出版社,2014.

[6] 柯永建，土守清. 特许经营项目融资（PPP）一风险分担管理 [M]. 清华大学出版社,2011.

[7] A. Ng et al .Risk allocation in the private provision of public infrastructure[J] .International Journal of Project Management, 2007, 25（1）：66-76.

[8] 叶秀东. 基于风险分担的高速铁路投资风险评估模型研究 [J]. 工程管理学报，2012, 26 (5)：44-47.

[9] 张萍，刘月. 城市基础设施 PPP 模式下融资风险水平度量研究 [[J]. 工程管理学报，2015, 29 (2)：65-70.

[10] LI Bing et al .The allocation of risk in PPP/PFI construction projects in the UK[J].Engineering Construction and Architectural Management,2005（12）：25-35.

[11] 王雪青，喻刚，邝兴国. PPP 项目融资模式风险分担研究 [J]. 软科学,2007（6）：39-42.

[12] 柯永建. 中国 PPP 项目风险公平分担 [D]. 北京：清华大学,2010.

[13] 刘英. PPP 模式下大型体育场馆建设风险承担与分配研究 [J. 建筑经济,2010 (5)：27-30.

[14] 李妍，赵蕾. 新型城镇化背景下的 PPP 项目风险评价体系的构建 [J]. 经济机制改革,2015 (5)：17-23.

[15] Gholamreza heravi and Z.Hajihosseini. Risk Allocation in Public-Private Partnership Infrastructure Projects in Developing Countries：Case Study of the Tehran-Chalus Toll Road[J]. Journal of

Infrastructure Systems, 2012, 18（3）：210-217.

[16] Wei Zhang. Mechanism in Risk Allocation and Dispute Chinese Public Projects：An Resolution Empirical Study [J]. ICCREM 2013, 2014：637-647.

[17] 王海鑫,付厚利,王祖和．城市基础设施PPP模式下融资风险水平度量研究[J].科技与经济,2015（5）：11-15.

[18] Alireza Ghorbani et al. A Survey of Risks in Public Private Partnership Highway Projects in Iran[J]. ICCREM 2014. 2014：482-492.

[19] 田萤．PPP模式下准经营性基础设施项目的风险分担研究[D.重庆：重庆大学，2014.

[20] 聂明，陈顺良．PPP项目全寿命周期的风险评估模型及应用研究[J].江苏科技信息，2015（4）：34-37.

[21] 邓小鹏，等．PPP项目风险分担方式研究[J].建筑经济，2008（12）：62-66.

[22] 胡振，刘华，金维兴．PPP项目范式选择与风险分配的关系研究[J].土木工程学报，2011（9）139-146.

[23] 亓霞，柯永建，土守清．基于案例的中国PPP项目的主要风险因素分析[J].中国软科学，2009（5）：107-113.

[24] Marques, R. C. and S. Berg. Risks, Contracts, and Private-Sector Participation in Infrastructure[J]. Journal of Construction Engineering and Management,2011，137（11）：925-932.

第十一章
建筑企业推行 PPP 模式的政策建议

当前，我国处于经济增速放缓、结构调整、转型升级的经济发展"新常态"的重要时期。面对大量的关系民生的公共基础设施建设需求，政府财务状况拮据，强大的基建投资需求和过大的政府债务压力矛盾突出，使PPP成为政府破解资金难题的可行投资模式。PPP模式，鼓励社会资本与政府进行合作，参与公共基础设施建设。政府与社会资本方建立起"利益共享、风险共担"的合作关系，有利于减轻政府方的财政负担，减小社会资本方的投资风险。

"十三五"规划中，PPP模式已被提高到国家战略高度，对于供给侧改革、"一带一路"、新型城镇化建设而言，PPP正在发挥积极的牵引作用。在当前PPP模式下，建筑市场正在发生翻天覆地的变革，而建筑企业正面临前所未有的机遇与挑战。如何用好PPP这把双刃剑，借国家产业政策调整的东风，搭乘新一轮基础建设的班车，实现企业跨越式可持续发展，一方面，PPP模式要求建筑企业需进一步提高对全产业链资源整合能力，另一方面，建筑业产业链各个环节也将面临着崭新的发展环境。

PPP模式作为一种社会融资模式和经济建设方式，无论是从顶层设计和风险控制及管理能力提升等，都需要政府和建筑企业共同努力和合作。建筑企业应当抓住国家鼓励推广运用PPP模式的机遇，更好地把握PPP的运作理念、运作机制和发展方向，使其真正成为我国经济社会转型的"金钥匙"。

第一节　政府层面上的政策措施

从2013年11月，中共十八届三中全会决定允许社会资本通过特许经营等方式参与城市基础设施投资和运营。2014年5月，财政部政府和社会资本合作（PPP）工作领导小组正式设立，特许经营立法工作重新启动。2014年以来，国家各领域更是将PPP模式的研究和应用推向高潮，国务院和财政部更是颁布多项支持PPP开展的文件和指南。2015年5月22日，国务院办公厅转发财政部、国家发展改革委、中国人民银行《关于在公共服务领域推广政府和社会资本合作模式的指导意见》（简称《意见》），《意见》提出：在能源、交通运输、水利、环境保护、农业、林业、科技、保障性安居工程、医疗、卫生、养老、教育、文化等公共服务领域，鼓励采用政府和社会资本合作模式，吸引社会资本参与。在历经2013年的准备以及2014年以来密集政策红利和加速落地合力助推下，PPP已成为供给侧结构性改革的重要手段，助力经济社会多主体共性转型红利，迎来"十三五"创新发展、面向国际大力推进互利共赢开放战略和"一带一路"战略等新局面。如此大力度地推广PPP模式，是前所未有的。

一、中央政府的顶层设计

近年来,国家发改委、财政部等相关部委及各省级政府虽然出台了若干关于 PPP 项目的部门规章、其他规范性文件等,但主要散见于部门规章、国务院规范性文件、部门规范性文件中,并未专门就 PPP 模式出台国家法律和行政法规层面的立法文件,但尚未形成国家层面的法律体系,且不同部委的文件常存在矛盾或冲突,缺乏统一的上位法进行规制,造成 PPP 项目实施过程中依据的法律文件效力不够,同时也存在选择性适用文件的情形。同时,PPP 项目投资大、合作期长,在项目全寿命周期内,风险因素、不确定因素多,不足以建立一个能够保障民间资本收回投资成本及获取合理收益的良好法制环境,影响到社会资本,特别是民营资本对 PPP 项目的投资信心。因此,一套完整、规范的 PPP 法律体系是保障 PPP 模式参与各方权力和利益的首要保障。

(一)完善 PPP 上位法律、法规和配套政策

加快落实制定适用 PPP 模式的上位法。PPP 立法的法律位阶应当提高为全国人大及其常委会制定的基本法律和法律以及国务院制定的行政法规。PPP 立法应重点解决 PPP 项目适用范围、参与主体及方式、项目合期限、项目交易结构、监督管理、项目流程等事项,并重点关注 PPP 项目用地、政府和社会资本方的权利和义务、PPP 项目争议解决机制等。

(1)提高立法法律位阶,确保政策的连续性、协调性和一致性。首要任务是尽快明确和建立负责 PPP 立法的职能机构,尽快启动 PPP 立法工作。鉴于目前国家发改委和财政部在立法工作上存在争议,PPP 立法的法律位阶应当提高为国家法律或国务院行政法规,可以考虑由国务院牵头并成立专门的立法机构,负责和协调 PPP 立法工作,以此减少争议,尽快促成 PPP 立法。在进行统一立法时,要明确 PPP 和政府特许经营的法律属性,考虑到 PPP 项目的法律适用性及法律规范的全面性,根据英国和法国的经验模式,PPP 包括了政府购买服务和特许经营两种方式,也就是说 PPP 的内涵范围要广于特许经营。从适用的法律文件来看,PPP 合同是社会资本与政府签署的合作合同,并且在项目实施阶段政府和社会投资者处于平等的地位,双方都要互相享有权利并承担义务。因此,PPP 更加适用于民事法范畴。而政府特许经营是在政府许可的前提下,被许可方经营有关政府项目,在该框架下,政府是许可方和监督方,社会机构是被许可方和执行方,带有一定的行政色彩。因此,可将特许经营协议定位为行政协议,并将特许经营定位为行政法范畴,冲突领域作适当调整,做到统筹协调,进一步理顺 PPP 与政府特许经营的关系。

(2) 进一步明确各执行部门之间的分工、协调、审批、监管等问题。注重对项目的准备、项目识别、项目采购、项目执行、项目移交各个环节以及相关利益主体的权利和义务作出明确的规范，并非简单的划清基础设施领域和公共服务领域的界限。对于涉及多部门的政策文件，建议联合发文，并征求其他部门的意见，形成政策统一，精准发力。

(3) 协调和统筹已出台的 PPP 各类政策文件。在推进统一立法的过程中，需要注意协调和统筹目前各部门出台的 PPP 政策文件，发挥现有的政策法规对 PPP 立法的有力支持，进一步做到法律文件与现有政策法规的融会贯通，这是进一步完善PPP 模式法律体系的基础，避免资源浪费。

(二) 从立法上规范 PPP 模式的监管机构

西方国家推广 PPP 模式有统一的协调机构，而我国 PPP 因为涉及面太广，在行政管理上没有任何一个部委的职能可以全面覆盖 PPP。目前，我国并没有专门的机构来负责 PPP 模式的立法、推广以及监管工作。现行的推行 PPP 模式的主管机构因职能划分不清影响了其对 PPP 模式的监管效用，无法为 PPP 模式的有效运行提供良好的环境。因此，应从立法上可以设立中央和省级的专门 PPP 机构，赋予相关部门监管职能并建立一个职能相对独立的监管机构，明确牵头负责部门，统一负责政策指导、总体规划和综合平衡等，对政府财政风险进行监管和审批，并与央行、银监会保持密切沟通，确保 PPP 项目得到明确、有效的监管。从操作的可行性来看，可以建立国家层面的 PPP 监管机构或国家 PPP 监管中心，单独行使对 PPP 的监管职能。即使不设立专门的机构，特别是在实施项目最多的县市层面，也一定要建立跨部门协调和联审机制，严格对 PPP 项目的全过程监管。对 PPP 项目的事中、事后监管包括价格监管、行业监管、运营绩效考核监管、社会监督等。

(1) 深入推进 PPP 项目成本规制工作，对所有涉及垄断的 PPP 项目行业，政府部门应加快推进成本规制工作，明确界定企业成本费用开支内容、标准、范围，理顺成本规制的工作机制和评价程序。完善成本监审制度，对于没有替代服务的 PPP 项目，政府应结合简政放权、加强事中事后监管，优化定调价监审制度与程序；推动 PPP 项目的成本信息公开，主动接受同行业和社会监督。

(2) 加强行业监管，行业主管部门抓紧完善各行业服务质量标准体系，对照国际标准找差距，提出本领域改善运营绩效的具体标准，定期对 PPP 项目进行评估，建立科学的绩效考核机制，将绩效与收益回报紧密挂钩。三是加强综合监管和社会监督，鉴于许多 PPP 项目涉及多个部门，建议要加强政府部门之间共享监管信息，联动奖惩，形成监管合力。积极引入第三方力量，比如同行业经营者、消费者协会、专业人士形成的特定机构等，提高 PPP 项目的专业化监督水平。

（三）加强防范财政风险的法律制度建设

加强财政风险防范的法律制度建设，主要是从以下四个方面开展：

（1）对于 PPP 项目中政府面临的财政风险，有关法律法规需要在 PPP 项目合作中的财政风险防范上作出明确的界定和规范。例如，现有的法规政策中，有些政策文件明确指出"一年内政府在 PPP 领域的支出一般不得超过一般公共预算的 10%，并且各地方根据实际可做调整"。要解决类似财政支出约束力弱的问题，未来要进一步明确政府和社会资本合作中的政府支出限额，规定在哪些情况下政府在 PPP 中的出资不得超出一般公共预算 10% 的限额，在哪些情况下政府支出又可超出这一限额，支出限额的调整幅度该如何设定，这一系列的问题有待在立法中进一步明确。

（2）要建立全面科学的财政风险监管技术和方法，科学、全面地评估和处置财政风险。在项目的论证阶段，建立财政风险评价模型，在目前定性分析的基础上大力发展定量分析方法，以此更加精确地论证该项目是否通过物有所值评价；在项目的采购阶段，选择相应的指标体系，建立财政风险评价指数体系，以此筛选优秀的合作者；在项目营运阶段，建立合作项目的风险动态监测模型，并设定一定的风险阈值，以便更好地监测项目运行过程中的动态风险，及时发现并处置出现的财政风险，将项目风险更好地控制在政府的接受范围内。

（3）要建立 PPP 模式财政风险监管的管理制度。全方位、全流程的监管制度是有效防范财政风险的重要前提，因此，未来要建立全方位、全流程的 PPP 项目风险监管体系，有效防范政府财政风险。PPP 项目的流程监管可大致分为前期可行性论证监管、项目采购合规性监管、项目融资风险监管、项目运行风险监管及项目终结监管五大流程。可行性监管主要是通过物有所值评价及可行性论证，筛选出适合 PPP 模式的项目；项目采购合规性监管主要是监管政府在项目采购过程中是否合规，采购程序是否符合政策要求；项目融资风险监管要监测项目融资是否合乎法律规定，其融资方式和融资规模与项目周期是否匹配，确保政府财政支出在合理范围内；项目运行风险监管是建立相应的风险预警机制，对项目运行中的风险及时发现、及时处理；项目终结监管主要是监管项目的运行绩效及项目移交的合规性。与此同时，该管理制度要分别确立针对这五大流程的监管程序及主要监管主体，明确各监管主体的监管职责，切实将全流程监管落实到位。

（4）要在相关政策条文中进一步明确 PPP 项目风险中的政府分担细则。针对目前 PPP 项目中政府风险防范机制的欠缺，未来应对每一个 PPP 项目明确政府的风险分担细则，进一步明确政府应该承担多大的风险份额以及政府承担的风险边界。

(四)进一步为多元化的融资体制提供制度保障

针对目前民营资本普遍存在的融资难、融资贵问题,相关法律文件要进一步在法律制度上探寻并规范多元化的融资体制。要从立法上对多元化的融资模式提供法律支持,规范不同融资方式的实施流程及担保机制,解决普遍存在的融资难问题,为实现多元化的融资模式提供良好的制度环境。

(1)进一步完善面向PPP项目的金融制度创新。PPP项目的大部分资金主要来源于金融机构。目前金融机构参与PPP项目的顾虑较重,决策要件复杂,审批过程漫长,制约PPP项目快速高效实施。因此,金融制度改革和创新应当有利于而不是阻碍PPP模式的发展。要以银行为核心,协同证券、保险和信托业等,积极尝试引入保险公司、社保基金等长期机构投资者参与PPP项目投资,构建多层次的PPP项目融资市场。同时,金融机构应结合项目需求,设计开发综合性、创新性的金融产品。规范、稳妥地开展PPP项目的资产证券化,防止引发金融、证券市场出现新难题。

(2)从立法上进一步明确政策性金融机构为PPP项目提供长期、大额、低息资金的保障职能,并规定只要PPP项目符合流程规范,在不存在重大风险的前提下,政策性金融机构就应该承担起为PPP项目融资的职能,以此缓解社会资本方的融资压力。

(3)出台税收减免、无息贷款等财政优惠政策。基础设施建设前期投入大、周期长,到运营阶段才有现金流入,因此,项目的前期现金流压力较大。为了有效缓解项目企业的资金压力,需要政府在企业的贷款、收费方面给予一定的优惠,相关法律文件要对其作出明确的说明。三是进一步探索多元化的融资体制,积极推动股权、信贷、发债等多途径的融资方式。由于PPP模式的投融资体制尚不健全,相关政策法规约束不到位,并且PPP项目具有运营周期长、现金流不稳定的特征,加大了多元化融资的难度。

二、规范地方政府行为以及地方政府相应配套措施

在PPP项目的实施过程中,地方政府往往充当着多重角色,包括需求分析、投资分析决策、特许权授予、担保、资金提供、投资、产品或服务购买、原料供应、水电等供应、土地提供、其他基础设施提供、宏观经济调控以及外汇或利率担保和税收优惠等其他支持。全能政府的角色往往使得政府不能恰当地履行自身的职责,过分地干预PPP项目的实施和运行,市场配置资源的功能未能有效发挥作用。因此,提高地方政府对PPP法律体系、文件的认识,规范地方政府的主导行为是保障PPP

模式参与各利益的重要保障。

目前地方政府配套政策尚不完善。尤其是项目融资配套政策不完善，导致项目贷款和放款困难，贷款期限存在错配，股权投资难以退出。在项目实施过程中，往往会出现一些新的变化因素，没有对应的相关法规解释，还有很多操作细节，没有明确的认定依据。例如，PPP 模式下和营改增后概（预）算体系如何调整（增值税问题、资本金建设期利息问题、推行 EPC 模式避免设计与施工脱节问题）、政府补贴与购买服务税额如何计算等。

（一）规范地方政府主导行为，加强地方政府的信用建设

在 PPP 项目实践中，政府处于强势主导地位、社会资本方处于弱势服从地位是普遍的现象。一些地方政府仍然依照传统的建设管理思路强势主导 FPP 项目，政企合作难以平等协商。例如，设置苛刻的采购条件或不合理的项目运作模式，过度压缩社会资本方合理利润空间，违背 PPP 项目"合理收益"的原则；或者把项目公司当作融资平台，变相融资等。无法真正实现政府与社会资本方的可持续良好合作关系。政府契约意识淡薄、偿债履约意愿不强。PPP 项目投资大、周期长、见效慢，政府的履约能力和担当责任，直接影响到社会资本方长期投资的信心。政府换届是 PPP 项目履约的最大信用风险。

（1）积极推进政府信用法律制度建设，出台关于政府信用建设的法律文件。从顶层制度上加强政府的信用意识，为地方政府的信用管理提供法律依据；地位不对等导致不公平合作。即使对于非经营性、准经营性项目，政府将 PPP 项目支付纳入财政预算并通过地方人大会议决议，在项目实际严格落实。

1）加快建立地方政府信用体系。提高政府职能管理部门的法治意识、合同意识和履约意识，促进地方政府信守承诺，改善投资环境，增强社会资本投资人尤其是民营资本参与 PPP 项目的投资信心。

2）成立约束地方政府行为的奖惩机制，在对地方政府的履约行为给予一定奖励的同时，加大对地方政府违约的处罚力度，从法律层面明确地方政府随意撕毁合同的违约责任，并依法追究其主要负责人的法律责任，以此约束地方政府的毁约行为，保障社会资本方的合法权益。

3）建立再谈判机制。面对政府的违约风险，除了从立法上加强对政府信用的约束之外，还要建立快速有效的再谈判机制。由于政企之间沟通不畅等原因往往导致项目进行再谈判，再谈判的效率与结果严重影响着社会资本方的利益得失。因此，要尽快出台针对再谈判机制的法律文件，设立高效、独立的再谈判机制，进一步明确再谈判的具体流程和相关规定，从法律的角度明确再谈判的主要负责机构、谈判

地点、双方各自的权利与义务，并注意保障社会资本方的利益，将其面临的再谈判风险降到最低。

（2）立法上要加强PPP项目的信息披露，加强对政府披露全流程文件的约束力，以此加大社会公众对政府信用的监督，加强政府在PPP项目中的履约意识。避免部门之间权责划分不清、业务流程对接不到位，导致PPP项目审批程序复杂、耗时长，项目决策、管理和实施效率低下，在解决项目的具体困难时很多部门相互推诿。

（二）完善PPP模式的运行制度体系，指导PPP项目规范运作，推广示范PPP项目

一些地方政府部门往往急于落地PPP项目，而未按照指导文件规范操作。例如，发起不属于基础设施与公共事业范畴的PPP项目，或将不适用PPP模式的项目"包装"为PPP项目；项目前期申报、审批手续不完备，就开始进行政府采购；项目风险分担机制设置不合理，项目监管机制、绩效评价机制等方面的制度安排不清晰；采用建设成本和投资收益率最低报价为比重大的评分条件，且不限制报价下限。所有这些违反制度规定的不规范操作，给项目实施和运营埋下难以消除的隐患。

（1）进一步完善和细化PPP项目实施全过程的相关政策，切实维护PPP市场秩序，指导PPP项目规范运作。建立PPP项目全过程评价体系和机制，明确职责，规范项目长期平稳运作，确保公共产品及服务达到绩效标准。建立PPP项目纠纷协商、解决机制，解决PPP项目在长期合作中产生的纠纷问题。

（2）加快PPP示范项目的推广。目前，PPP项目已经进入到提速发展的关键期，国家公布的PPP示范项目的数量有较快增长，但对于较为成熟的示范项目的规范运作，尚未显现出来推广效应。因此，应选择一批成功实施的示范项目，并分别根据不同行业，不同类型的项目，规范指引PPP项目的前期工作（包括物有所值评价、财政承受能力评估标准），推广项目的参考实施方案、采购方式、责任划分、运营监管、绩效考核机制等，以利于规范运作PPP项目，创造更好的效果。

（三）进一步完善民间资本的风险分担及利益保障机制，建立和完善项目退出机制

政府出于保护公共利益，极大地限制社会资本方在项目运营期内退出。同时，因融资合同的股权变更限制较多、合同体系之间的交叉性等原因，社会资本方退出不畅。此外，国资委对国有企业的股权转让和资产交易须进行资产评估并进场交易

的有关管理规定,与其他部委有关 PPP 规定相冲突,限制了投资退出。尤其国有产权退出程序繁琐,应建立适应机制。

(1) 健全法律变更的认定机制。国内的 PPP 项目尚处起步阶段,涉及的法律法规多,且相应的法律法规不健全、层次低、效力差,法律变更不可避免。一旦变更很可能影响到项目建设和运营,甚至直接导致项目终止和失败。目前法律变更和投资认定机制不完善、合同争议的解决方式尚存在争议。例如 PPP 合同争议通过民事诉讼还是行政诉讼解决存在法律和政策分歧。又如,营改增后概(预)算体系如何调整、政府补贴与购买服务税额如何计算等。关于政府与社会资本之间的风险分担问题,有关文件已简要地说明了风险的分担原则。如《政府和社会资本合作模式操作指南(试行)》中提出按照风险与可承受力相匹配的原则,项目的设计、建设、运营及财务风险由社会资本方承担,法律、政策与最低需求等风险由政府方承担,不可抗力由政府与社会资本方共同承担。未来要在政府与社会资本风险分担原则的基础上,进一步明确是由哪个层面引起的风险,不能笼统地认为政策和法律风险一定由政府承担,应该要看哪级政府引发的风险,谁最有承担风险的能力。如中央政府的政策法律变动给 PPP 项目带来的风险,应由中央政府承担,而不是地方政府承担风险。因此,未来风险分担上要进一步细化承担风险的层级主体,避免风险分担主体的模糊而增加地方政府财政压力。并且,针对政府和社会资本的共担风险,要进一步细化分担准则,明确社会资本的风险分担比例及限额,有效划定政府和社会资本方各自需要承担的风险责任,减少双方具体风险分担的不确定性,以此为民间资本有效防范风险提供一定的法律保障。

(2) 关于政府和社会资本合作项目的利益回报问题,有关文件并没有对项目的利益作出一定范围的规定,而是仅仅规定项目利益的控制原则。未来应在具体的法律文件中分别进一步明确利益过高的标准和利益过低的标准,并运用一定的定量化手段合理划定项目利益的回报范围。为了有效控制政府与社会资本合作项目的利益回报,未来应建立与回报机制相匹配的动态价格调节机制,并在相应的法律文件中予以明确,特别是对于收益波动较大的项目。如果项目回报超出约定的回报范围上限,要进一步明确超额利润的分配规则,政府可通过动态价格调节机制调低项目使用价格,减少使用者付费,以此在保障社会资本方利润的同时维护公众利益;如项目回报低于约定范围下限,政府可采取可行性缺口补贴的方式或通过动态价格调节机制调高使用价格,保障社会资本的权益。因此,合理的回报机制与动态价格调节机制不仅能有效化解社会资本面临的回报波动风险,而且可以为政府、社会资本方及社会公众提供一个三方利益平衡机制。

(3) 建立社会资本退出机制。进一步规范社会资本退出的前置条件,重点在项目公司运营期间，拓展社会资本的退出途径，实现社会资本方的股权流动。将PPP项目社会资本方退出纳入公共资源交易平台进行，探讨由各类市场主体收购社会资本所持项目公司股份的可行机制，以降低PPP项目投资的退出成本。

正确引导和促进PPP模式的健康发展。在推行PPP模式的出发点上，地方政府和国有企业都存在一定的业绩冲动倾向，不同程度透支未来不确定性因素多的预期收益，潜在风险较大。因此，要适度调整和正确引导PPP模式的发展。一是防止PPP项目总规模过大、投资过热，导致地方政府财政承受能力难以为继，政府负债和不良资产再度膨胀。二是防止出现政府绑架企业、转移债务、明股实债等PPP模式实施中的异化现象，违背中央政府推行PPP模式的初衷。PPP模式旨在结合政府职能由支配到统筹的转变，放宽政策准入，吸引民间资本力量，共同推进基础设施建设和公共服务项目，共享基础设施建设乃至整个经济转轨期的制度红利。因此，推广PPP模式就是公共服务、供给机制的配合，涉及的范围广，受益的人群多，很多的项目关系到重大的国计民生，是供给侧结构性改革的重要内容。PPP模式作为一项以供给侧改革为主、需求拉动为辅的改革措施，无疑将成为未来我国践行创新、协调、绿色、开放和共享发展理念的推进器。

第二节 建筑业企业层面的政策措施

在中国经济发展进入"新常态"，全面深化改革稳步推进的背景下，以基础设施为代表的公共产品不断增长的需求和受到约束的供给能力之间的缺口不断扩大，这一全新特征将深刻改变我国基础设施供给的基本模式。在传统发展模式下发展的建筑业企业整体产值下滑、盈利能力下降、联营合作风险事业频发，这是目前建筑业企业的生态。而一体化、综合化、多元化、大型化等，是建筑业企业转型升级的未来走势，如何应用好PPP模式，改变建筑业企业高度依赖"资源关系"的竞争模式，实现持续健康房展新局面，这是摆在建筑企业面前的首要问题。

PPP模式使建筑企业遇到前所未有的机遇和挑战，这是一种项目运作模式的创新和变革，这同样对建筑业企业的经营模式、组织管理、团队构建、核心能力等提出了新的要求。如何创新原有项目经营和管理模式、推动组织与管控体系优化、提升自身团队核心竞争力，同时，提升在PPP项目前期策划、招投标管理、合同谈判、SPV运营、财税筹划、项目实施与管理等全过程的项目操作能力和风险应对能力，将成为建筑业企业需要面对的关键问题。

一、建筑企业规范 PPP 模式的措施

目前，地方政府推出的 PPP 项目基本以建筑业企业和财务投资人模式为主，抛开财务投资人单纯获利后，仅仅剩下建筑业企业，以建筑央企和大型国企为主，参与 PPP 项目的风险存在于从立项到项目移交的各个阶段，独立承担了项目全生命周期内的风险，有来自项目运作中的外部自然、社会和市场环境等风险，也有来自参与主体的风险，还有来自项目运营等方面的管理风险。市场竞争激烈，国企为求生存，脱离市场规则情况下，压低投资收益、延长付费周期、违规担保等情况随之出现，建筑业企业风险也迎刃而来。PPP 项目中标收益参差不齐，建筑业企业风险加剧。建筑业企业参与 PPP 项目，在完成项目风险分析与评价后，如果发现项目风险发生的概率很高，而且可能的损失也很大，又没有其他有效的对策来降低风险时，应放弃项目以回避风险；有些风险企业可以通过预防、制订应急计划加以控制；有些风险企业可以通过强强联合、政府补贴等将其转移；有些风险通过管理主体内部采取内部控制措施来化解。PPP 项目风险应对策略有以下几个方面：

（一）确立战略定位、优化顶层设计

建筑企业应当结合自身中长期发展战略，以及在各领域、各地区形成的资源优势，明确企业内部 PPP 业务板块的战略定位与发展方向，在地区范畴、产业领域构建总体布局。同时，建筑企业应当对 PPP 业务板块进行顶层设计，制定中长期发展目标及实施策略，形成基于企业业务创新和转型升级的战略体系。

根据 PPP 项目特点，调整企业战略规划。因此，建筑业企业在制定"十三五"战略规划或更长远的规划中，必须调整企业战略思路，在业务模式、装备、人才等方面做好远期规划，定位要准，才有利于战略实施。

（二）转变角色、构建新型市场主体关系结构

建筑业企业参与 PPP 项目，将拓宽企业上下游产业，由原来单一建筑承包商向投资商、筑承包商和运营商等多重角色转变；经营业务由原来仅获取施工业务收入向获取投资收入、施工业务收入和运营收入等多元收入转变；员工也将由原来满足工程项目施工、管理、技术需要，向 PPP 项目模式下的投资、融资、施工、运营管理等人才转变。由于受到建设管理体制的影响，建筑企业长期局限于施工承包商的角色。但 PPP 项目是多方合作的关系，注重风险共担、长期合作、互惠共赢。而且建筑企业作为 PPP 项目的社会资本方，要以股东的身份参与项目全过程管理，不仅要承担传统施工管理的角色，更要承担项目设计、投融资、建设、运营等全过程管理职能。

在项目实施的全周期过程中，建筑企业和政府方或第三方的关系是合作共赢的关系，各方都是一个平等的法律地位，那么建筑企业就不能按照传统的施工承包商思维去与合作方进行谈判，要对项目本身进行充分的研究和策划，了解合作各方的真实利益需求，才能实现对项目的认知达成共识。因此，建筑企业参与PPP项目，必须从施工承包商向投资建设运营综合承包商的角色转变，才能推进PPP项目持续健康稳定发展。

（1）建筑业企业内部机制要创新。采用PPP项目模式涉及企业制度、机制、组织结构、业务协调、融资模式等方方面面。如建筑业企业要在体系上成立财务公司、信托公司、产业基金等融资平台，满足PPP项目前期资金运作需求，也可以发挥协调效应，推动项目的实施。

（2）根据企业业务特点选定介入PPP项目的范围。建筑业企业的投资行为均是以带动主营业务——施工总承包为根本目标的，所以我们要根据自身业务特点选择擅长的PPP项目。这样做的原因，一方面是因为企业对项目的盈利模式熟悉，可减少投资失误的风险；另一方面是因为企业在行业中原本占有一定的施工总承包市场，有利于专业资源调配。

（3）建筑业企业应综合考虑金融环境，认真研究金融政策，金融政策的渗透力在PPP项目全周期中有着举足轻重的作用。PPP模式归根结底是经济体系中融资行为的一种，虽然情况很特殊，它是针对与公众社会利益直接挂钩的基础设施建设，且此种融资行为比较直接且明显的牵涉到政府的势力。但是，在利用PPP模式经营且希望获得较大的经济收益时，需要明确这是一种经济行为，并用经济规律加以指导。企业在融资过程中要求融资方式要合理，把融资风险降到最低并尽量缩小成本。企业在进行融资之前，要充分进行科学规划，选择对自身最有力、合理合法的渠道。投资企业拥有充裕资金时将会降低融资数额，进而降低融资成本的同时，要合理确定短长期融资比例、自有资金与负债比例，将负债范围有效地控制在偿债能力之内。

（三）科学制定决策流程、规范运作

建筑业企业应综合考虑企业发展，违规提供担保导致企业破产的案例不在少数，在新一轮PPP热潮中，在抓住机遇发展的同时，要规范项目运作，合理分摊风险，筑牢企业发展的风险墙。制定科学的业务流程，设置严格的项目筛选机制，做好前期策划，加强项目成本测算、投资评价、风险识别、合法合规性评估，审慎决策。严格按照国务院及财政部、发改委等相关部委要求，加强内部管控，降低风险，争取合理回报。

为规范PPP项目运作，在项目运作的以下各阶段应采取必要的措施：

（1）项目选择阶段。在项目调研阶段，建筑业企业应综合分析评估 PPP 项目的适用性、合规性、市场收益、投资回报率、政府自身财政的承受力，准确研判项目面临的风险，利用政策和工具分散，并选择是否参与 PPP 项目。主要包括融资、保险、税收、利率波动等风险。建筑业企业应综合评自身综合实力，设定底线收益率，不可为追逐市场而盲目上马 PPP 项目。要根据企业自身状况和项目条件，选定介入 PPP 项目的投资方式。目前各建筑业企业参与 PPP 项目的投资方式主要有 3 种：一是直接进行股权投资，二是设立专业投资基金，三是与金融机构联合投资。

（2）合作伙伴选择阶段。应充分理解 PPP 模式内涵，即强调市场机制的作用，又要强调政府与社会资本各尽所能，促进资源优化配置、需要选择契约诚信和财政实力较强的地方政府合作。

（3）合同谈判阶段。PPP 合同是保障项目成功运营的核心条件，订立的合同要在风险分担和利益分配方面兼顾公平与效率，要详尽责任分担、收益分享、风险分摊、项目监督等多方面的内容；并且合同订立要预留调整和变更空间，根据市场环境和项目的变更设定动态调节机制，保证社会资本的合理收益率。四是合同履行阶段。在确保自身严格遵循契约精神的前提下，也要要求政府方切实履行其应尽的责任或义务，要求相关职能部门紧密配合，协调有关单位，按时支付项目可行性付费或财政补贴，支持 PPP 项目长期稳定运行。

（四）整合资源、优势互补，创新合作模式

PPP 项目的重要原则就是合作共赢。建筑业企业在施工技术、成本控制、工程建设管理方面有非常明显的优势，但可能存在投融资能力、专业运营能力不足等问题，如仅凭一己之力不可能在 PPP 领域取得长足发展。因此，需要整合、拓展、积累、优化外部资源，弥补短板，拓宽融资渠道，建立 PPP 项目全产业链上的地方政府、金融机构、投资商、开发商以及专业分包商、咨询机构资源库，形成更为紧密的战略合作关系，构建以建筑企业为中心节点的 PPP 项目运作联盟。创新合作模式，形成系统内部的资源优势互补，增强产业链整合能力，发挥资金杠杆作用，并购具有专业优势和市场前景的企业，加大对产业链核心环节的控制力度，同时向上下游业务适度延伸，产生更为良好的品牌效应和协同效应，打造强大的 PPP 项目综合运作能力，提升整体竞争实力。

PPP 模式的本质是由政府对公共基础设施和公共服务投资建设运营管理全面负责，转变为与社会资本合作，利用社会资本的资金优势和专业能力，实现优势互补，共同为公众提供公共服务产品。在具体的 PPP 项目中，政府的角色定位及权利义务颇为重要。这要求企业在项目前期不可急于求成，要和政府进行充分沟通，真正对

双方诉求形成共识，并签署能够保障企业合法权益的法律文件，这样才能保障日后项目建设运营的顺利推进，也为建立长期稳定的政商关系奠定基础。目前大部分地方政府的 PPP 项目由政府所属的投资公司负责项目运作，由投资公司作为政府出资代表公开招标遴选社会资本合作方，参与 PPP 项目投资、建设和运营。因此，建筑业企业可采取强强联合的方式，优选诚实守信合作方，发挥各自优势，达到分散投资风险的目的。

也要加强与金融机构、非金融机构和规模大的投资公司的沟通，建立长期稳定的合作机制。PPP 项目的实施，更多依赖于金融机构。企业作为社会资本参与 PPP 项目主要是解决股本金的投入问题，而金融机构提供的丰富的金融产品是解决项目债务融资的重要渠道。建筑业企业要主动与资金实力强、有投资管理和运营方面经验、规模大的政府出资设立的投资公司加强沟通协调，与其签订《PPP 项目合作意向书》，诚实守信参与城市基础设施建设。

企业与地方政府签订合作协议后，要主动及时将项目向其推介，通过产融结合使建筑企业有活干、银行或保险公司有钱赚，实现双赢。

在合作方式上，PPP 项目投资额较大、周期长，所以，建筑业企业可通过共同成立特别目的公司 SPV(Special Purpose Vehicle) 作为融资主体，包括政府、企业在内的其他合作方提供信誉担保，通过组建银团融资模式，保证项目建设和项目初期运营所需资金；也可引进金融机构、非金融机构和大型民营企业投资入股到 SPV 中，共同分担融资风险。如国家体育场"鸟巢"PPP 项目，就是由北京市政府授权北京市国有资产经营有限责任公司作为 SPV 的一方当事人，履行总投资 58% 的出资责任。其余 42% 由私营（企业）部门即中信集团 65%、北京城建集团 30%、美国金州控股集团有限公司 5% 联合体进行融资。公共部门和私营（企业）部门共同组建 SPV 负责本项目的融资、建造、运营、维护，并在 30 年特许经营权期满后交给北京市政府。这就是典型的产融结合实施 PPP 模式的案例。

二、建筑企业实施 PPP 模式的措施

建筑业企业要切实把参与 PPP 模式作为适应经济发展新常态、实现企业经营形态和产业转型升级的重要途径。

（一）提高综合规划设计能力

在 PPP 模式下，建筑企业参与 PPP 项目最主要目的之一是获得项目施工总承包权，带动主业持续健康发展。项目实施又离不开设计单位，这就要求规划设计与施工环节密切相连。因此，建筑企业应更加关注规划设计与施工建设两个环节的统筹管理，着

力提高全行业综合规划设计服务能力。所以建筑业企业要加强与设计信誉好、设计人才多、规模大、经验丰富的大型设计公司沟通联系，吸收其出资入股到 SPV 中，这样既能优化设计方案、保证设计质量，又能有效衔接设计与施工中的相关业务，保证施工得以顺利实施。同时，对一些在桥梁、隧道和港口建设等方面专业优势比较明显的大型建筑业企业也可作为社会资本参与方吸收到 SPV 中，这样可以优势互补，分散施工风险。传统建筑企业履约的主要思路即按图施工，利润主要来自于合同承包单价与施工成本价的差价，而较少从项目全生命周期考虑其规划设计方案的社会经济效益。在以 PPP 模式为主的建筑市场中，拥有项目规划设计能力的社会资本方，可以为项目实施提供完整的解决方案，有利于全面提升项目整体运作效率，有利于缩短项目实施周期，有利于降低项目的全周期成本，在与政府方合作时，更易获得政府方的青睐。

（二）重视项目施工管理，降低施工风险

按照建筑工程五方责任主体终身责任制，施工过程中的风险一般由承接项目施工任务的建筑业企业承担。施工过程中的风险包括项目质量、安全、技术、环保、工期等方面的风险。这些风险的发生可能延长交付项目运营时间，可能会增加项目工程造价，严重的将会使项目被叫停。因此，建筑业企业必须重视项目施工管理，做好以下工作：一是项目施工前，应对项目全过程施工安全防控重点进行统一策划，编制安全生产策划书，所有进场作业人员必须按要求接受安全教育培训。项目施工过程要做好安全防护、设备安全检查、应急救援等工作，杜绝发生违反安全操作规程的行为。二是根据项目质量目标及业主需求，确定项目质量目标，编制质量计划、创优规划等质量管理文件，工序施工前，应对作业层进行书面交底或培训，并严格执行"三检制"、"工程首件制"。工程隐蔽前必须会同监理人员进行验收，经签认后方可施工；分部分项工程完成后，必须进行质量检验评定；上一道工序检验不合格，不得进行下一道工序施工。要强化材料物资进场的检查，对检验质量不达标的材料，严禁使用，同时坚决杜绝偷工减料行为。三是应进行环境因素识别评价，并对重要环境因素进行控制和监测。对易引起环境污染事件的重要环境因素，制定专项应急预案，配备必要的应急材料和设备，适时进行演练、评审和改进。对风景区、临水施工区或其他特殊施工环境编制专项水土保持方案。四是在施工组织设计方面要做好施工部署、方案比选、施工顺序、工期安排、关键工序的工艺设计以及重点的辅助施工设施设计，通过优化方案节约工程造价。五是项目进度管理应在确保安全、质量的基础上，以均衡生产为原则，以各项管理措施为保证手段，以实现合同工期为最终目标，实行施工全过程的动态控制。如发生月进度或重要节点进度延误时，企业应按预警等级划分及时发出相应级别预警信号，进行重点监控与检查，并制定

切实整改补救措施，保证项目工期的实现。同时在分包工程、资金策划等方面也要强化管控，只有这样，才能将施工过程中的风险降到最低。

（三）提升运营管理能力

PPP模式更加突出运营管理的不可或缺性。PPP项目短则十年，长则二三十年，漫长的运营期存在风险重重，如市场需求变化风险、市场收益风险、信用风险等都将直接影响项目收益。未来20~30年后，基础设施领域的重点任务将由存量管理逐步取代新增建设。这对于普遍缺乏运营经验的建筑企业来讲将是极大的考验，因此，建筑企业要想真正实现企业转型，掌握运营管理核心技术及对应的运营管理能力就显得尤为重要。建筑企业一方面不断提升运营实力和管理经验，增强提供公共服务的能力。应加强维修养护、升级改造技术科技创新，将与时俱进的现代科技运用到存量项目运营管理中，迸发出新的发展活力；另一方面，应转变管理理念，尽快建立健全适应项目长期运营的管理体制与人才队伍建设。

(1) 增强资本运作水平。在国家大力推广PPP模式的既定条件下，影响PPP项目落地的瓶颈之一就是资金问题。而要提高落地率，关键在于提高项目的可融资性。虽然财政部已发起设立总规模1800亿元的PPP融资支持基金，但对于PPP项目庞大的资金需求而言也是杯水车薪，撬动更大规模的社会投资提高项目融资的可获得性才是该基金最大的作用。普通建筑企业受限于自身实力，筹备数以亿计的项目资金非常困难，亟需增强资本运作水平依靠融资来解决问题。因此，建筑行业要通过提升企业经营管理水平及核心竞争力，为向社会融资奠定良好的信用基础。对建筑企业而言，若能充分调动各方资源、创新融资方式，则能抢占先机。

(2) 增强成本管控能力。PPP项目多涉及基础设施和公用事业领域与公众利益密切相关，不允许有过高的收益。那么PPP项目的收益水平，将与建筑企业的成本管控能力直接挂钩，项目建设期的施工成本与运营期的管理运营成本必须得到合理控制。而我国建筑业盈利水平低下一直是行业最为关注的问题之一，其主要原因一方面是产能过剩；另一方面是生产方式落后。建筑业是典型的劳动密集型产业。到目前为止，建筑中的主要工种都必须靠人力去完成，大量的建筑工人是支撑整个建筑业蓬勃发展的基石。但随着我国人口结构、经济转型等多重影响，建筑业劳动力成本大幅提升。在激烈的市场竞争环境下，如何加强建筑企业的成本管理能力，推进施工项目成本管理的规范化和科学化，提高施工过程的经济效益，是建筑企业亟待研究的课题。

(3) 建立企业自己的"PPP模式智库"和PPP研究与培训中心。PPP项目具有复杂性、专业性、长期性特点，涵盖投资、建设、运营全产业链，业务范围涵盖项目开发设计、市场营销、土地开发、投融资筹划和实务、税务筹划管理、工程施工管理、法务管理、合同管理以及运营维护等多项工作,因此,建筑业企业需要一支视野开阔、专业过硬的人才队伍,参与PPP项目,必须具备项目投融资、法务、项目运营和项目维护的专业人才。需要注意的是,前期项目开发设计人才至关重要,既是PPP领域专家,同时也得是建筑业内专家。这就需要企业提前布局,做好优秀人才团队的引进和培养工作。

1)通过内部培养、外聘专家顾问等方式建立专业、高效、务实的专业研究队伍。全面、及时地跟踪国家部委和地方政府颁布的各类PPP政策法规,细致、科学地对政策法规体系进行分析研究,掌握政策精髓。

2)引进PPP专业人才,专门研究PPP政策,积累PPP项目经验。对内,要做好市场营销人员及相关职能部门员工的PPP知识培训工作;对外,要为客户提供PPP项目培训、提供解决方案等多项增值服务。这样做的目的,是要形成项目识别能力,即根据公司发展规划和战略确定哪些项目是企业可以探索的、哪些是坚决不能做的;形成市场分析能力,即分析拟参与的PPP项目的外围环境,对合作伙伴(地方政府)的财政能力、信用情况、发展潜力进行综合评估;形成风险识别能力,对当前投融资机制、投资回报模式、退出方式等存在风险点的环节进行理性识别,研究应对措施,做到未雨绸缪。例如,中建一局二公司已为江西、福建等多个省份的政府客户提供了定制的PPP专题培训。

(四)企业要建立全链条的风险防范制度管理体系

企业可以在对政策体系和当前案例充分调研论证的基础上,对PPP项目各个环节可能遇到的风险点进行逐一梳理。PPP项目的合作"时间长、范围广",项目风险点多,在企业内部防控体系中,增设类似金融机构的"合规"与"风控"这样的专职岗位,有助于PPP项目的风险识别与风险防控。如PPP项目的融资是综合性的,企业在选择融资咨询机构时,就要重点考察咨询机构的融资咨询能力和专业水平,不然就会对工作的推进造成难以预料的损失。在合同风险防控方面,对合同的主体、权利义务、违约条款和担保条款等的确认都需细上加细。在项目履约阶段,要针对管理风险开展风险评估,提前制定风险控制措施,有效保障项目顺利实施。这些都需要企业建立一套涵盖PPP项目各个环节的风险防控制度体系,并且严格执行。

(五)加快建立建筑企业信用体系

通过建筑企业全面信用体系建设,为地方政府选择合格社会资本投资人提供参考依据,为企业发行PPP专项债、PPP项目资产证券化奠定基础。

第三节　行业协会层面的政策措施

行业协会要抓住行业发展的重点、难点、热点问题，迎合会员单位需求，充分发挥对外宣传的窗口作用、沟通协调的桥梁作用、行业规范管理的平台作用和权益维护的后援作用，支持和引领企业推行 PPP 模式，真正建设成为推动建筑业企业参与、落地 PPP 项目的重要力量。在推行 PPP 模式的工作进程中，建设系统的行业协会组织其拥有先天的"基因优势"，能够发挥不可替代的积极作用，具体体现在建立三大平台方面。

一、建立对接平台

搭建企业与政府之间的对接平台，疏导政府、企业在法规、政策、信息、业务等方面的联系通道，促进各方有效合作，为建筑业企业、有关投资机构开展线上线下的 PPP 项目撮合，最终推动社会资本对 PPP 项目参与率的提高，推动 PPP 项目顺利落地。

（1）可以建立"建设行业 PPP 信息服务网"，建立 PPP 信息平台，结合政府 PPP 项目采购信息，完善统计制度，扩大宣传渠道，把网站建成建设行业 PPP 信息发布的重要窗口。

（2）组建和发展建设系统的行业协会会员单位网络，发挥会员单位的专业优势，提高协同解决各种复杂的决策与管理问题的能力，促进会员单位之间的交流和协作，拓宽协会员会的信息服务领域与范围。

二、建立交流平台

搭建研究机构、高等院校、中介组织与企业之间交流平台，将探索 PPP 模式在具体项目应用中的关键问题，开展 PPP 模式理论、法规政策、项目风险把控与分担、融资模式创新、市场及案例等专项研究，分享研究成果；特别是央企、地方国企、混合所有制企业与民企在 PPP 模式运作经验方面的交流，建立 PPP 项目库，并将 PPP 实践领域的经验总结与 PPP 理论领域成果进行对接，推动和促进 PPP 模式的迅速发展。

（1）行业协会可建立 PPP 专家库，收集整理国内外 PPP 相关的理论与案例分析，研究 PPP 项目实践中政府采购、预算管理、投融资机制、风险控制等问题。

（2）可面向建筑业企业组织举办 PPP 人员培训，组织开展专题学术会议及活动；组织建筑业企业之间开展 PPP 项目评估、融资、全生命周期管理管理及实践经验交流，及时推送 PPP 项目信息，为地方政府与社会资本提供项目咨询交流，促进资源共享、合作共赢。

（3）以行业协会为平台，针对建筑业企业业务需求开展 PPP 咨询服务，促进企业间交流、协作、推动 PPP 项目良好运作。

（4）制定与实施企业 PPP 项目操作规范，制定 PPP 操作指引、合同指南，协助政府筛选适用 PPP 的行业、选择合适的 PPP 模式、制定规范的 PPP 项目流程等，开展 PPP 示范项目建设，并协同企业共同监督项目规范、良好运作，推动 PPP 模式发展。

（5）开展与国际组织和机构的 PPP 工作合作与交流。

三、建立合作平台

搭建 PPP 模式各相关方的合作平台，融合各方力量，推动资源整合、合作共赢，充分发挥建筑业企业的基础设施建设能力，共同探讨建筑行业在新形势下如何从工程承包商、建设施工方向项目运营商转变，从而促进建筑企业转型升级和建筑业加快转变发展方式。

（1）与金融机构合作，协助企业通过股权、贷款和担保等方式支持 PPP 项目融资，推动融资便利化。

（2）利用 PPP 专家库资源，在 PPP 项目识别、评估、招标采购、合同管理等环节，为政府提供技术支持。

（3）面向建筑业企业可以充分发挥沟通协调的桥梁作用、PPP 专项服务与行业规范管理的平台作用、权益维护的后援作用和对外宣传的窗口作用，真正成为推动 PPP 模式发展、项目落地的重要力量。

建设系统行业协会可以作为独立专业的第三方交流服务平台，以引领 PPP 模式研究与创新、提升 PPP 各方合作机会与效率、促进 PPP 模式推广与应用为宗旨，通过搭建政府与社会资本之间的桥梁，整合 PPP 各方优势资源，打造成为国内最专业、领先的"互联网+PPP 模式"综合服务平台，推动 PPP 在中国的践行与发展。

综上所述，目前我国 PPP 模式的推进还处于探索阶段，对 PPP 的认识有待进一步深化，PPP 项目运作还有待规范，相关法律法规还不健全，建筑业企业参与 PPP 项目的建设风险有些很难规避和防控。所以在 PPP 时代的来临，在这段如火如荼的热潮中，这就需要政府加快完善 PPP 相关政策和制度，探索财政资金支持 PPP 项目的有效形式，进一步提高政府的合作意识，破除PPP项目市场地方保护主义，为PPP项目落地等创造良好的市场环境，同时，建筑业企业要理性分析，认真研究和总结，练好内功，强化PPP风险管理和防范意识，坚持量力而行的原则，结合企业实际，慎重选择和参与PPP项目，才能保持企业健康发展。

附录

PPP 模式主要政策文件

一、国家层级 PPP 文件

2014 年 12 月 4 日,财政部、发改委同日发布 3 份 PPP 文件:财政部《政府和社会资本合作模式操作指南(试行)》、30 个 PPP 示范项目清单以及国家发改委《关于开展政府和社会资本合作的指导意见》,为 2015 年的 PPP 项目落地打响了发令枪。

(一)国务院 PPP 文件

《国务院关于加强城市基础设施建设的意见》

国发 [2013]36 号

总体要求强调"深化投融资体制改革,充分发挥市场配置资源的基础性作用"。

确保政府投入,推进基础设施建设投融资体制和运营机制改革。加强机制创新。在保障政府投入的基础上,充分发挥市场机制作用,进一步完善城市公用事业服务价格形成、调整和补偿机制。加大金融机构支持力度,鼓励社会资金参与城市基础设施建设。

国务院
2013 年 9 月 6 日

国务院全文信息公开栏:
http://www.gov.cn/zwgk/2013-09/16/content_2489070.htm

《国务院办公厅转发财政部 发展改革委 人民银行关于在公共服务领域推广政府和社会资本作模式指导意见的通知》

国办发〔2015〕42 号

财政部、发展改革委、人民银行《关于在公共服务领域推广政府和社会资本合作模式的指导意见》已经国务院同意,现转发给你们,请认真贯彻执行。

在公共服务领域推广政府和社会资本合作模式,是转变政府职能、激发市场活力、打造经济新增长点的重要改革举措。围绕增加公共产品和公共服务供给,在能源、交通运输、水利、环境保护、农业、林业、科技、保障性安居工程、医疗、卫生、养老、教育、文化等公共服务领域,广泛采用政府和社会资本合作模式,对统筹做好稳增长、促改革、调结构、惠民生、防风险工作具有战略意义。

各地区、各部门要按照简政放权、放管结合、优化服务的要求,简化行政审批程序,推进立法工作,进一步完善制度,规范流程,加强监管,多措并举,在财税、价格、土地、金融等方面加大支持力度,保证社会资本和公众共同受益,通过资本市场和开发性、政策性金融等多元融资渠道，吸引社会资本参与公共产品和公共服务项目的投资、运营管理，提高公共产品和公共服务供给能力与效率。

国务院办公厅
2015 年 5 月 19 日

国务院全文信息公开栏：

http://jrs.mof.gov.cn/ppp/zcfbppp/201505/t20150525_1240359.html

《国务院办公厅关于加快融资租赁业发展的指导意见》

国办发〔2015〕68 号

近年来，我国融资租赁业取得长足发展，市场规模和企业竞争力显著提高，在推动产业创新升级、拓宽中小微企业融资渠道、带动新兴产业发展和促进经济结构调整等方面发挥着重要作用。但总体上看，融资租赁对国民经济各行业的覆盖面和市场渗透率远低于发达国家水平，行业发展还存在管理体制不适应、法律法规不健全、发展环境不完善等突出问题。为进一步加快融资租赁业发展，更好地发挥融资租赁服务实体经济发展、促进经济稳定增长和转型升级的作用，经国务院同意，现提出以下意见。

二、主要任务

（六）支持融资租赁创新。"推动创新经营模式。支持融资租赁公司在自由贸易试验区、海关特殊监管区域设立专业子公司和特殊项目公司开展融资租赁业务。探索融资租赁与政府和社会资本合作（PPP）融资模式相结合。"

三、政策措施

（1）建设法治化营商环境。

（2）完善财税政策。为鼓励企业采用融资租赁方式进行技术改造和设备购置提供公平的政策环境。

（3）拓宽融资渠道。鼓励银行、保险、信托、基金等各类金融机构在风险可控前提下加大对融资租赁公司的支持力度。支持设立融资租赁产业基金，引导民间资本加大投入。

（4）完善公共服务。逐步建立统一、规范、全面的融资租赁业统计制度和评价指标体系，完善融资租赁统计方法，提高统计数据的准确性和及时性。研究制定我国融资租赁行业景气指数，定期发布行业发展报告，引导行业健康发展。

（5）加强人才队伍建设。

国务院办公厅
2015 年 8 月 31 日

国务院全文信息公开栏：

http://www.gov.cn/zhengce/content/2015-09/07/content_10144.htm

（二）财政部 PPP 文件

《关于推广运用政府和社会资本合作模式有关问题的通知》

财金 [2014]76 号

为贯彻落实党的十八届三中全会关于"允许社会资本通过特许经营等方式参与城市基础设施投资和运营"精神，拓宽城镇化建设融资渠道，促进政府职能加快转变，完善财政投入及管理方式，尽快形成有利于促进政府和社会资本合作模式（Public-Private Partnership,PPP）发展的制度体系，现就有关问题通知如下：

一、充分认识推广运用政府和社会资本合作模式的重要意义

（一）推广运用政府和社会资本合作模式，是促进经济转型升级、支持新型城镇化建设的必然要求。

（二）推广运用政府和社会资本合作模式，是加快转变政府职能、提升国家治理能力的一次体制机制变革。

（三）推广运用政府和社会资本合作模式，是深化财税体制改革、构建现代财政制度的重要内容。

二、积极稳妥做好项目示范工作

当前推广运用政府和社会资本合作模式，首先要做好制度设计和政策安排，明确适用于政府和社会资本合作模式的项目类型、采购程序、融资管理、项目监管、绩效评价等事宜。

（一）开展项目示范。

（二）确定示范项目范围。

（三）加强示范项目指导。

（四）完善项目支持政策。

三、切实有效履行财政管理职能

政府和社会资本合作项目从明确投入方式、选择合作伙伴、确定运营补贴到提供公共服务，涉及预算管理、政府采购、政府性债务管理，以及财政支出绩效评价等财政职能。推广运用政府和社会资本合作模式对财政管理提出了更高要求。地方各级财政部门要提高认识，勇于担当，认真做好相关财政管理工作。

（一）着力提高财政管理能力。

（二）认真做好项目评估论证。

（三）规范选择项目合作伙伴。

（四）细化完善项目合同文本。

（五）完善项目财政补贴管理。

（六）健全债务风险管理机制。

（七）稳步开展项目绩效评价。

四、加强组织和能力建设

（一）推动设立专门机构。

（二）持续开展能力建设。

（三）强化工作组织领导。

财政部

2014 年 9 月 23 日

财政部全文信息公开栏：

http://jrs.mof.gov.cn/ppp/zcfbppp/201410/t20141031_1155346.html

《关于印发政府和社会资本合作模式操作指南（试行）的通知》

财金〔2014〕113 号

根据《财政部关于推广运用政府和社会资本合作模式有关问题的通知》（财金〔2014〕76 号），为保证政府和社会资本合作项目实施质量，规范项目识别、准备、采购、执行、移交各环节操作流程，现印发《政府和社会资本合作模式操作指南（试行）》，请遵照执行。

附件：政府和社会资本合作模式操作指南（试行）。涉及项目识别、项目准备、项目采购、项目执行、项目移交五个方面的实务操作。

财政部

2014 年 11 月 29 日

财政部全文信息公开栏：

http://jrs.mof.gov.cn/ppp/zcfbppp/201412/t20141204_1163155.html

《财政部关于政府和社会资本合作示范项目实施有关问题的通知》

财金〔2014〕112 号

根据《财政部关于推广运用政府和社会资本合作模式有关问题的通知》（财金〔2014〕76 号，以下简称《通知》），为规范地推广运用政府和社会资本合作模式（Public-Private Partnership，以下简称 PPP），保证 PPP 示范项目质量，形成可复制、可推广的实施范例，充分发挥示范效应，现就 PPP 示范项目实施有关问题通知如下：

一、经各省（自治区、直辖市、计划单列市）财政部门推荐，财政部政府和社会资本合作工作领导小组办公室组织专家评审，确定天津新能源汽车公共充电设施网络等 30 个 PPP 示范项目（名单见附件），其中，新建项目 8 个，地方融资平台公司存量项目 22 个。

二、根据《国务院关于加强地方政府性债务管理的意见》（国发〔2014〕43 号），各级财政部门要鼓励和引导地方融资平台公司存量项目，以 TOT（移交—运营—移交）等方式转型为 PPP 项目，积极引入社会资本参与存量项目的改造和运营，切实有效化解地方政府融资平台债务风险。

三、各级财政部门要切实承担责任，加强组织领导，严格按照《通知》等有关文件精神，认真履行财政管理职能，并与相关行业部门建立高效、顺畅的工作协调机制，形成工作合力，为项目实施质量提供有力保障。

四、对示范项目实施过程中遇到的难点和问题，各级财政部门要会同同级政府有关部门积极研究解决，重大情况应及时报告财政部。财政部及下属政府和社会资本合作中心（即中国清洁发展机制基金管理中心）将提供业务指导和政策支持，并适时组织对示范项目实施进行督导。

附件：政府和社会资本合作示范项目清单

财政部

2014 年 11 月 30 日

财政部全文信息公开栏：

http://jrs.mof.gov.cn/ppp/zcfbppp/201412/t20141204_1163163.html

《关于规范政府和社会资本合作合同管理工作的通知》

财金〔2014〕156 号

根据《关于推广运用政府和社会资本合作模式有关问题的通知》（财金〔2014〕76 号）和《关于印发政府和社会资本合作模式操作指南（试行）的通知》（财金〔2014〕113 号），为科学规范推广运用政府和社会资本合作（Public-Private Partnership，以下简称 PPP）模式，现就规范 PPP 合同管理工作通知如下：

一、高度重视 PPP 合同管理工作

PPP 模式是在基础设施和公共服务领域政府和社会资本基于合同建立的一种合作关系。"按合同办事"不仅是 PPP 模式的精神实质，也是依法治国、依法行政的内在要求。加强对 PPP 合同的起草、谈判、履行、变更、解除、转让、终止直至失效的全过程管理，通过合同正确表达意愿、合理分配风险、妥善履行义务、有效主张权利。

二、切实遵循 PPP 合同管理的核心原则

（一）依法治理。

（二）平等合作。

（三）维护公益。

（四）诚实守信。

（五）公平效率。

（六）兼顾灵活。

三、有效推进 PPP 合同管理工作

（一）加强组织协调，保障合同效力。

（二）加强能力建设，防控项目风险。

（三）总结项目经验，规范合同条款。

财政部
2014 年 12 月 30 日

财政部全文信息公开栏：

http://jrs.mof.gov.cn/ppp/zcfbppp/201501/t20150119_1181760.html

《关于市政公用领域开展政府和社会资本合作项目推介工作的通知》

财建〔2015〕29 号

为了增强市政公用产品和服务的有效供给，依据《中华人民共和国政府采购法》及其实施条例、《国务院关于加强地方政府性债务管理的意见》（国发〔2014〕43 号）、《财政部关于推广运用政府和社会资本合作模式有关问题的通知》（财金〔2014〕76 号）和《市政公用事业特许经营管理办法》（建设部令第 126 号），财政部、住房城乡建设部决定在城市供水、污水处理、垃圾处理、供热、供气、道路桥梁、公共交通基础设施、公共停车场、地下综合管廊等市政公用领域开展政府和社会资本合作(Public-Private Partnership，以下简称 PPP）项目推介工作，现就做好推介工作通知如下：

一、总体目标

（一）完善制度机制。

通过市政公用领域开展 PPP 项目推介，推动建立健全费价机制、运营补贴、合同约束、信息公开、过程监管、绩效考核等一系列改革配套制度机制，实现合作双方风险分担、权益融合、有限追索。

（二）转变供给方式。

改进市政公用产品和服务由政府单一供给的方式，引导社会资本参与市政公用产品和服务投资、运营，共同承担项目全生命周期管理，发挥政府和社会资本各自优势，提高市政公用产品和服务供给的质量和效率。

（三）创新政府投融资模式。

改变地方政府主要以土地使用权等抵押担保、借地方投融资平台发债等途径筹集资金建设市政公用项目的传统做法，有序推进以特许经营等方式吸引社会资本的新模式，促进政府和社会资本合作。

二、基本原则

（一）坚持公共利益优先。

（二）坚持规范运作。

（三）坚持存量项目为主。

三、推介要求

（一）立足于现有规划筛选项目。

（二）明晰 PPP 项目边界。

城市供水、污水处理、供热、供气、垃圾处理项目应实行厂网一体、站网一体、收集处理一体化运营，提高服务质量；道路桥梁可实行建设施工、养护管理一体化的经营方式；公共交通基础设施项目包括公交停靠站、首末站、枢纽站、停保站及出租汽车停靠站等相关设施，可优先考虑公共交通服务提供者介入公共交通基础设施项目的建设运营，鼓励项目通过有效打包整合提升收益能力，以促进一体化经营、提高运营质量和效率；公共停车场项目要与道路系统及城市规划有效衔接；地下综合管廊项目应按照满足各类管线功能需要和运行安全的标准建设，配套完备的附属设施和预警监控系统，统筹规划安排所有管线入廊，明确管廊运营主体与管线单位责任范围，确保管廊有效运行。

（三）规范 PPP 项目操作流程。

四、组织实施

（一）积极组织推进。

（二）定期组织推介。

（三）加大评价及监管力度。

五、保障措施

（一）资金政策支持。

（二）融资支持。

（三）相关配套政策

财政部
住房城乡建设部
2015 年 2 月 13 日

财政部全文信息公开栏：

http://jrs.mof.gov.cn/ppp/zcfbppp/201503/t20150313_1201924.html

财政部关于印发《政府和社会资本合作项目财政承受能力论证指引》的通知

财金〔2015〕21号

根据《国务院关于创新重点领域投融资机制 鼓励社会投资的指导意见》(国发〔2014〕60号)、《财政部关于推广运用政府和社会资本合作模式有关问题的通知》(财金〔2014〕76号)和《财政部关于印发政府和社会资本合作模式操作指南(试行)的通知》(财金〔2014〕113号),为有序推进政府和社会资本合作(Public-Private Partnership,以下简称PPP)项目实施,保障政府切实履行合同义务,有效防范和控制财政风险,现印发《政府和社会资本合作项目财政承受能力论证指引》。请遵照执行。

财政部

2015年4月7日

财政部全文信息公开栏:

http://jrs.mof.gov.cn/ppp/zcfbppp/201504/t20150414_1216650.html

《关于推进水污染防治领域政府和社会资本合作的实施意见》

财建[2015]90号

切实加强水污染防治力度,保障国家水安全,关系国计民生,是环境保护重点工作。在水污染防治领域大力推广运用政府和社会资本合作(PPP)模式,对提高环境公共产品与服务供给质量,提升水污染防治能力与效率具有重要意义。为深入贯彻落实党中央和国务院精神,积极实施水污染防治行动计划,规范水污染防治领域PPP项目操作流程,完善投融资环境,引导社会资本积极参与、加大投入,根据《关于推广运用政府和社会资本合作模式有关问题的通知》(财金〔2014〕76号),就扎实推进水污染防治领域PPP工作提出如下意见。

一、总体目标

(一)完善制度规范,优化机制设计。

(二)转变供给方式,改进管理模式。

(三)推进水污染防治,提高水环境质量。

二、基本原则

(一)坚持存量为主原则。

(二)坚持因地制宜原则。

(三)坚持突出重点原则。

三、总体要求

(一)明晰项目边界。

(二)健全回报机制。

（三）规范操作流程。

四、组织实施

（一）鼓励水污染防治领域推进 PPP 工作。

（二）定期组织评选。

（三）加大评价及监管力度。

五、保障机制

（一）市场环境建设。

（二）资金支持。

地方各级财政部门要统筹运用水污染防治专项等相关资金，优化调整使用方向，扩大资金来源渠道，对 PPP 项目予以适度政策倾斜。

（三）融资支持。

（四）配套措施。

财政部 环境保护部
2015 年 4 月 9 日

财政部全文信息公开栏：

http://jrs.mof.gov.cn/ppp/zcfbppp/201504/t20150428_1224072.html

《关于在收费公路领域推广运用政府和社会资本合作模式的实施意见》

财建 [2015]111 号

为提高收费公路建管养运效率，促进公路可持续发展，依据《收费公路管理条例》、《国务院关于创新重点领域投融资机制鼓励社会投资的指导意见》（国发〔2014〕60号）和《财政部关于推广运用政府和社会资本合作模式有关问题的通知》（财金〔2014〕76号），财政部、交通运输部决定在收费公路领域鼓励推广政府和社会资本合作（Public-Private Partnership，以下简称 PPP）模式。

一、总体目标

（一）转变供给方式。

（二）创新公路投融资模式。

（三）完善收费公路建设管理养护长效机制。

二、基本原则

（四）公开透明，规范运作。

（五）循序渐进，逐步推广。

三、实施要求

（六）明晰 PPP 项目边界。

（七）规范 PPP 项目操作流程。

（八）编制完整的 PPP 项目实施方案。

（九）加大评价及监管力度。

四、保障措施

（十）资金政策支持。

收费不足以满足社会资本或项目公司成本回收和合理回报的，在依法给予融资支持，项目沿线一定范围土地开发使用等支持措施仍不能完全覆盖成本的，可考虑给予合理的财政补贴。对符合《车辆购置税收入补助地方资金管理暂行办法》要求的项目，可按照交通运输重点项目资金申请和审核规定，申请投资补助。

财政部
交通运输部
2015 年 4 月 20 日

财政部全文信息公开栏：

http://jrs.mof.gov.cn/ppp/zcfbppp/201505/t20150514_1231724.html

《关于运用政府和社会资本合作模式推进公共租赁住房投资建设和运营管理的通知》

财综 [2015]15 号

为贯彻落实党的十八届三中全会精神，提高公共租赁住房供给效率，按照《财政部关于推广运用政府和社会资本合作模式有关问题的通知》（财金〔2014〕76 号）和《财政部关于印发政府和社会资本合作模式操作指南（试行）的通知》（财金〔2014〕113 号）有关要求，现就运用政府和社会资本合作模式（Public-Private Partnership）推进公共租赁住房投资建设和运营管理的有关事宜通知如下：

一、充分认识运用政府和社会资本合作模式推进公共租赁住房投资建设和运营管理的重要意义

政府和社会资本合作模式是政府与社会资本在公共服务领域建立的一种长期合作关系，可以更有效率地为社会提供公共服务。运用这种模式推进公共租赁住房投资建设和运营管理，有利于转变政府职能，提升保障性住房资源配置效率；有利于消化库存商品住房，促进房地产市场平稳健康发展；有利于提升政府治理能力，改善住房保障服务。运用政府和社会资本合作模式推进公共租赁住房投资建设和运营管理，作为一项政策创新和制度创新，对于稳增长、调结构、惠民生具有十分重要意义。

二、运用政府和社会资本合作模式推进公共租赁住房投资建设和运营管理的基本目标和原则

（一）基本目标。通过运用政府和社会资本合作模式，发挥政府与社会资本各自

优势，把政府的政策意图、住房保障目标和社会资本的运营效率结合起来，逐步建立"企业建房、居民租房、政府补贴、社会管理"的新型公共租赁住房投资建设和运营管理模式，有效提高公共租赁住房服务质量和管理效率。

（二）基本原则。

1. 政府组织，社会参与。

2. 权责清晰，各司其职。

3. 激励相容，提高效率。

三、公共租赁住房项目政府和社会资本合作模式和条件

（一）公共租赁住房政府和社会资本合作项目的基本模式。运用政府和社会资本合作模式推进公共租赁住房投资建设和运营管理，主要是政府选择社会资本组建公共租赁住房项目公司，项目公司与政府签订合同，负责承担设计、投资建设、运营、维护管理任务，在合同期内通过"承租人支付租金"及必要的"政府政策支持"获得合理投资回报，依法承担相应的风险；政府负责提供政策支持，定期调整公共租赁住房租金价格，加强公共租赁住房工程建设及运营维护质量监管。合同期满后，项目公司终结，并按合同约定作善后处理。政府对项目公司承担有限责任，不提供担保或承诺。

（二）公共租赁住房政府和社会资本合作项目的基本条件。适合运用政府和社会资本合作模式的公共租赁住房项目应当同时具备以下条件：1. 已纳入住房保障规划和年度计划。2. 项目规划所在区域交通便利，学校、医院等公共基础设施配套齐全。3. 户型建筑面积符合公共租赁住房条件。户型建筑面积以40平方米左右的小户型为主，单套建筑面积控制在60平方米以内。4. 承租公共租赁住房的保障对象数量稳定。5. 保障对象按市场租金水平向项目公司缴纳住房租金。6. 政府按保障对象支付能力给予分档补贴及其他政策支持。7. 公共租赁住房运营期限不少于15年。

四、公共租赁住房政府和社会资本合作项目的适用范围

适用政府和社会资本合作模式的公共租赁住房项目主要包括：（一）政府自建自管项目；（二）政府收购的符合公共租赁住房条件的存量商品住房项目；（三）符合公共租赁住房条件且手续完备、债务清晰的停工未完工程项目；（四）以企业为主建设管理的公共租赁住房项目。

对于存量和在建的项目，特别是债务规模比较大的政府融资平台公司持有的公共租赁住房，应当在科学评估的基础上，采取招投标、拍卖、挂牌等法律法规规定的方式将公共租赁住房资产整体转让给项目公司，实行规范的政府和社会资本合作模式运作，转让收入优先用于偿还对应的存量政府债务；对于拟新建和收购的项目，从规划、设计、投资建设、运营、管理全过程均可按政府和社会资本合作模式运作。

五、规范运用政府和社会资本合作模式推进公共租赁住房投资建设和运营管理

(一)建立公共租赁住房政府和社会资本合作项目库。

(二)做好项目前期论证和准备工作。

(三)选择合作伙伴。

(四)筹组项目公司。

(五)签订合作合同。

(六)建立监管和绩效评价机制。

六、构建政府支持政府和社会资本合作模式公共租赁住房的政策体系

(一)财政政策。市县财政部门统筹运用各级政府安排用于公共租赁住房的资金,通过贷款贴息方式支持公共租赁住房政府和社会资本合作项目购建和运营管理。

(二)税费政策。对公共租赁住房建设按照国家现行有关规定免收各项行政事业性收费和政府性基金;落实现行有关公共租赁住房购建和运营管理税收优惠政策。

(三)土地政策。一是新建公共租赁住房建设用地可以租赁方式取得,租金收入作为土地出让收入纳入政府性基金预算管理。二是对于新建公共租赁住房项目,以及使用划拨建设用地的存量公共租赁住房项目,经市县人民政府批准,政府可以土地作价入股方式注入项目公司,支持公共租赁住房政府和社会资本合作项目,不参与公共租赁住房经营期间收益分享,但拥有对资产的处置收益权。三是在新建公共租赁住房政府和社会资本合作项目中,可以规划建设一定比例建筑面积的配套商业服务设施用于出租和经营,以实现资金平衡并有合理盈利,但不得用于销售和转让。

(四)收购政策。对于收购符合公共租赁住房条件的存量商品住房项目,按照政府搭桥、公司主导、双方自愿、保本不亏的原则确定收购价格。

(五)融资政策。一是银行业金融机构要在房地产开发贷款大项下建立公共租赁住房开发贷款的明细核算,对公共租赁住房贷款单独核算、单独管理、单独考核,根据自身实际,在依法合规、风险可控的前提下,加大对政府和社会资本合作模式公共租赁住房试点项目的信贷支持力度。二是鼓励社保基金、保险资金等公共基金通过债权、股权等多种方式支持项目公司融资。三是支持项目公司发行企业债券,适当降低中长期企业债券的发行门槛。四是支持以未来收益覆盖融资本息的公共租赁住房资产发行房地产投资信托基金(REITs),探索建立以市场机制为基础、可持续的公共租赁住房投融资模式。

七、扎实做好政府和社会资本合作模式公共租赁住房项目实施工作

(一)落实工作责任。

(二)建立工作机制。

(三)开展项目试点。

财政部

国土资源部

住房城乡建设部

中国人民银行

国家税务总局

银监会
2015 年 4 月 21 日

财政部全文信息公开栏：

http://jrs.mof.gov.cn/ppp/zcfbppp/201505/t20150526_1240826.html

《关于进一步做好政府和社会资本合作项目示范工作的通知》

财金 [2015]57 号

为贯彻落实《国务院办公厅转发财政部发展改革委 人民银行关于在公共服务领域推广政府和社会资本合作模式指导意见的通知》（国办发〔2015〕42 号）精神，加快推进政府和社会资本合作（PPP）项目示范工作，尽早形成一批可复制、可推广的实施范例，助推更多项目落地实施。

一、加快推进首批示范项目实施

（一）高度重视 PPP 项目示范工作。

（二）确保示范项目实施质量。

（三）切实履行财政监督管理职责。

（四）及时上报示范项目实施信息。

二、组织上报第二批备选示范项目

（五）在公共服务领域广泛征集适宜采用 PPP 模式的项目。

（六）确保上报备选示范项目具备相应基本条件。

（七）优先支持融资平台公司存量项目转型为 PPP 项目。

（八）认真组织备选示范项目筛选上报。

三、构建激励相容的政策保障机制

（九）建立"能进能出"的项目示范机制。

（十）加强业务指导和技术支持。

（十一）完善示范项目扶持政策体系。

财政部
2015 年 6 月 25 日

财政部全文信息公开栏：
http://jrs.mof.gov.cn/ppp/zcfbppp/201506/t20150626_1261980.html

（三）国家发改委 PPP 文件

《关于开展政府和社会资本合作的指导意见》

发改投资 [2014]2724 号

为贯彻落实《国务院关于创新重点领域投融资机制鼓励社会投资的的指导意见》（国发〔2014〕60 号）有关要求，鼓励和引导社会投资，增强公共产品供给能力，促进调结构、补短板、惠民生，现就开展政府和社会资本合作提出如下指导意见。

一、充分认识政府和社会资本合作的重要意义

二、准确把握政府和社会资本合作的主要原则

（一）转变职能，合理界定政府的职责定位。

（二）因地制宜，建立合理的投资回报机制。

（三）合理设计，构建有效的风险分担机制。

（四）诚信守约，保证合作双方的合法权益。

（五）完善机制，营造公开透明的政策环境。

三、合理确定政府和社会资本合作的项目范围及模式

（一）项目适用范围。

（二）操作模式选择。

1. 经营性项目。对于具有明确的收费基础，并且经营收费能够完全覆盖投资成本的项目，可通过政府授予特许经营权，采用建设—运营—移交（BOT）、建设—拥有—运营—移交（BOOT）等模式推进。

2. 准经营性项目。对于经营收费不足以覆盖投资成本、需政府补贴部分资金或资源的项目，可通过政府授予特许经营权附加部分补贴或直接投资参股等措施，采用建设—运营—移交（BOT）、建设—拥有—运营（BOO）等模式推进。

3. 非经营性项目。对于缺乏"使用者付费"基础、主要依靠"政府付费"回收投资成本的项目，可通过政府购买服务，采用 BOO、委托运营等市场化模式推进。

（三）积极开展创新。

四、建立健全政府和社会资本合作的工作机制

（一）健全协调机制。

（二）明确实施主体。

（三）建立联审机制。

（四）规范价格管理。

（五）提升专业能力。

五、加强政府和社会资本合作项目的规范管理

（一）项目储备。

（二）项目遴选。

（三）伙伴选择。

（四）合同管理。

（五）绩效评价。

（六）退出机制。

六、强化政府和社会资本合作的政策保障

（一）完善投资回报机制。

（二）加强政府投资引导。

（三）加快项目前期工作。

（四）做好综合金融服务。

七、扎实有序开展政府和社会资本合作

（一）做好示范推进。

（二）推进信用建设。

（三）搭建信息平台。

（四）加强宣传引导。

开展政府和社会资本合作是创新投融资机制的重要举措，各地要高度重视，切实加强组织领导，抓紧制定具体的政策措施和实施办法。各级发展改革部门要按照当地政府的统一部署，认真做好PPP项目的统筹规划、综合协调等工作，会同有关部门积极推动政府和社会资本合作顺利实施。

国家发展改革委
2014年12月2日

发改委全文信息公开栏：

http://www.sdpc.gov.cn/gzdt/201412/t20141204_651014.html

《基础设施和公用事业特许经营管理办法》
2015年第25号令

2015年4月25日

财政部全文信息公开栏：

http://www.sdpc.gov.cn/zcfb/zcfbl/201504/t20150427_689396.html

4. 国家其他部门 PPP 文件

时间	发文单位	文件名称	文件要点
2014年7月4日	财政部 国家税务总局	《关于公共基础设施项目享受企业所得税优惠政策》	企业投资经营符合规定条件和标准的公共基础设施项目，采用一次核准、分批次建设的，凡同时符合以下条件的，可按每一批次为单位计算所得，并享受企业所得税"三免三减半"优惠： （一）不同批次在空间上相互独立； （二）每一批次自身具备取得收入的功能； （三）以每一批次为单位进行会计核算，单独计算所得，并合理分摊期间费用
2015年2月18日	交通运输部	《交通运输综合改革试点方案》等	项目总结推广阶段(2016年1月—2016年12月)。各试点地区要认真总结任务的完成情况，部将完善特许经营制度和细化PPP模式操作指引，力争推出一批可复制、可推广的试点经验
2015年3月10日	国家发展改革委 国家开发银行	《国家发展改革委 国家开发银行关于推进开发性金融支持政府和社会资本合作有关工作的通知》	就推进开发性金融支持政府和社会资本合作(PPP)有关工作提出了要求
2015年3月13日	农业银行	《关于做好政府和社会资本合作项目(PPP)信用业务的意见》	农业银行将重点支持城市供水、供暖、供气，污水、垃圾和固体废弃物处理，保障性安居工程、地下综合管网、轨道交通、医疗和养老服务设施等涉及民生的基础设施及公共服务类项目
2015年3月17日	发改委 财政部 水利部	《三部委：关于鼓励和引导社会资本参与重大水利工程建设运营的实施意见》	拓宽社会资本进入领域。除法律、法规、规章特殊规定的情形外，重大水利工程建设运营一律向社会资本开放
2015年4月20日	财政部 交通运输部	《关于在收费公路领域推广运用政府和社会资本合作模式的实施意见》	总体目标 （一）转变供给方式。鼓励社会资本通过政府和社会资本合作（PPP）模式，参与收费公路投资、建设、运营和维护。 （二）创新公路投融资模式。社会投资者按照市场化原则出资，独自或与政府指定机构共同成立项目公司建设和运营收费公路项目，政府要适时对价格和补贴进行调整，拓宽社会资本发展空间，有效释放市场活力。 （三）完善收费公路建设管理养护长效机制
2015年4月21日	财政部 银监会等6部门	《关于运用政府和社会资本合作模式推进公共租赁住房投资建设和运营管理的通知》	鼓励地方运用PPP模式推进公共租赁住房投资建设和运营管理。 政府自建自管公共租赁住房项目，政府收购的符合公共租赁住房条件的存量商品住房项目，符合公共租赁住房条件且手续完备、债务清晰的停工未完工程项目，以企业为主建设管理的公共租赁住房项目，均可以采用PPP模式投资建设和运营管理

续表

时间	发文单位	文件名称	文件要点
2015年8月3日	财政部 交通运输部 公安部 等7部门	《关于加强城市停车设施建设的指导意见》	提出要充分发挥价格杠杆的作用,逐步缩小政府定价范围,全面放开社会资本全额投资新建停车设施收费,并提出在停车场建设上大力推广PPP(政府和社会资本合作)模式
2015年9月22日	农业部、国家发展改革委等11部门	《关于积极开发农业多种功能大力促进休闲农业发展的通知》	探索新型融资模式,鼓励利用PPP模式、众筹模式、互联网+模式、发行私募债券等方式,加大对休闲农业的金融支持

二、省级 PPP 文件

地方政府基建投资面临着诸多难题,一方面随着经济增长下台阶带动财政收入下滑,另一方面,地方融资平台清理使得基建资金受制压力增大。因此,引入民间资本大力发展PPP是地方政府较好选择,也是地方政府重点工作内容。

截至目前,共有7个省份发布了PPP相关文件,其中四川、湖南、江苏3省由财政厅发文,而河北、河南、福建3省则由省级人民政府发文,安徽由住房城乡建设厅发文。财政部门一般是推广运用PPP模式的主要责任部门,但PPP项目涉及发改、住建、水利等多部门,是需要协同管理的,所以以省政府名义发布的文件从层级来讲规格较高,也更有利于PPP统一管理。

1. 各省级发布的 PPP 文件

时间	地区	发文单位	文件名称	文件亮点
2014年9月6日	福建省	省政府	《福建省人民政府关于推广政府和社会资本合作(PPP)试点的指导意见》	发文节点在财政部76号文之前。 亮点: 1. 提出PPP试点项目标准:收益比较稳定、技术发展比较成熟、长期合同关系比较明确,投资金额一般在1亿元以上,一轮合作期限一般为10-30年 2. 引入第三方评审
2014年9月29日	安徽省	住建厅	《安徽省城市基础设施领域PPP模式操作指南》	首个发布操作指南的省份,主要针对基础设施建设,最为详尽。 亮点: 1. 建立信用评级和黑名单制度 2. 分类指导。根据行业经营特性,分类明确财政、用地、价格以及行业管理的重点政策 3. 对适用PPP的基础设施项目进行详细分类

续表

时间	地区	发文单位	文件名称	文件亮点
2014年11月27日	河南省	省政府	《河南省人民政府关于推广运用政府和社会资本合作模式的指导意见》	亮点： 指导意见，操作性不强。提及分工：省政府成立PPP领导小组，小组办公室设在财政厅
2014年12月17日	江苏省	财政厅	《江苏省关于推进政府与社会资本合作(PPP)模式有关问题的通知》	亮点： 指导意见，参考了财政部操作指南。不确定是否会下发更详尽的操作指引。
2014年12月17日	河北省	省政府	《河北省人民政府关于推广政府和社会资本合作(PPP)模式的实施意见》	亮点： 1. 提出了该省PPP发展的总体目标：2014~2015年试点，2016~2017年适合项目全覆盖，2018年建立完善体系 2. 规格较高：常务副省长任领导组组长；小组办公室设在省财政部
2014年12月22日	湖南省	财政厅	《湖南省财政厅关于推广运用政府和社会资本合作模式的指导意见》	亮点： 1. 提出建立PPP项目库，定期公布项目规划、准备进度、采购需求等信息 2. 提出引入政府部门和社会资本之外的第三方评审机制进行项目绩效评价
2014年12月22日	四川省	财政厅	《四川省财政厅关于支持推进政府与社会资本合作有关政策的通知》	亮点： 特别强调了财政支持：财政专项资金，建立引导投资基金，鼓励金融担保机构参与，采取地方政府债券支持，做好预算保障，落实优惠政策
			《四川省"推进政府与社会资本合作"项目管理办法（试行）》	地方财政部门颁布的首个PPP操作指南，无亮点

2.2015各地两会政府工作报告中对PPP项目的提法

时间	省份	报告内容
2015/01/20	新疆	支持民间资本发起设立产业投资基金、股权投资基金。完善政府对基础设施和公用事业特许经营补贴补助制度
2015/01/27	广西	扩大民间资本市场准入范围，降低准入门槛，积极推广PPP模式，鼓励和吸引社会资本通过多种方式与政府合作参与项目建设运营。探索设立新兴产业创业引导基金和PPP合作创新基金
2015/01/27	山东	减少和取消财政对竞争性行业的直接补助，探索引导基金、政府购买服务、政府与社会资本合作等财政支持方式。大力发展多元股本投资，鼓励各类机构发起设立产业投资基金和股权投资基金。探索特许经营及多样化的项目融资办法

续表

时间	省份	报告内容
2015/01/18	重庆	推进投融资改革,启动了 1300 亿元基础设施 PPP 项目
2015/01/26	云南	创新政府投资使用方式,探索政府和社会资本合作模式(PPP),鼓励民间资本发起设立私募基金、资本管理公司等新兴金融组织,撬动社会投资
2015/01/22	青海	深化投资体制改革,争取中央投资增幅高于全国预算投资增幅,探索组建若干透明规范、可持续的投资开发公司,以 PPP 模式集中推出一批鼓励民营资本进入的示范项目
2015/01/26	湖南	政府购买服务和 PPP 模式试点有序开展,政府性债务预警机制不断完善。推动投融资体制改革和金融创新。建立新兴产业股权投资基金,探索符合省情的 PPP、资产证券化、股权融资等投融资模式
2015/01/27	黑龙江	城市集中供热新增热源、供气、供水、污水垃圾处理、城市交通等公共资源项目,通过招投标,利用 PPP 和特许经营等路径加快建设
2015/01/26	内蒙古	充分发挥政府投资引导作用,有效撬动社会资本参与投资。大力推广政府和社会资本合作模式,创新基础设施建设融资模式
2015/01/26	天津	拓宽社会融资渠道,推广新型融资工具,探索政府和社会资本合作(PPP)等投融资模式
2015/01/08	河北	鼓励民间资本发起设立创业投资基金和股权投资基金,探索推广政府与社会资本合作(PPP)模式,吸引更多的社会资本投入城市基础设施建设和运营
2015/01/25	上海	扩大政府购买公共服务。推广政府与社会资本合作模式,鼓励社会资本通过特许经营等方式参与公益性事业投资运营,提高公共服务供给效率
2015/01/18	西藏	鼓励支持民间资本发起设立产业投资基金和股权投资基金
2015/01/26	贵州	在基础设施及公共服务领域推广政府和社会资本合作的 PPP 模式。鼓励社会资本参与投资、建设和运营城市基础设施项目
2015/01/25	陕西	以我为主谋划实施一批重大项目,推广 PPP 模式,完成固定资产投资 2.2 万亿元,增长 20% 左右
2015/01/28	江西	我省将紧紧抓住国家扩投资、稳增长的机遇,大力实施交通、能源等八大类重大工程,其中大中型建设项目计划总投资 1.1 万亿元,今年将完成投资 3000 亿元
2015/01/28	河南	郑州、洛阳成为丝绸之路经济带主要节点城市,郑欧班次密度、货重、货值处于中欧班列前列,郑州至卢森堡定期货运航线开通,河南与西周之路经济带国家和地区交流合作不断加深
2015/01/23	北京	扩大公共领域市场化试点,通过政府和社会资本合作等多种方式,鼓励社会资本进入轨道交通、镇域供热、水环境治理等领域。吸引社会资本参与小城镇建设
2015/01/26	安徽	打破地域垄断和所有制限制。政府通过竞争机制择优选择合作伙伴,吸引各类社会资本参与项目的投融资、建设和运营等

资料来源:地方政府工作报告

3. 地方 PPP 相关项目内容涉及产业

根据国家政策指引，当前地方 PPP 项目主要集中在轨道交通、医疗养老、供水、供暖、供气、市政建设、生态环境治理、网管改造等产业上

省份	相关项目内容	项目	主要涉及产业
广西	广西已甄选首批 15 个拟采用 PPP 模式的存量债务项目，承担债务总额 217 亿元	15	城市供水、供暖、供气、污水和垃圾处理、地下综合管廊、轨道交通、医疗和养老服务设施等领域
山东	PPP 试点项目主要包括：设市城市、县城、省政府公布的 200 个"百镇建设"示范镇以及国家级重点镇建设工程	—	主次干路、快速路、大型桥梁、公共停车场、污水处理厂、供水、供热、燃气、地下管网改造等工程
福建	福建省首批 122 个试点项目，项目投资额共计 2247 亿元	122	生态环保、水利工程、健康养老、交通工程、保障性安居工程、城乡建设、文化产业、旅游产业等
重庆	包括 2 个备忘录，8 个项目集中签约项目涉及交通设施、市政基础设施、土地整治、相关公司股票走势等共 10 个项目，资产总额达 1018 亿元	2 个备忘录，8 个项目	交通设施、市政基础设施、土地整治、相关公司股票走势
云南	首批 80 个项目，涉及总投资 1005 亿元	80	综合交通、市政设施、文化旅游、社会事业、产业园区建设
青海	青海第一批 80 个项目，总投资 1025 亿元	80	
湖南	推出了 30 个 PPP 示范项目，总投资额 583 亿元	30	交通市政基础设施、生态环保、社会事业、农业水利、文化旅游
黑龙江	面向社会资本公开推出了 41 个。分 3 批对城市集中供热新增热源项目公开招标，23 个投资主体中标，总投资 220 亿元	41	铁路、城市基础设施、养老
天津	拓宽社会融资渠道，推广新型融资工具，探索政府和社会资本合作（PPP）等投融资模式。	27	涉及供水、供暖、污水处理、垃圾处理、环境综合整治、交通、新能源汽车
江西	2015 年，我省将投资 1100 亿元以上	24	轨道交通、菜篮子工程、重大基础产业、公共服务
河南	河南省公布了 87 个 PPP 项目，涉及资金达 1410 亿元	87	交通、环境治理、公共服务
湖北	加快 436 个（类）重大项目建设进度，突出抓好 20 个省级重大专项	20	高端制造、高新技术产业、现代农业、现代服务业、环保、基础设施、城市地下管网改造
北京	新机场线投资总额约 410 亿元，新机场建设机场工程总投资 799.8 亿元	2	地铁、机场

续表

省份	相关项目内容	项目	主要涉及产业
安徽	总投资710亿元，城市交通设施是主要投资领域，共有12个项目，投资达540.1亿元。此外，城镇生活污水处理设施17个项目，投资68.54亿元；城镇生活垃圾处理设施3个项目，投资8.19亿元；城镇供水设施4个项目，投资10.6亿元；生态环境治理6个项目，投资82.1亿元	42	产业园道路、城际轨道、市内轨道交通、大桥道路连接线、城际铁路、城镇生活、垃圾污水处理、城镇供水，生态环境
江苏	15个PPP试点项目向社会推出，总投资额约875亿元	15	交通基础设施、供水安全保障、污水处理设施建设、生活垃圾无害化处理、公共服务设施配套

资料来源：地方政府工作报告

2015年9月23日